# 桃源中國

## 新時代治國方略建議

胡國亨 著

中華書局

# 簡介

顧名思義，本書是一本公共政策建議書，目的是為「後經濟奇跡時代」的中國提供一個一統性、一致性及全面性的「大管治」（Big Governance）哲學，其所建議的解決方案更跨越所有不同的領域。

在「後經濟奇跡時代」，中國面對的問題當然不少，當中包括三農、房地產、金融、貧富差距、教育、氣候變化、外交、中美關係等，我深信中國政府完全有能力處理這些問題。

不過在不久的將來（可能二三十年內），我們將會面對一個由數碼科技衍生的全球性的「千年大變局」，克服這變局帶來的劇變就可能不是那麼簡單了。當然，這既是一個大危機，亦是一個大挑戰和一個新機遇。

這本書寫作的目的，除了研討中國短中期的經濟和政治外交等問題外，更前瞻地分析這將決定人類及中國未來命運的大衝擊以及提出應對方案。

近代西方思想史中有兩大懸念一直未能解決，其一是如何在經濟增長與貧富差距這兩個站在對立面的宏觀經濟目標之間取得平衡，原因是經濟增長提速會加劇社會貧富差距。其二是如何設計一個社會體制，既可以使個人自由得到保障，潛力盡情發揮，同時亦可達致一個較平等及公義的社會，這兩個被視為「魚與熊掌不可得兼」的難題一直困擾西方學者。本書所建議的大管治方案相信可以「一石二鳥」地妥善處理這兩大懸念。

本書共有七篇，包括科技、經濟、文化、教育、外交、政治及歷史七大領域，對每一個領域，本書有詳盡及深度的理論分析，歷史回顧，前景預測，以及具體的解決方案。

# 目錄

# 第七章　歷史

# 後記　　　　　　　　　　　　　　　　　　　316

# 序　我為什麼要寫這本書？

「沒人知道將來會是誰在這鐵籠裏生活；

沒人知道在這驚人的大發展的終點會不會有全新的先知出現；

沒人知道會不會有一個老觀念和舊理想的偉大再生」

—— 馬克思・韋伯（Max Weber）
《新教倫理與資本主義精神（1904）》

「國事從頭說。我和君，千秋相隔，本無瓜葛。同擁氣吞河嶽志，吸盡溶岩極雪。更不管，蒼顏華髮。今夜邀君魂魄至，共啣杯，細賞南窗月。興未盡，操琴瑟。

神州今日和昔別。歷興亡，劫灰散盡，久分重合。十四億人同一夢，代代風華傲骨。挽國運，臨危瀕絕。我幸幼承前輩訓，把心魂鑄就成璆鐵。效媧氏，修天裂。」

——《賀新郎・步辛棄疾贈陳亮詞原韻》

「國事仍須說。論興亡，匹夫雖賤，豈無瓜葛？我志未酬啼鳥苦，誰識膽肝冰雪？何者重？泰山毫髮。有夢依然攀峻嶺，蕩仙雲，欲攬千峰月，杯酒盡，試調瑟。

千年世事天淵別。到而今，神州蘇醒，巍然傲合。乞與金丹投大地，鼎煉玄珠換骨。天畢竟，不容路絕。我盼桃源開處處，鑄人間命運成一鐵。普世界，無分裂。」

——《賀新郎・其二》步辛棄疾詞原韻

## 由百年苦難到經濟奇跡

回想當年，「洪水滔滔，神州有陸沉之險，前程渺渺，家國有卵覆之危」。

在這極其險峻惡劣的環境下，我們五四那一代的前輩，秉承着兩千多年來儒家的傳統精神，不論其所持的政治立場或思想取向，都義無反顧地臨危受命，承擔起整個國家民族的安危，挺身而出，投身於「救亡」或「啟蒙」事業，前仆後繼地完成了歷史的使命，他們的努力和犧牲最終成就了我們現在傲視全球的新中國。

五四的功過、民國政府的功過、新中國早期的功過，我們暫且不必細論。核心的說法是，從鴉片戰爭以來，我們這幾代的知識分子不斷嘗試不同形式及不同規模的思想辯證、政治實踐和經濟實驗。不消說，這些實驗當中有失敗，也有成功，亦付出不少個人及社會代價，但在前程難測、豺狼當道的國際環境下，無論他們之間私心、黨派之間的恩怨情仇如何，從大歷史角度看，他們的確已經竭盡所能，在荊棘滿途中蹣跚地前進，摸着數不清的石頭過河，完成各自的歷史任務了。

## 我們面對的挑戰

「前事不忘，後事之師」，國家主席習近平告誡自己，也告誡我們：「今天的中國，已經站在新的歷史起點上，我們深知儘管成就輝煌，但前方還有一座座山峰需要翻越，還有一個個險灘等待跋涉」。

　　是的，在我們面前，又豈止一座座山峰及一個個險灘，更嚴峻的是，在我們「後奇跡」的日子，不須多久人類將面對罕見的大變局，比李鴻章所驚嘆的「千年變局」的影響更大、更深遠。

　　我們國家當下面對的挑戰，部分是承接過去長時間遺留下來的問題，部分是由過去四十年高速增長造成的，這包括以下：

(1)　「三農」——三農問題到目前仍未得到徹底解決，農村與城市收入差距並沒有太大實質改善。

(2)　房地產——中國房地產泡沫情況嚴重，目前改革方案仍是微調式的「頭痛醫頭，腳痛醫腳」。

(3)　金融——中國金融體系仍未達至成熟階段，未能有效地或公平地配置金融資源。

(4)　氣候變化——氣候變化的加速將影響我們的糧食生產、生活環境、水資源等，絕對不能忽視。

(5)　貧富差距——中國目前貧富差距相當嚴重，嚴重情況沒有浮現，是因為我們經濟仍處於高增長狀況，與西方不同，中國有較大的家庭保障，加上中國傳統美德，使我們較易接受社會不公平的現實。

(6)　教育——在應試教育的「金剛箍」及某些體制的制約下，我們的教育體系浪費不少下一代的潛在人力資源及智能資源。

(7)　外交——建國七十年，在國際間「規行矩步」，但中國政府仍被不少西方人士視為專制、漠視人權、壓迫性和擴張性的政權。換言之，我們一直處於「道德低地」。

(8)　中美關係——這問題會隨着中國崛起而日益嚴重，很大程度影響中國的外交政策及其他方面的發展。

　　我深信在「後奇跡年代」，中國政府對上述大部分問題是有能力妥善處理並逐個解決的。但「千年大變局」卻可能不是那麼簡單及容易應付的。

## 科技興國

　　我有信心中國政府可以應付上述大部分的問題，原因之一是我們的科技進步一日千里。估計不出十年，我們在不少領域會成為全球最尖端科技的領導者，而上述的困境，例如氣候變化、農業問題、美國威脅等都可以用科技去舒緩或解決。

　　未來十年間，中國的數碼科技，包括北斗導航系統（Beidou Navigation Satellite System）、第五代流動通訊技術（5G）、區塊鏈（block chain）及「ABC」（A 即人工智能 artificial intelligence，B 是大數據 big data，C 是雲計算 cloud computing）技術等，會引領中國高科技高速發展，假以時日，相信其他國家將望塵莫及。我們除了擁有大量科技人才所帶來的紅利外，我們的 5G 將產生龐大的數據（十四億人口加上外圍國家），使我們的「機械自我學習」（machine self-learning）提升至前所未有的高度，那時縱使西方國家的平均科技水平比我們高，也無濟於事了。

　　值得注意的是，數碼科技目前正進入一個多領域整合及互相提升階段，例如新的芯片技術已差不多到了突破瓶頸的邊線，其計算存儲一體化的突破可使 AI 算力從「感知智能」向「認知智能」演進。雲計算正在融合軟件、算法和硬件，因此無論是芯片、AI 還是區塊鏈的所有技術創新都將以雲平台為中心。此外，工業互聯網將使製造企業實

現設備自動化、搬送自動化和排產自動化，機器間大規模協作成為可能。在上述各領域中中國因為享有工業生產規模、技術研發規模、人才規模等龐大的「規模效應」，再加上中央政府的協調，可能引發新一輪「摩爾定律」（Moore's Law）的出現，使中國在十至二十年間傲視全球。

## 數碼科技對西方的顛覆及人類的衝擊

上述趨勢將為中國「後奇跡時代」再創輝煌提供發展驅動力，但如老子所說，「禍兮，福之所倚；福兮，禍之所伏」，禍福交錯，數碼科技及人工智能既為我們創造福祉，但也會帶來極大的衝擊和顛覆力量。

毫無疑問，科技在人類歷史中擁有莫之能禦的改變力量，過往人類的科技，從火的發明，到農業的出現，到蒸汽機及電力的運用，都徹底改變了人類的生活方式、人口規模、社會組織、政治體制、民族或國家之間權力的平衡，以及知識生產水平。

未來二三十年間，數碼科技將在不同領域對中國及全球帶來很大的挑戰，最直接被顛覆的將是西方的價值觀、經濟、政治和制度，有關細節我會在本書每一章詳述。

簡單及綜合來說，這些衝擊有以下：

(1) 大規模失業，一方面是機械人將取代知識含量較低的勞工，另一方面是人工智能將取代知識含量高的專業界，最後擴散到極難取代的「非標準化」的工種。

(2) 無論是知識生產或物質生產，人力資本將被機器資本取代。貧富差距因之而擴大，人工智能及與數碼科技以外的產業將

被邊緣化，擁有數碼科技的企業、專業人士及資本家早期將成大贏家。不過到了下一階段，由消費驅動內需的現代經濟體系將萎縮，經濟衰退甚至不可逆轉的大蕭條將不可避免。

(3) 人工智能將挑戰市場制度的合理性，原因是根據現在沿用的市場分配制度，未來的產出理應全數歸於數碼科技行業及其有關的資本家，這樣市場經濟的分配模式必會面臨嚴峻的「道德抉擇」。

(4) 西方數百年來視為核心價值的自由主義亦將受到極嚴峻的考驗，依賴個體的經濟自主能力的自由主義價值觀可能捱不到本世紀便敗亡。

(5) 人工智能及數碼科技將全面「弱化」人類智能，一方面使教育迷失方向，另一方面改變現在我們較熟悉的「人性」，引領人類走向一個不知名的國度。

(6) 數碼科技衍生的社交媒體及其他經濟環境變化，會使社會更趨「碎片化」及政治族群化，這情況在西方社會已經出現了。

(7) 數碼科技的採用及研發較為適合一些傾向中央統領及中央協調的體系，中國亦將因此而受惠，一躍成為世界的科技及經濟龍頭，這對未來國際格局及權力分佈有極深遠的影響。

(8) 佔全球人口最大部分的發展中國家，將失去競爭力及其「相對優勢」所賦予的國際分工角色。這些國家大部分的人民亦會因此喪失發展力甚至生存力（加上氣候變化因素），這不僅會造成彼等國內政治混亂，更會造成國際秩序動盪，聯合國將名存實亡。

一場橫掃人類社會的巨型風暴和海嘯，已是迫在眉睫了！

## 解決方案（NPV 模式簡介）

西方國家的「混合經濟體」分配制度早已不健全，曠日持久，變成當今「民粹主義」的溫床。大部分國家早已借債度日，面對這來勢洶洶的挑戰，雪上加霜，根本無力應付愈來愈嚴峻的局面。全球思想界除了拋出那舊瓶新酒但不可能持續的「全民基本收入支援」（Universal Basic Income，UBI）方案或其他微調的辦法，或訴諸一些一廂情願的道德性建議，例如加強補貼社會企業（social enterprise），早已束手無策、黔驢技窮了。

估計未來二十至三十年內，約本世紀中葉期間，一場經濟颱風及金融海嘯將會席捲全球，不單顛覆西方的資本主義，也連帶他們引以為傲的市場制度及自由主義，西方文明將會進入另一次黑暗時代（Woo，2018），殃及池魚，其他發展中國家亦將無一倖免。

當前國際間唯一可以力挽狂瀾的解決方案，亦是被不少國際學者認同的方案，是我所倡議的 NPV 模式。NPV 中的 NP 代表自然人（natural person），V 代表票券（voucher）。模式的核心是利用自然人經營模式配上政府發行票券，在不影響現存經濟體系下，多構建一個「第二經濟體系」（Economy II）。新體系與原有的「第一經濟體系」（Economy I）共存並行，其核心操作概念是政府利用票券製造內需，然後再利用市場機制及其激勵作用，協助及誘使弱勢群體主動參與經濟生產。這種模式一方面製造大量就業機會，一方面發揚創業及「個人問責」的精神，糅合福利社會及市場激勵兩者的優勢，成為「第一

經濟」體系的大後方及緩衝區，保證失業問題及貧富差距問題可以基本上妥善解決，更可以將人工智能對未來生產、就業及分配所產生的負面影響減至最低。

## 新時代「大管治哲學」

令人鼓舞的是，NPV 模式的功能與貢獻遠遠超出其抵受人工智能衝擊的能力，它帶出一個「大管治哲學」的理念。什麼叫大管治哲學？核心概念是，目前不同國家的管治傾向部門化及零碎化，例如文化、經濟、教育、社會各部門都有截然不同的管治理念和機制，而彼此間的矛盾或不協調情況卻被視若無睹，例如在經濟領域大部分國家採用自發性及自律性的市場機制為主導，但在教育方面卻實行集體性的官僚控制，社會福利也如是，後果是部門各自為政，政策支離破碎。

大管治哲學的重要性體現在兩個層面，其一是利用統領性的管治模式貫通、協調及支撐不同部門，使整體施政更有效率及機動性。其二是符合人類社會最基本的特性，現代人類社會的核心特徵是個體秩序與群體秩序並存之餘，彼此之間的關係不斷演化，既有互補，也有衝突或矛盾成分。在不同社會中，這兩者之間的互動便構成其社會特色及其管治策略，例如西方資本主義社會所主張的自由、民主便與我們歷史上大農業社會所崇尚的「集體和諧主義」截然不同，中西文明的差異本質上亦反映這些基本矛盾。在西方思想史中，意識形態的衝突亦反映其對立的思想派別之間的辯爭，例如資本主義與社會主義之爭、個人主義與社群主義之爭、市場原教主義與集體主義之爭、自由

主義與平等主義之爭等。

　　事實上，無論個體或群體，在現代這高度分工的體系中不可能獨立生存，必須互相協調及加強合作，而大管治哲學就是提供一套統一的管治哲學，和諧地處理及促進兩者之間既各自獨立但亦互相依賴的發展。

## 由 NPV 模式帶領的未來管治思維

　　NPV 模式填補了個體管治與集體管治之間的鴻溝，NPV 模式的最大優點是它幾乎可以應用於每一個獨立的管治領域。

　　經濟方面，此模式不單可以處理貧富差距和失業問題，更可創造人力資源及培育更多的企業家，其雙軌體制的「隔離作用」可以化解全球經濟周期動盪及全球化帶來的影響等。教育方面，真正做到人盡其才，各展所長，不必再糾纏目前「教育金字塔」所製造的大量失敗者的惡性競爭。社會方面，提升社會意識，鞏固社區及鄰里精神。文化方面，通過系統的資源投放，達至有效的文化傳承，更積極有效地推動國家文化建設。民族方面，保證少數民族可以保持合理及穩定的經濟基礎，促進民族之間的和諧。

　　在更高的層面，NPV 模式不止化解個體與群體之間的矛盾，更能將彼此的優點同時發揮得淋漓盡致，甚至誘使更多本來已經被邊緣化的民眾投入生產，換言之，NPV 模式的採用可以將全社會或全民人力資源和貢獻達至「最大化」。

　　NPV 模式擁有凝聚群體的功能，並且保存社會本有的文化特色及動力。如果我們視文化為一個民族傳承下來的總資產，那麼 NPV 模

式不單最大化地保存了這資產，更會在這基礎上創建更多優秀的文化資源。

對我們國家而言，上面兩個情況更有特殊及深遠的意義。文化是維繫民族的黏力，這種黏力正是過去幾千年來，我們中華民族能夠在內憂外患環境下，傲然生存及延續下去的最大力量，亦是西方列強過去百多年對我們侵略、威脅但無法動搖我們的根基或分裂我們的最重要因素。

換言之，採用 NPV 模式，中國可以在未來人工智能引起的經濟海嘯中「穩坐釣魚台」，成為全球經濟的中流砥柱，協助友好國家渡過時艱，達到「為萬世開太平」的儒家理想。也將徹底守護我們的民族凝聚力，做到「保我中華萬萬年」，所以引進及善用這模式，不單是我們對下一代的責任，也是我們對未來全球人類的責任。

在風未起時，我們作好準備。功在千秋，功在蒼生，是行動時候了。

## 破解西方思想史兩大懸念

近代西方思想史一直受兩大懸念困擾。其一是如何維持整體經濟增長與收入較平均兩者之間的平衡，原因是經濟增長與貧富差距處於對立面，要提升經濟增長整體速度，最有效的方法是利用資本主義的機制，包括市場、有限責任公司、知識產權制等，但長期操作的後果是引發愈來愈嚴重的貧富差距。這懸念是經濟學界數百年來爭議不休但一直解決不了的大課題，這課題亦是關乎人類福祉與社會前景的課題。

　　另外一個懸念是如何選擇或設計一個既可以達致高尚道德理想，亦可行和可持久操作的制度，這樣個人既可以擁有高度發揮潛力的機會，同時亦可以維持社會的平等與公義。西方思想史在這方面有兩個截然對立的思想陣營，一是自由主義（體現在自由民主制），而另外是社會主義（由較極端的共產主義到較溫和的社群主義等）。社會主義的陳義比自由主義高，因為它照顧到平等這一面，自由主義最難自辯的是，在其主宰下社會不平等及違反公義的情況表露無遺，但在操作及執行方面，其所採用的市場機制和資本體制顯得絕對優勝。

　　中國四十年經濟奇跡顛覆了上述「二分法」，中國靈活地利用市場機制，全面發揮全民的生產力，但同時保留了社會主義的政府角色，使政府和諧地配合市場操作，成為另一個驅動經濟的火車頭。這設計讓全西方思想界耳目一新，中國領導人稱之為「中國特色社會主義」，的確有其道理和意義。

　　問題是這雙軌制可以持續多久？特別是這四十年來中國的貧富差距隨着經濟高速起飛已經凸顯出來，只不過因為中國特殊的社會組織、文化因素，以及經濟仍然保持高增長，所以這差距未如西方一樣轉化為有殺傷力的政治力量，但居安思危，我們必須慎重考慮。

　　中國奉行的社會主義理想，與中國傳統儒家的「大同」觀念（某種程度亦是墨子的理想）不謀而合，目前中國的制度糅合了現代資本主義及市場機制，取得了可觀的經濟增長，但為了處理社會主義要求較高的平等理想以及應付未來人工智能的挑戰，我們必須引入新的機制，使「中國特色社會主義」內容更豐富、概念更完善、操作性更強、持久力更遠，這就是本書所建議的核心機制，即 NPV 模式。

　　本書在寫作及出版過程中，不少人給予大力支持，鼓勵和協助，包括中華文化交流協會林正茂、黃國強。有關出版安排方面是香港大學王于漸，中華書局趙東曉、侯明、黎耀強。為我打字和整理的是楊子瑩，還有林夕珏、林健衛。給我寶貴意見及鼓勵有鍾偉雄、葉肇夫、張崇霖、張文、代小春、蔡卓衡、胡詠欣、顏啟康、胡永匡、劉明暉、杜遜愷、胡佑妮、Jill 及林法顯。我在此謹表達我深切的謝意。

2020 年香港

「禍兮，福之所倚，福兮，禍之所伏」。

　　　　　　　　——老子《道德經》

# 第 一 章

# 科技

第一節：
# 人類認知革命及現代數碼科技的崛起

## 一、從原始神經網絡到數碼科技之路

生物的本能是延續生命及繁殖後代，這是生物共同目標。但環境不同、地理差異，生物按演化定律衍生出大量品種，部分藉着不同的偶然因素與機遇，掌握了特殊的演化優勢而脫穎而出，其表表者就是我們人類。

在演化過程中，最關鍵之一是五億至六億年前神經元（neuron）演化為神經網絡及神經系統（nervous system），神經系統的成熟運作使一些生物體成功地突破先天的限制，從適應環境到了解、掌控及最終創造環境。當中最核心的發展是認知能力的出現，芸芸眾生物中，只有人類徹底地發展出高端的認知能力，逐漸掌握外在世界的特徵，從而由消極的適應到積極的克服及創造環境。

這漫長的過程可以劃分為五個階段，可以簡稱之為五次認知革命（cognitive revolution），這當中有自然因素，但亦有偶然機遇。整體來說，沒有神經單元的出現，神經網絡發展是不可能的。但有了神經系統亦並不保證人類認知能力的出現，自然與偶然互為因果，才構成人類認知奇跡與人類奇跡。

## 二、認知革命第一階段 —— 人工符號系統的出現

神經系統由神經元這種特別細胞的網絡所構成，動物利用這系統

協調身體多種組織及器官，再配合內分泌系統的功能去應付環境的變化。在較複雜的生命體中，每個神經元都超級簡單，但在海量神經元協作下，通過信息互傳，可將攝取的外界信息簡化為影像或圖像，先通過抽象過程將這些影像固定為抽象的符號，再通過較高層次的抽象過程，將這些符號連繫成為句法，所建立的符號系統便可以用來代表現實世界的結構及其關聯特徵。

值得注意的是，雖然這些符號的抽取及操作是「先天性」的，但後期及較高層面所採用的符號卻已經獨特化及人工化。即是說，符號系統是天然及人工的混合品，早在「盤古初開」時，人類的認知已經滲進人工因素了！

原始的符號當然是反映或代表實物和具體世界以及個體的感覺，但符號之間的連接及其代表的關係卻使人類的認知逐漸擺脫純實物的描述，這些描述性及關連性功能互相結合，使符號演化成為更抽象和更有代表性的概念及有推理能力的體系，這樣人類開始擁有捕捉外界事物背後的規律及操作原理的能力，因而逐步對外界有了紮實及深層的認識。

更進一步是人類想象力的出現，通過其未來感與符號系統互為因果的過程（雖然一些動物也有原始的未來感，但人類的未來感之所以特別發達，與其符號系統的催化力有關），人類開始構建自己的想象世界，利用符號系統勾劃出與現實可以迥然不同的認知場景（值得注意的是，人類的超級想象力及未來感的存在是宗教及鬼神觀念出現的先決條件），在極端情況下，一些人甚至完全活在自己的想象世界裏。

### 三、認知革命第二階段 ── 符號體系知識化與古文明的出現

符號系統催生了知識。知識的特徵是延續性、累積性及可傳播性，這裏產生了一個良性循環，首先當然是語言符號逐漸系統化，通

過去蕪存菁的過程，將一些有實用價值的符號系統變成知識系統。經過一代一代的觀察、實踐和改良，我們祖先將一些有價值的知識保存下來，加以發揚以及教育下一代。此外共通的符號、語言及其衍生的知識的傳遞，促進了族群內的合作，促進社會分工及生產效率，凝聚社會共識，進一步創造共同擁有的未來感。此外知識的傳播亦有助族群之間的交流。

同文同語變成宗族或氏族的基本黏力，成為社會組織最重要的條件，亦成為社會資源配置及統治被征服的族群的重要工具。

成熟的符號系統不只創建了知識體系，也建立了指令性的規範。語言不單構建了想象世界、未來世界，亦構建了主宰行為的道德世界，這四者的結合成為古代早期宗教及文明發展的主線之一，對我們的祖先有極大的支配力量！

## 四、認知革命第三階段 —— 知識物體化及現代文明的構建

我們可能感覺不到，現代人實質上生活在自己築成的重重疊疊物體化包圍的知識世界裏，試想一想，我們生活中無論衣食住行，哪一些物件不是蘊藏着大量的知識？幾乎所有我們接觸的東西，都是人類知識一點一滴累積轉化而成的物件！有形物體的背後其實滲着一層一層的無形知識，這真應驗了老子說的「有無相生」及「有以為利，無以為用」的高度智慧。

換一個角度看，如果我們說符號體系的「外在化」是人類認知的第一步，那麼知識「物體化」（artifactization）便是人類認知的第二步。知識外在化及物體化不單利物厚生（也包括製造毀滅生命的武器），亦是「知識社會化」（knowledge socialization）提升的重要階梯。印刷、紙張和書籍等的發明使知識更易貯存、流通及傳播，使更多個體可以參與知識創造。現代的電腦已經是學術研究不可或缺的工具，

所有現代的科學實驗都依賴實驗室內大量的先進設備及儀器，每一次更深入的科學研究都是建築在現存的科技知識及有關工具的基礎上。牛頓（Newton）說「我們站在巨人的肩膀上（We are standing on the shoulders of giants）」，所言不差。事實上，「知識社會化」亦同時催生了「社會知識化」，使我們人類邁進了知識化時代。

## 五、認知革命第四階段 ── 信息數碼化及現代信息科技的來臨

　　現代電子數碼系統的理論建基於 1847 年喬治‧布爾（George Boole）的代數及邏輯學以及後期發展的雙值邏輯學（2-value logic）。其方法是採用單元的非連續性的雙數值（例如 0 和 1）符號進行信息的輸入、處理、傳送及存貯。其核心原理是將所有信息轉化或還原（reduce）到最原始雙數值的組合，簡單來說，是將信息通通變成單元數碼組態，亦即是將信息「數碼化」（digitalization）。這樣一來，不單普通信息的載體變成一統化，就算最複雜的信息也可以依樣還原，原理是利用這數碼單元組成的共同體，將所有計算、運作、存貯及傳送在同一基礎及層面統一起來，配合現代成熟的通信科技（亦基於同一原理），將不同類型及區域的信息聯繫起來，成為一個一體化的大信息體系，再結合現代電腦龐大及高速的計算能力，將原始的互聯網蛻變為現代的萬物聯網（internet of things）以及進一步的「萬象聯網」及「萬智聯網」，如此人世間各事各物最終可融入一個一體化的信息體系了。

　　最有趣的地方是，將萬物還原到符號系統，再將所有符號系統還原到雙數值組態，其原理與生物體的神經網絡系統同出一轍，神經系統就是利用海量的神經元，通過一個最簡單的操作機制，建立既複雜但卻統一的層疊式代表體系。現代電子數碼系統運用同一原理處理萬象紛紜的信息而達到一體化效果，只不過方向剛剛相反而已，世間異

曲同工之事，莫過於此！

## 六、認知革命第五階段 —— 人工智能與機器學習

　　人工智能是數碼科技的前沿技術，本是電腦科學一分支，通過了解人腦結構及人腦智能的深層特徵而衍生的一種與人類智能相似的機器智能，領域包括機器人、語言識別、圖像識別、自然語言處理及數位系統等，目標是使機器能夠勝任人類智能處理的複雜工作。

　　從應用角度看，人工智能發展可歸納為四個階段，即互聯網智能化、商業智能化、實體世界智能化及全自動智能化。第一波是以互聯網信息為中心，提升大數據價值，為信息的檢索、分發、共享與交換賦能。第二波是以業務流程為中心，創造商業價值，在產業核心業務中扮演「大腦」角色，例如處理風險、投資決策。第三波是通過傳感器連接線下的世界，改變我們和實體世界的互動體驗，打通實體世界與數碼世界。第四波是全自動化的人工智能，人工智能將被嵌入硬件物體與產品，利用 AI 芯片、傳感器、高精控制系統等關鍵技術操控智能化的硬件，例如帶動機器人等。

　　人工智能最關鍵的發展階段是機器學習，這亦可以視為人工智能的核心，機器學習的初階是機器通過資料或以往的經驗作為模仿人腦學習活動的學科，是研究機器如何獲取新知識、新技能，並識別現有知識的學問。所謂機器，是指各類的電腦，包括電子電腦、中子電腦、光子電腦或神經電腦等。機器學習是一門多領域交叉學科，涉及概率論、統計學、自動化和計算機科學、神經生理學、人工神經網絡、逼近論、凸分析、計算複雜性理論等，機器一旦具備充分的學習能力後，其能量便會隨着其應用而不斷提高，過一段時間後，原先的設計者也不一定能測量它的能力了。

　　當機器學習達到全面自我學習及深度學習（deep learning）的階

段，理論上便不再需要人腦安排的輸入或設計，從而可以追求自我指令的發展。果真如此，就可能出現科幻小說裏或一些數碼科學者所預言的臨界點，即奇點（Singularity），即人工智能全面超越人腦智能的一刻。這方面我將在本書第四章提出我個人的看法，我們暫且假設人工智能的自我學習還需要與人腦智能配合，以達到人類希望取得的科技成果及經濟效益。

　　從神經元及神經網絡發展到當今的數碼網絡，人類完成了生物史上甚至宇宙內一項不可思議的奇跡，而這奇跡的基本原則卻是一貫及簡易可明的！

第二節：
# 中國人工智能的發展及展望

## 一、中國人工智能的現況

　　當今人工智能熱潮已席捲全球，其技術已開始廣泛地滲入不同領域，包括搜索引擎、社交媒體、電子商業平台、工業自動化（智能生產）、交通運輸、物流、醫療、教育、安防等。

　　雖然嚴格來說，中國正式全面發展人工智能只是近年之事，但受惠於較先進的流動通訊技術及大互聯網的發展，中國的進步一日千里，在一些領域已進入國際領先行列。不過由於相對缺少原創力，所以在基礎理論、核心演算法以及關鍵設備、高端芯片、基礎材料、元器件、軟件和接口方面，與一些最先進的國家相比仍存在一些差距。

　　但由於互聯網及手機的普及，市場規模龐大及風險投資基金大量參與，加上整體市場研發水平急促提升，中國在雲計算、模式識別及機器學習已有長足進步，在產業化應用上，特別是人口數量構成優勢的領域，部分企業已居世界前列。目前，中國企業比較集中在語音、視覺相關的技術，以及應用層及終端產品，但在自然語言處理、基礎硬件，以及一些垂直領域的比例偏低。

　　面對全球的白熱化競爭，立足於自身的國情和優勢，中國出台了一系列的發展藍圖，例如《「互聯網＋」人工智能三年行動實施方案》（2016）、《新一代人工智能發展規劃》（2017）、《促進新一代人工智能發展三年行動計劃（2018～2020）》（2018）。

不負眾望,如果說 2016 是中國人工智能產業化之年,2017 可說是產業佈局化之年,到 2018 年,在短短三年間,人工智能受益於熾熱的競爭,已經到了「應用落地之年」。雖然目前仍處於資本寒冬,更多 AI 創業公司轉向找尋技術及演算法的應用場景,但長遠來說,汰弱留強正是推動中國人工智能產業走向健康及高速發展的因素。

## 二、中國人工智能發展的表層優勢

在短短數年脫穎而出後,中國人工智能產業已經有卓越的成績,而且在一部分重要的領域中已經獨佔鰲頭,以我們目前發展速度推算,在未來的日子我們能否傲視全球成為大贏家,已經成為當前國際科技界的聚焦話題。

估計未來十年間,中國的數碼科技,包括北斗導航系統(Beidou Navigation Satellite System)、第五代流動通訊技術(5G)、區塊鏈(block chain)及 ABC 技術等(A 即人工智能 artificial intelligence,B 是大數據 big data,C 是雲端計算 cloud computing),會繼續高速發展,再假以時日,相信其他國家將望塵莫及。我們除了擁有大量科技人才所帶來的紅利外,還擁有 5G 產生的龐大數據(十四億人口加上外圍國家),使我們的機械自我學習(machine self—learning)提升至前所未有的高度,那時縱使西方國家的平均科技水平比我們高,也無濟於事了。

資深人工智能開拓者及融資人李開復在 2018 年做了一個中美人工智能發展前景比較的研究,他預測到本世紀 20 年代後期,中國人工智能發展及應用會超越美國。原因有四:一是中國擁有全球最大的資料量,中國近十四億人所產生的資料幾乎多於所有其他國家的總和。二是有強大的中堅力量和研發人才,中國學者與華人在人工智能的研發上舉足輕重,估計全球訓練有素的人工智能科學家中,中國佔

40%。三是中國 AI 創業者及創業基金十分龐大，而且中國市場的殘酷競爭鍛煉出不少世界級的創業家及企業家，傳統行業升級對人工智能存在巨大需求，使用者對個人資料的隱私較不糾結，對數據使用亦不構成大障礙。四是中國政府不遺餘力推動人工智能發展，這不單體現在中國科技公司及政府機構之間的密切合作，而且已達到了全民投入的境地。

除了上述四大因素，中國第五代移動通訊技術（5G）的成就以及中國已經掌握的超級計算能力，正為中國發展人工智能錦上添花。5G所享有的優勢，包括高速度、泛在網、低時延、低功耗，所建成的萬物互聯、智能家居、自動運輸體系、遠端醫療診斷等會進一步發展到「萬象互聯」及「萬智互聯」的境地。華為的《5G 白皮書》展示未來5G 運用的十大場景，包括雲端圖形計算、車聯網、智慧製造、智慧能源、無線醫療、無限家庭娛樂、聯網無人機、社群直播網絡、個人AI 助理、智慧城市。這些發展與人工智能正好雙翼齊飛，為中國打造一個無縫的「超級天網」。

值得注意的是，數碼科技各領域正進入一個整合及互相提升階段，新的晶片技術差不多已到了突破瓶頸的邊線，其計算存儲一體化的突破可使 AI 的算力從「感知智能」向「認知智能」演進，無論晶片AI 還是區塊鏈，所有技術創新都將以雲平台為中心。另外工業互聯網使製造企業實現設備自動化、搬送自動化和排產自動化，使機器間大規模協作成為可能。在上述各領域中，中國因為享有工業生產規模、技術研發規模、人才規模等龐大的規模效應，再加上中央政府的協調，可能引發新一輪的「摩爾定律」（Moore's Law）的出現，使我們在十至二十年間領先全球。

第六代移動通訊技術（6G）目前已在開發階段，這技術的傳輸能力可能提升至 5G 的一百倍，網絡延遲也可能從毫秒降到微秒級，這

樣將構成一個地面無線與衛星通信集成的「全連接世界」。通過與衛星通訊的整合，展望未來可能實現全球無縫覆蓋，實現真正萬物互聯這「終極目標」，樂觀的估計是 6G 將在 2030 年左右出台。

## 三、中國人工智能的終極優勢

　　上一節的分析只是觸及中國的表層優勢，未有解釋中國是否有必勝條件，尤其是當我們考慮到美國這先行者的能力，特別是矽谷擁有的人才及財力資源的傳統優勢，更重要的是，中國常被詬病為抄襲者，雖然我們擁有大量優秀的工程師及生產者，但我們的尖端研發人才似乎欠缺。不少分析家指出，由於文化和歷史因素，我們一直以來缺乏培育高端創新的土壤，或是因為歷史上受儒家的「尚德社會」影響，或受因循的科舉制的壓抑，或我們偏向實用性的功利文化，或我們較重視的群體主義的體制，導致我們社會都不鼓勵創新。

　　要深入解答上述問題，我們必須引入知識經濟學作為理論基礎。從經濟角度看，知識領域可劃分為知識生產、知識傳播、知識存貯及傳承、知識應用及交換。

　　二十世紀市場主義的捍衛者佛烈德利赫・海耶克（Friedrich Hayek），指出擴散性是知識的特徵，他認為市場所掌握的信息及知識量是政府無法取代的，故其資源配置能力遠遠超越政府，集體經濟之不可行，亦是基於這道理，經濟組織必須以市場為軸心。其他名思想家如卡爾・波普爾（Karl Popper），亦認同知識擴散的特徵及重要性。

　　海耶克等的論點犯了一個毛病，他們沒有看到有規律含量或有普遍性的知識和其他一般信息的區別，他們的論述中往往將兩者混為一談。實際上，真正有實用性、有價值、有累積性、可轉化為物體的普遍性知識，除了有擴散性的特徵外，亦同時擁有集中性的特徵。在人類歷史中，我們一直去蕪存菁，將有用和有保存價值的知識彙在一

起保護傳承，通過印刷品、刊物、書本及組織（例如書院、教會、大學等知識機構）集中地保留下來，另一方面，部分知識亦通過物體這載體而保存，抽象一點看，物體只不過是凝固及形式化了的知識（congealed knowledge）而已。換言之，在源遠流長的歷史中，人類不斷增長和累積知識，表面上知識生產及創新擴散在不同個體身上，但由於後進者不斷利用前人的知識去優化去創造，實質是將這些知識轉化成為共享的體系。日積月累，「知識集中化及集體化」（knowledge centralization and knowledge collectivism）的重要性便凸顯出來，而這過程便成為人類文明的推動力。

在未來的日子，擴散型的知識生產將被集中型生產的人工智能取代，當人工智能達到自我學習及深度學習的階段，一方面由於信息處理的能力強和速度高，另一方面通過高效地利用相連關係分析，在大量本是「噪音」的信息中沙裏淘金地辨認出高品質和有因果規律的知識，當知識生產愈來愈集中化及高速化，社會便不必再依賴個體細水長流的擴散性操作了。

換言之，只要機器學習達到稍為成熟階段，人腦之間的認知水平分岐便變得次要。當然挑戰這種看法的人士或會指出，我們仍需要高端創新人才所創造的範式轉移的突破力，才可以將未來人工智能的理論提升至新的高度。但這種驚世式的範式轉移在目前階段似乎已沒有需要，按照目前情況看，人工智能只要擁有了深度學習能力，再配上大量較中高端（不必最高端）的研究員、工程師及程序演算法設計師等，已有足夠條件推動知識生產及經濟體系的質變。因為人工智能在各學科中本屬於結構性及工具性強的科目，可以按部就班解決問題，其研究與操作不需要太多天馬行空的想象力，不必等下一代天才的降臨。另外，中國人工智能擁有龐大的資料優勢，比其他地區的研究者有更豐富的研究土壤，更容易找出突破點，所以相比之下，美國等國

家縱使比例上有較多的高端人才，恐怕也不會是我們的對手了。

即是說，到了機器自動學習的階段，人才似乎愈來愈不再是舉足輕重的因素，真正決定性的因素在 5G 及 6G，中國八億的線民是全球最大的支付系統和消費群體，在資料量方面傲視同群。人工智能的自我深度學習，配合我們海量的資料，自是如虎添翼，相得益彰。

海量資料能發揮大作用亦離不開政治和經濟體制所賦予的優勢。與其他自由市場經濟有別，中國經濟體制有積極和配合性的中央計劃及指導元素，在較統一的體制下，大資料的流通沒有大障礙，容易被有關企業及部門所用，而且中國不單資料量大及流通方便，更由於私隱並不是國民重視的訴求，這對人工智能學習有異常正面的作用。深知發展人工智能的重要性，且意識到我們必須在最短時間內領先全球，中國政府義無反顧地全面投入這方面的發展，在大量宣傳、教育及資源調配下，中國目前可說是進入「全民投入」階段，正向無堅不摧的境地進發。2020 的疫情凸顯了數字經濟及數碼化關鍵的功能，更加速我們的決心和投入。

2020 年的新型冠狀病毒，雖然對中國經濟短期有負面影響（其他國家影響更大），但卻無意中給予中國一個全民數碼化的社會實驗契機，迫使我們全面實驗各類數碼工具（無論是病毒分析和監控、資源調動、遙距醫療、網上工作及網上學習、城區數碼監控等），使中國成為全球第一個全民實驗數碼生活及管治的地區，這對中國數碼化，無論在技術方面、投入方面及應用方面，都是一個絕對難得的提升機會，使中國這方面更快速地上一層樓。

概括一點說，當知識生產由人腦主導轉移到人工智能主導這嶄新的紀元時，中央指導經濟體制的優點便顯露無遺了，這可說是中國經濟發展的第二次奇跡（奇跡 2.0）的開始！

第三節：
# 人工智能的魔魘和詛咒

## 一、知識生產模式的改變及「知識生產革命」

　　現代知識生產模式及由此而催生的「知識爆炸」帶來空前的物質繁榮是不容置疑的，既然知識是改變人類命運決定性的因素，知識生產模式的改變對人類社會的衝擊當然不容忽視。我們未來面對的大問題將是人工智能對人類知識生產模式以及經濟生產模式的大改變，這將體現在以下各方面的衝擊：

　　第一，加速我們工具性知識的生產，從而將科技發展推上一個新的台階。估計新生產技術、智能型製造、新材料、新產品將會快速取代我們現在使用的技術及產品。

　　第二，加速我們對整體知識的掌握，人工智能的自學能力將使我們人類科研的能量大大增強，將使我們對太空、海洋、物料及我們人體健康等有更遼闊及深入的了解和掌握，這些知識亦會轉為工具性的實際用途。

　　第三，將本來擴散性的信息通過高速及大規模的對比、篩選和整合，找出有真正規律性知識，亦即是將看似用途不大的零散信息或「噪音」轉變成工具性的知識，這是未來大數據的重要功能和貢獻。

　　上述三方面的發展將構成一個新的「知識生產革命」，這大革命將帶來以下的影響：

　　首先我們可以預期「超級知識大爆炸」的出現，早期我們已因

為信息大量流通而出現了「信息爆炸」的情況。信息爆炸對人類認知力、人際關係及政治生態等已經有深遠的影響，但相信遠不及未來的超級知識爆炸。過去幾千年人類所累積的知識，可能比不上未來人工智能一年內所產生的新知識，可以想象爆炸力會多大！

其次，海量的新知識的出現及應用，將使我們推陳出新，創造大量的新產品和服務，後果是經濟價值會高速增長，短時間內淘汰舊式產品及產業，加速經濟學家約瑟夫・熊彼得（Joseph Schumpeter）所描述的「創新性毀滅」的經濟現象。

展望不久的未來，由人工智能主導的知識生產會將人類物質繁榮及生活水平領引到新的高度，不過如老子所說：「福兮，禍所伏」，輝煌過後將是另一番景象！

## 二、大規模失業出現

由人工智能驅動的知識生產將導致人腦智能逐漸被取代。當首階段「曇花一現」的繁華過後，因為主要經濟價值已經來自人工智能，人腦的角色便會被「邊緣化」，屆時不單人腦被邊緣化，由人工智能指揮的機械人亦同時將勞動力邊緣化。即是說，社會上現存的大量人力，不論是勞動力或腦力，都同時被排擠在經濟生產領域之外，當然在生產操作過程中小部分人力及人腦的協助仍免不了，但大體上在未來的經濟生產，人的角色將無可避免被淹沒！

有關人工智能未來十五至二十年間取代工作崗位的宏觀場景，過去幾年不少國際組織（如 OECD）、大學、研究機構及國際顧問公司包括羅兵咸（PwC）、麥肯錫（McKenzie）等做了不少研究。研究結果當然有異，亦視乎不同產業而定。概括而言，較為中肯的「崗位取代率」或失業率的預測約為 40% 或以上，綜合來說，就是絕對不容樂觀！

## 三、貧富差距大幅擴大

　　進入二十一世紀，西方資本主義社會的貧富差距愈來愈明顯，主要原因是資本主義制度所沿用的關聯機制中含有拉闊貧富差距的元素（包括市場本身、知識產權法例、有限責任公司等），此外，各地城市化不斷推高房地產價格，全球化使一些發達國家工人實質工資難以提升，大企業的壟斷力增強，其所聘用的專業人士的薪酬比例也相對大幅提高，亦是其中的因素。雪上加霜，未來人工智能普遍採用後，情況會逐步惡化，原因之一是與人工智能有關的產業的薪酬會高於其他部門，二是失業率增加使愈來愈多人沒有足夠收入，三是在人工智能生產主導下，所需人腦知識含量銳減，就算有新的工種，其增值程度亦不會高。達隆·阿齊默魯（Daron Acemoglu）的研究指出，如果一千工人中添加一台機器人，則會導致其經濟體系的實質薪酬減 0.5%，估計這情況未來將會更惡化。

## 四、市場分配功能的異化

　　西方主流經濟學奉市場若神明，其論據基於幾點，其一是過往人類採用的不同經濟體制中，市場的資源配置效率最高；其二是市場機制有自我調節功能，將人為干預因素減至最低；其三是市場機制對各生產要素的報酬較公平公正；其四是市場最符合自由主義原則，個體的潛力可以盡情發揮。市場機制與資本主義結合後如虎添翼，成為西方經濟的中流砥柱。

　　但在人工智能主導下，市場的角色將出現前所未有的矛盾。如果我們按照目前市場對生產要素的分配原則，那麼未來人力因為被排出生產要素之外（由機器智能取代），不論是腦力或勞動力都再沒有資格或理由去領取未來經濟生產的成果。換言之，所有經濟成果將由資本及機器擁有者合法地取得，大部分人要是想從未來經濟成果中分

一杯羹，只能通過政府重新分配，如果這樣，將會是一個劃時代的大變局！

## 五、經濟「冰河期」來臨及金融危機

　　未來出現的場景可能體現在三個不同階段，首階段是人工智能製造知識爆炸引至大量生產的繁榮期；第二階段是大規模失業及貧富不均導致經濟開始下行及整體需求減縮，在這一階段，與人工智能產業有關或大量應用人工智能的產業也許依然蓬勃，但其他經濟部門會出現大量裁員、投資縮減以及不少企業因面臨高負債或生意不景氣而倒閉。

　　這種情況的持續會引至另一個惡性循環出現，亦即第三階段，當主流經濟部門不景氣，人工智能部門及有關部門的風光日子便不能持久了，因為經濟的驅動最終仍是依賴整體的需求，當整體經濟出現嚴重通縮，靠借貸的企業負擔愈來愈重，最終的倒閉將波及其他仍存的企業，特別是其債務情況，在正常的經濟周期下，價格會作出自然調節，但在人工智能生產大環境下，期望由就業回升帶動需求已是不可能，我們將不可避免陷入長期性和結構性的通縮，在這過程中出現的振盪會導致金融危機、資產值大跌及財富蒸發，最終陷入不能自拔及復原無望的低均衡陷阱（low-level equilibrium trap）。到了這個階段，政府的刺激政策再也無用武之地，政府根本沒有足夠資源去長期填補這「經濟黑洞」（economic black hole）。

## 六、發展中國家變為政治動盪的「經濟孤島」

　　不過最嚴重的衝擊不是出現在發達國家，畢竟人工智能主導下彼等經濟在早期階段表現仍然可觀，首階段受影響最大的恐怕是佔全球人口比例最高的發展中國家。過去幾十年由於全球化的刺激，不少發

展中國家都有不俗的表現，雖然這些國家經濟體系中存着不少脆弱的元素，例如政治不穩定、政治體制不完善及產業結構不健全、人口增長過速等。

人工智能時代的來臨，會將導致這些國家的增長潛力蒸發，過往半個世紀，這些國家的經濟發展主要源於其人工低廉、土地寬敞，以及蘊藏可開發的天然資源。但這些相對優勢將會在人工智能主宰下逐一消失，屆時發達國家已自顧不暇，甚至自身難保，不再需要這些地區的廉價勞工及物料，跨國企業亦不會再投資在這些地區，外國政府更不會有多餘資源給予援助。這種情況下，這些本已脆弱的國家，單靠其內部的經濟活動愈來愈難支撐其無業的國民，無力向前發展，當發達國家都各自「封關鎖國」，這些國家便成為「經濟孤島」，內憂外患相繼而至，國內民怨民憤帶來政治動盪，一些統治者為了轉移國民視線也很自然挑起與鄰國之間的紛爭。

## 七、聯合國名存實亡及國際秩序崩潰

第二次世界大戰後，聯合國的成立雖然不能使人類邁向大同，但對於穩定國際關係和維護國際秩序，發揮了一定的作用，起碼保障了不少弱小國家的生存，也解決了不少國家之間的紛爭，而更有意義的是給予全球化一個非常有利環境，催化不少落後國家的經濟增長和脫貧，雖然國際間的和平主要仍然依賴大國之間的軍事制衡力量，但聯合國的合法性及其所宣揚的道義原則，也使國際關係不致於完全取決於某些國家純出於自身利益的考慮。

不過在未來人工智能主宰下，不少國家經濟發展的空間將被淹沒，發展停滯必然引至政治動盪以及國際紛爭，這些國家自然向聯合國或通過聯合國向發達國家尋求援助，但因為聯合國的操作大體上是一國一票的民主制，少數的發達國家在自顧不暇的情況下，可能覺得

再沒有能力或不再願意擔起國際援助的角色，因而退出聯合國，這種情況的出現會使聯合國的認受性大大減弱，加上資源短缺，會變得有心無力。過一段時間，那些退出的一些國家可能另起爐灶，那時聯合國會名存實亡了！

## 八、教育方向的迷失

除了經濟體系首當其衝外，其次受到大衝擊的部門是教育，在現代經濟社會，教育所佔的產值比例、公共開支及家庭開支都舉足輕重。現代教育主要功能是通過人才培育以達至高效的經濟價值創造。但在人工智能逐漸取代人腦智能的情況下，教育將處於一個極其尷尬的境地。

現代教育提升一般人的期望，學子十年窗下，無非是為了出人頭地，走向錦繡前程，但當未來的學子發覺多年的汗水換來的只是失業或學無所用，他們的失落及自尊的踐踏可想而知。

在宏觀層面，教育當局未來面對的困局是，如果繼續大量投資只會使愈來愈多受過高等教育的高期望人士彷徨及抱怨，但作為文明政府，亦很難因此而放棄社會責任，但龐大的開支，換來的是愈來愈嚴重的社會矛盾與失衡。何去何從，將是未來所有政府教育政策的大考驗。

## 九、人腦智能削弱，人類變成機器的附庸

事實上在信息網絡大規模應用開始，人腦智能已經踏上弱化的不歸路，只是這情況不易發現，我們還沾沾自喜，誤以為信息爆炸帶我們踏上「信息民主化」的光明大道。一方面因為信息成本大降，另一方面獲取信息方便，社會大眾學習及交流增加使大眾智能表面上較均等化，加上人腦與電腦配合，我們感覺我們的認知能力在進步中。到

了流動網絡與手機並行時，一切信息和知識都好像在我們掌握中，殊不知我們已逐漸變成一種智能逐漸弱化的「數碼人」（digital man），一連串的負面的影響開始浮現，包括：消費性的任性瀏覽行為及迷溺取代我們嚴肅學習的時間；以視覺為主的媒體削弱我們的想象力及積極的學習能力；信息泛濫及實時獲取使我們再沒有強記的必要，削弱我們的記憶力；信息的實時供應使我們浮光掠影地取得表面知識後，不再深度反覆思考問題；手機上的遊戲及其他娛樂程序的迷溺使我們偏離正常體育活動、社會活動或甚至帶來健康問題，例如弱視或頸椎病等。

　　展望本來，在人工智能主宰下，上述的認知弱化是小巫見大巫了。人工智能對日常生活、工作、商業等事務的演算法和分析都比我們大腦強，屆時不知不覺間，我們不必太多思考已經足以應付日常要求，況且大多數人沒有了工作，需要嚴肅思考及學習較高端的技術也變得物無所用，在這種情況下，我們思維及認知退化也是意料中事了。

## 十、自由主義退潮與人類文明的黑暗時代重臨

　　自由主義是西方的核心價值觀，也是其他不少地區人民所認同的所謂「普世核心價值」之一（有關自由主義的優劣及發展，我將在本書第三章及第五章交待）。簡單而言，西方自由主義之蓬勃建基於下列條件：大多數人有工作或收入，可過平穩及可接受的物質水平的生活；雖然人人平等是不可達到的理想，起碼社會上的不公平現象還是在大眾可以接受的範圍內及不至惡化；有獨立思考及批判能力的個體；有充分機會學以致用或一展所長，甚至對社會及其他人有貢獻；有足夠的經濟條件足以維持基本自由及個人的尊嚴。

　　有了這些條件，個體可以成為積極進取、對人對己都有貢獻的人

．

士，可以通過分工促進社會的進步及繁榮，以及為下一代打造更優良
的環境。

　　可惜，這五項條件將無情地被人工智能的負面力量瓦解。大規模
失業出現、貧富差距惡化、個人的生產功能邊緣化、個體智能弱化、
學無所用，加上由民怨引起的民粹主義，將會嚴重削弱自由主義及西
方民主社會的根基。

　　當發達國家的核心價值走向衰敗及溶解，加上國際秩序轉趨紛
亂，不單將過去數十年全球化的成果付諸東流，過去幾百年來西方啟
蒙運動所催生的文明，亦會因自由主義的退潮而倒退，未來教育迷
失、個體認知能力弱化、知識生產集中在機器等因素都會破壞西方文
明的基石，誇張一點說，人類文明的黑暗時代重臨，應不遠矣！

## 十一、人工智能引起的國際軍備競賽及危機

　　各大國不遺餘力支持或鼓勵人工智能發展，主因當然是其優秀的
程序及計算能力使他們在軍事領域中會取得決定性的優勢，所以不論
其對未來世界會帶來什麼負面影響，各大國對直接或間接推動人工智
能的研發，都會一往直前的！

　　這種激烈的競爭所帶來的不確定後果難以預測。我們只希望優秀
的程序最終落入愛好和平的國家手上，但也要防範一些野心家或恐怖
組織通過這些發展取得有威脅性的武器，但當人工智能達到機器自動
學習及深度學習的階段，那遺害就無法得知了。

第四節：
# 解決方案的建議 ——NPV 模式

　　說上述情況為千年不遇的大變局，實在毫不誇張，當然一些分析家會指出，未來失業情況不一定如所預測那麼嚴重，原因是未來全球氣候變化會引起大規模的遷移活動，牽涉不少勞動力參與，全球不少發達國家人口老化，要找工作的適齡人口會逐漸減小，而應付人口老化的產業會創造不少就業機會，況且人工智能的推廣亦會製造新的就業機會。不過儘管上述情況會有舒緩作用，大規模失業的大趨勢仍將難以避免。

## 一、解決方案的探索

　　面對這種情況，全球思想界、學界及政界似乎都束手無策，他們所提出的解決方案一般圍繞着三條主線。其一，是利用立法或政治干預以減低人工智能全面應用的速度，特別在工會勢力較強的國家。但這些方法只是頭痛醫頭、腳痛醫腳，沒有治本的能力，況且人工智能對軍事優勢及經濟發展有舉足輕重的作用，所以其發展速度根本難以長期抑壓，立法限制只能是短期及局部政策。

　　其二，是通過訴諸道德，一廂情願地希望說服與人工智能的有關的企業「取諸社會、用諸社會」，主動多作捐獻或接受較高稅率。

　　其三，較有影響力的方案是「全面基本收入資助方案」（Universal Basic Income, UBI），即政府不問資格及無條件發放福利金給予所有公民。西方不少思想家及科技界人士都表示支持這個方案，美國矽谷的

一些巨子認為通過這種安排讓他們對社會進行補償，可以紓解彼等道義上的壓力，一些支持者認為這安排既可保留個人尊嚴（因為沒有入息或財富審查），亦可使社會仍有充分的內需以維持企業的活力及利潤，此外，因為基本生活無憂，不少人可以從苦悶和無意識的工作中解放出來，更有意義地安排自己的生活。

這種說法曾經甚囂塵上，不過一些地區，如芬蘭及瑞士在試用後卻暫停了。無論如何，當政府財政收縮或金融危機出現、通縮來臨，維持這種方案的難度會愈來愈高，特別是當民怨累積，不同群組竭力向政府施壓要求提升福利補貼水平，那時「巧婦難為無米炊」的局面自然出現。

其四，近期一些學者建議「有條件基本收入」（conditional basic income）方案，例如丹尼爾‧蘇斯金（Daniel Susskind）在他 2020 年的《沒有工作的世界》（*A World Without Work*）一書中建議財政支出部分由政府負責，另一部分則由富有階層承擔，但條件是受益者要証明彼等對社會有實際貢獻或服務，這方案的最大問題是這些服務或貢獻難以有容易量度的客觀標準，所以其可行性存在很大的疑問。

## 二、NPV 模式簡介

我在 2017 年《共富同贏的經濟改革》（*Growth Without Inequality：Reinventing Capitalism*）一書中，提出一項具體的解決方案，稱為 NPV 模式，NP（natural person）代表自然人，V（voucher）代表票券。這模式的核心操作概念是，政府向社會人士發放通用 或專用的票券（相當於可贖回的金額），以購買由自然人組成的公司所生產的產品或服務。自然人的對比是法人（legal person），即法律上承認在商業上擁有與一般人即自然人同等的權利和義務的組織。

有了這種機制，經濟社會便形成一個「雙軌」體系，原來的體系

可稱為第一經濟（Economy Ⅰ），這種體系雖然現存不少缺陷，但其基本操作模式不需要大改動。新創的體系，即是由自然人公司與政府票券所構建而成的體系，可稱為第二經濟（Second Ⅱ）。雙軌制同時並行，其基本操作原則及規範如下：

(1) 票券只適用於購買自然人公司或由少數自然人組成的合伙公司提供的產品或服務，即是說現存的股份制公司包括有限責任公司或上市公司都不容許參與第二經濟的活動；

(2) 任何自然人組成或參與一家自然人合伙公司後，便不能再參加其他自然人或自然人伙伴公司的商業活動，他當然可以擁有第一經濟內公司的股份，以及在一些情況下在第一經濟體內的企業兼職；

(3) 自然人可轉讓其公司給其他自然人，但每一個自然人仍只能擁有一家自然人公司或參與一家自然人合伙公司；

(4) 在第一經濟操作中的企業可選擇轉型為自然人公司，但會有「過冷河期」的安排及受一些規條約束；

(5) 自然人公司的自然人離世而沒有承讓者或承繼者（受條款約束）便會自動結業，其剩餘資產由政府接管；

(6) 第二經濟的操作按市場原則進行；

(7) 自然人公司可以在任何時候放棄其身份轉為第一經濟內的企業，當然它也同時喪失有關權利。

其他細節我不在這裏詳述，有興趣者可參閱我的論文《NPV 模式的探討》（Some Notes on the NPV Model〔2018〕）。

第五節：
# 為什麼 NPV 模式可以化解人工智能對經濟的大衝擊？

　　NPV 模式有能力處理人類社會不同領域的問題和挑戰，這各方面容我在本書其他章節辯證及澄清，在這一章內我只闡明 NPV 模式的特徵及在經濟領域裏所起的作用，其特徵如下：

　　第一，處理社會貧富嚴重差距，第二經濟建立後，利用票券將一些公共資源分配給社會弱勢群體，給予他們新的機會找到工作或建立自己的事業，或參與自己喜歡但以前沒有條件參與的工作，可以預見，成熟的第二經濟可以達到全民皆感到有前景的社會，而不會出現如第一經濟的壟斷元素。

　　第二，票券的功能有二，一是延申但改變傳統社會福利的功能，一是類似種子基金。有關前者，政府先勾劃出未來票券的投放度（即投資金額），然後由社會上資源短缺的一群人（基本上是自然人）通過市場平台及他們的努力賺取。從福利角度看，這是由傳統的「被動性福利」（passive welfare）轉型為「積極性福利」（active welfare），因為參與者必須付出努力去爭取。

　　第三，從種子基金角度看，票券制是鼓勵創業的機制，鼓勵本來沒有條件但有意欲改善生活或自力更生的人士。票券的投放不止縮窄社會貧富差距，更帶動創業的氛圍，為社會培育新一代有能力但原來沒有條件的企業家，為社會創造經濟價值的機會。與上述的福利功能配合，NPV 模式實質上糅合了社會主義與資本主義雙方最大的優點。

第四，因為第二經濟與第一經濟分隔，而第二經濟本質上是半計劃經濟，所以有計劃經濟的穩定性。但因為必須通過市場平台的競爭，所以在生產的積極性方面沒有計劃經濟的缺點。第二經濟的穩定性使參與者不受第一經濟波動所衝擊，不輕易受經濟及金融周期變化帶來的影響，也不受全球化貿易的不確定因素所帶來的負面衝擊。

第五，當人工智能製造大規模失業之際，第二經濟可以發揮重要的緩衝作用，因為票券派發的規模有彈性，必要時政府可以通過第二經濟製造大量就業機會，以容納被第一經濟擠出來的失業人士。換言之，在就業大規模收縮的情況下，第二經濟仍可保存一個工作為本的社會，使參與者通過繼續工作，貢獻社會及維持作為一個工作者本身的自尊（至於財政來源請參閱我上面提及的論文）。

第六，特別重要的是，如果我們任由人工智能所產生的負面影響無止境肆虐，經濟體系可能失控地下行而造成大量財富蒸發，使社會走上「大通縮」的路。防止經濟體系下行至不歸之路，第二經濟恐怕是唯一的選擇，換言之，第二經濟的穩定能力不但可成為整個經濟體系的保護傘，更可讓人工智能按部就班地帶領第一經濟穩步向前發展。

第七，NPV 模式可視為政府財政政策刺激內需的一種手段，但卻可以迴避一般常用的內需刺激手段的弊端，特別是容易偏袒一些部門及催生政治化的公共資源掠奪。在當今貨幣政策走向黔驢技窮之際，不少經濟學者正重溫財政政策的優點及主張考慮回歸至財政政策時，NPV 模式應該是最理想的選擇。

NPV 模式及其第二經濟可發揮的作用遠遠不限於上述，餘下的我會分別在其他章節討論。但必須指出，任何一個機制總有它的弱點或漏洞，包括執行方面所面對的困難。有關如何處理這些細節，請參閱我上面提出的另一篇文章。

　　財政來源當然是核心問題之一，這裏不詳述，但值得考慮的是兩點，其一是部分支出可以來自本來撥作福利的金額，當第二經濟轉趨成熟，傳統福利可以部分遞減。其二是因為第二經濟不純屬於一個被動性的消費體系，本身擁有創造經濟價值的能力，所以長遠來說，雖然比例難以確定，亦可通過本身所產生的稅款支援其部分開支。

第六節：

# 人工智能與中國的機遇和使命

歷史充滿變數與巧合，而且變數中的一些偶然事件往往出人意表（有關這方面的歷史哲學我會在第七章討論），從這個角度思考，數碼化及人工智能的出現與中國的經濟發展的確可以引起無限遐思。人工智能從開始研發到走入窮途再到現在踏上突破性的軌跡，只有短短四五十年，而互聯網的普遍應用，亦相差不了多少時間，而偏偏就在中國全力改革開放和發展經濟的時刻，竟然碰上這千載難逢的機遇。數碼化帶來的互聯網等，不單協助中國成就了四十年的經濟奇跡，亦可能使中國成為未來人工智能第一大國，上天眷戀中國，信哉！

亦因為這樣，人工智能對中國未來的負面衝擊也相對大，尤其是未來大規模失業引起的維穩問題，更是重中之重。不過也許是中國特別幸運，有幾個因素可以舒緩其衝擊。

中國經濟大力發展的前期工業化階段需要大量勞工，中國龐大的人口正好補足這方面的需求，但當人工智能大舉肆虐時，中國人口已開始減少，這與其他不少的發展中國家不一樣，彼等人口仍在膨脹（例如印度、中東、非洲多國等），但中國已開始進入勞工短缺期，所以大規模失業的衝擊相對減弱。換言之，在人口氾濫之際，中國毅然採用一孩政策，雖然有不少後遺症，但算是減少這方面壓力的良藥，一孩制使今天人口遞減，也許是無意中出現的應付人工智能負面影響有利因素。

不單這樣，人工智能使生產力大幅提升，亦剛巧是中國人口進入

老化期，目前的下一代要肩負上幾代人的責任，人工智能的出現無疑是一劑有效的良藥！

我們為了爭取成為全球人工智能的第一大國，一定全力以赴。到了負面影響來勢洶洶時，我們自然不能獨善其身，也因為中國人口的規模，維穩問題會顯得相當嚴重。幸好，我們經濟體系的特色，即國有企業及公營部門佔相當的比例，加上我們所累積的資源，以及中央政府的資源調配能力，都可以使我們能相對較有秩序地擋住這急流。不過，畢竟這衝擊是不能逆轉的，我們仍須全力面對，亦必須及早實施我建議的 NPV 方案。可幸的是，NPV 方案在中國比較容易有系統地、有效地實施，原因是我們的財務科技（Fintech）是全球最成熟和最全面的，而財務科技的精密度對 NPV 模式操作的成效具有關鍵作用。

有系統地採用 NPV 模式，估計可以使中國成功抵擋人工智能帶來的經濟大蕭條及大通縮的衝擊。如果這樣，藉着我們經濟的能量（屆時我們已經是全球最大經濟體及數碼科技的領航者），我們可以協助穩定國際秩序，給予其他國家多方面的援助，這也許是中國對人類未來的使命！

「任從風浪起，穩坐釣魚台」。

　　　　——姜子牙《史記‧齊太公世家第二》


「凡人者，莫不欲利而惡害，是故與天下同利
　者，天下持之。」

「凡治國之道，必先富民；民富則易治也，民
　貧則難治也。」

「故治國常富，而亂國常貧；是以善為國者，
　必先富民。」

　　　　　　　　　　——管仲《管子》

# 第 二 章

經濟

第一節：
# 市場與政府孰優孰劣？

## 一、概論

　　從二百多年前亞當・史密斯（Adam Smith）開創現代經濟學以來，市場與政府的角色及其適度比例的爭辯幾乎成為一個「永恆」的主題。時至今日，這辯論仍然沒完沒了。如果我們不正視這課題，尋出一個較理性的答案，經濟管治恐怕仍無法正確、有效地實施。

　　近年來，美國多番指責中國過度干預市場，並且振振有詞地利用這個藉口打壓中國貿易及投資。但因為中國當今經濟亦追隨市場規律操作，難以在理論層面上加以反駁，所以往往處於下風。市場主義逐成為美國狙擊中國的意識形態工具之一，雖然美國本身的經濟在全球市場自由度的排名中，遠遠落後於很多其他國家。

　　與西方一樣，中國目前亦利用市場作為資源配置的機制，但出於歷史因素，兩者對市場的取向有很大差異。現代西方經濟是由市場體制出發，利用政府政策補救市場分配的缺陷，現代的福利主義或福利國家便是這種混合體。但中國是從計劃經濟或指令型經濟走向市場經濟之路，目前的「中國特色社會主義」便是其混合體。從中國角度看來，市場扮演的是「工具性」的角色。但從西方角度看，自由主義、資本主義及市場經濟卻是「三位一體」，市場不單具有工具性，更具有目的性，是社會核心價值一部分，亦是保障個人自由的大支柱。

　　撇開社會價值而言，單從工具性的角度看，無論哪一種混合體，

我們都離不開兩者的合作及互補，所以必須界定兩者之間的關係，特別是兩者之間適度的比例，要精確地拿捏這比例。我們必須充分掌握兩者的性質、基本功能及相對優劣。

## 二、為什麼西方經濟傾向市場主導？

這裏包含兩組原因。一是市場機制本身的優勢。二是歷史的偶然因素。

市場機制的優點很多，包括：高效率的資源配置（特別是相對中央配置）；客觀的價格及價值釐定；有自我調節能力，減少人為錯誤；市場賦予大量發展機會，刺激個體的主動性及積極性；市場與競爭分不開，而競爭是經濟進步的原動力；參與者可以通過所犯錯誤，不斷在市場平台上學習改進，對個體而言市場是一個重要的學習台階；市場的自我調節能力，加上參與者的互相適應形成自發性的的體系；市場分配是一個公平的機制，整體而言，多投入多回報，多勞多得，所以是一個符合自我問責的道德秩序；市場可將個人私利的追求轉化為大眾的公益（亞當‧史密斯〔Adam Smith〕）。基於以上的特徵，市場經濟是一個穩定的系統，而一個穩定的系統亦是經濟發展最重要的條件，所以市場操作與經濟發展形成一個良性循環。

總而言之，市場強化以個人為主體的自由秩序，與資本主義結合成為不可分割的「三位一體」，並通過經濟自由鞏固政治自由，構成西方主流核心價值。

隨着歐洲中世紀（約 9 世紀至 15 世紀）封建制度沒落，自由資本主義約在 16 世紀及 18 世紀之間崛起，先以「重商主義」（Mercantilism）形式出現，主要驅動力是海權國軍事力量及海上貿易興起，到了 18 世紀工業革命出現，國際貿易成為工業製造不可或缺的伙伴，再加上個人主義成熟以及資本家的資本累積，市場資本主義

的優越性便全面發揮。

　　當然，不少經濟學者及思想界對這模式仍有保留。除了馬克思對資本主義膾炙人口的批判外，上世紀的卡爾・波蘭尼（Karl Polanyi）強調市場誕生的社會性及文化性的偶然因素，他指出現代國家的出現賦予市場發展推動力，兩者逐漸構成「兩位一體」不可分割的關係，建構成現代的市場社會。另外約翰・梅納德・凱因斯（John Maynard Keynes）論証，部分市場例如勞工市場並沒有足夠自我調節的能力，因此經濟體系在某些情況下必須由政府通過內需管理以維持宏觀經濟體系的正常運作。

　　可惜第二次世界大戰後，主流經濟學受「數學形式主義」（mathematical formalism）及理想化的「整體均衡論」（general equilibrium theory）的操控，不少著名經濟學家耗盡心力在純理論層面去證明市場及整體經濟的均衡特性，甚至不惜引入無稽的假設以證明均衡是市場的基本特性。

　　在經濟學由數學形式主義包攬的同時，市場主義方面出現了兩位「大師」級人物，一是弗里德里希・海耶克（Friedrich Hayek），他論證市場機制善用經濟體系的擴散性信息，參與者在海量市場信息中及相對無知的狀態下，可以達到最優化的協調及由此帶來個人及社會最大的經濟價值。米爾頓・佛利民（Milton Friedman）則以尖銳及高度說服力的辯說，論証自由市場是政治自由及自由社會的根基，大大加強了具意識形態元素的市場原教旨主義（market fundamentalism）及極端的自由意志主義（libertarianism）的說服力。上面論証的匯聚，成功說服了八十年代的美國總統里根以及英國首相撒切爾夫人，他們不約而同地積極推動市場主導的保守經濟政策。適逢九十年代蘇聯解體、柏林圍牆倒下，東歐國家紛紛走上市場化及「振盪式」改革之路，市場主義一面倒地成為贏家。

那時，如日中天的市場主義達到歷史高峰。著名政治學者法蘭西斯・福山（Francis Fukuyama）作出劃時代的宣言，宣稱人類已達到「歷史的終結」，市場資本主義與自由民主制度成為人類社會最正確的體制選擇，已經不容置疑了。

物極必反，2007—2008 年出現的全球金融危機重重打擊了市場主義者的美夢。諷刺的是，當時幾乎整個經濟學界都沒有學者預測到這一場對現在仍有深遠影響的金融風暴，市場的自我調節機能受到高度質疑。

雖然如此，「大市場，小政府」已經成為西方經濟管治堅定不移的典範思維，大改變恐怕是不容易了。但問題是，這堅持是否正確？政府與市場伙伴關係之間的平衡點到底應該在哪裏？在未回答這問題前，讓我們先看看市場的缺失。

### 三、市場主義基礎理論的缺失

市場原教旨主義將市場推上萬善萬能的境界，自然隱惡揚善。平心而論，市場機制的確有令人迷戀的說服力，但亦因為這樣，我們不容易察覺它的缺失及其一些較負面的社會意義，不少學者更為它的缺失處處護短。

學界對市場的批判一般圍繞以下幾條主線：

(1) 不是所有市場都有同等的資源配置效率，某類市場的供求情況不一定可以達到均衡狀態及符合社會最大利益。原因包括信息不對稱、界外利益，或一些商品的自然壟斷情況；

(2) 盲目追隨市場原則會導致企業生產一些有社會成本但對企業沒有直接成本的產品，包括破壞大自然環境；

(3) 市場是相當短視的，企業的存在某程度上拉遠了參與者的視覺及眼界，而掌握較多資源的企業眼光會較為遠大。但由於

規模效應及企業善於創造未來，市場機制對較大規模企業有利，所以表面的自由競爭並沒有消除壟斷的傾向；

(4) 對個人的積極性，市場無疑提供了一個非常理想的發揮平台，不過與有組織力及擁有大量資源的企業相比，個體明顯處於劣勢，所以貧富差距惡化是意料中事。

上述的批評不是新穎的觀點，市場主義者亦不否定這些說法。問題是在承認這些缺失之餘，他們會指出這些缺失只是局部性。雖然市場亦比較短視，但相對政府一些好大喜功的行為，仍算較為踏實。另外這些缺失亦不難補救，可以引進一些反壟斷條例或利用社會福利拉窄貧富差距，政府的武斷性決策遺害更大，而更大的問題是，市場的缺失往往是由於政府盲目的干預所造成或擴大的。

基於以上的護短，市場主義者理直氣壯地堅持他們的「大市場，小政府」理念。按照這個理論，市場所扮演的應是「主人」角色，政府則只應該扮演輔助性或修補性的「管家」角色，他們認為如此安排下，經濟體系才可以達至理性的運作。

不過市場主義者低估了市場兩大缺失，他們誤判市場短視與貧富差距的嚴重性及其背後的社會意義，以為只牽涉技術層面的問題，沒想過其實所牽涉的是基本的管治哲學及社會公義課題。


## 四、為何市場機制不符合公義原則？

有關市場背後的道德性歷來有不少討論，支持市場機制符合社會公義的學者會提出兩項論證：一是，市場參與者是在「陽光下」操作，每人對自己的行為及後果全面負責，即是說，市場平台完全符合現代個人自由主義的精神；二是，市場的產出分配比例是根據投入的生產要素所作出的貢獻，故公平公正、不偏不倚。亦可說是多勞多得，高風險則有高回報，這完全符合「黃金比例」的公義概念。

　　從這兩點看，市場機制不單有效率，而且符合公義及現代個人自由主義原則，況且貧富差距可以通過政府管家式的再分配政策舒緩。

　　在進一步評論市場是否有違社會公義之前，我們必須釐清社會公義的定義及內容。社會公義必須考慮三個原則：如處理人際關係一樣，遵守「比例互惠原則」（principle of proportional reciprocity）；在分配領域，按生產要素所作出的貢獻的比例回報，亦即「論功行賞」；對先天性的不公，儘量找尋一個各方可接受的共識及底線，既不能矯枉過正，亦不能罔視先天的不公現實。換言之，除了「黃金比例」這大原則外，我們必須考慮現實，找尋一個兩者之間的均衡點，調和先天之不公與後天的道德規範。

　　換言之，社會公義不是一個理論性的純道德性規範，更必須結合現實制約（即人生出來有智愚之別及社會資源的差異），如果我們貿貿然執着要求絕對平等，本身已是另一種不公平，所以社會公義必須是規範原則與現實制約結合後取得的平衡狀態。

　　從經濟學角度看，市場機制表面上似乎可實現按貢獻比例回報不同的生產要素，即「論功行賞」原則。雖然市場機制本身不能解決先天性的不公，但因為其激勵作用，在動態角度看，社會整體的產出得以逐步擴大，通過「下滴效應」（trickle-down effect），眾人在下一階段都會受益。只要政府採取一些適當的「再分配措施」，所有參與者最終都達到共贏的局面，所以表面上沒有違反公義原則，另外，市場亦沒有違反社會先天性的不公現實，不會強求絕對平等。

　　那麼市場的分配模式到底是否真的符合公義？答案仍是不。主要有兩方面的論證。

　　一是，論功行賞這個原則沒有貫徹執行。這原則本身沒有問題，但實際上市場對真正有貢獻的要素沒有給予符合比例的回報。必須明白，市場是根據邊際操作原理，只給回報予直接、可見、可量度、可

以在市場有交易價格的生產要素。

　　由此之故，社會過往所累積的知識，或政府「有形之手」例如基建的投放，或其他環境成本、社會成本等社會資本，通通不在論功行賞之列，市場的回報只給予可直接量度及可交易的勞動力和資本。

　　不單如此，因為市場沿用的論功行賞原則追溯不到歷史貢獻及無形貢獻，所以作為組職者的企業便可以名正言順將這些不屬於直接生產的要素強行但合法地佔有，這就是市場最大的不公義，但在操作上不易解決的情況。雖然政府會向這些企業徵取稅收，但企業「合法地」、「理所當然」地佔有其不應取得的產出卻從來沒有被視為不合理，而政府抽稅較高往往被視為榨取，違反所謂「藏富於民」的原則。

　　二是，市場到底是否是一個「中立機制」？市場主義者聲稱市場是客觀、中立的，不會偏幫任何一方生產要素，如果這是事實，那麼市場自然沒有改變先天不均的傾向或能力。但因為先天的資源配置不公，市場實際上在操作過程中使原有的不公延續和擴大，即是說，這種從表面或平面角度看的中立，掩蓋了愈來愈嚴重的後天不公，換言之，面對精英擁有的先天性的優勢及企業擁有的不對稱資源，市場實際上助紂為虐，因為它在運行過程中不斷擴大這原有的不對稱。我們可稱這市場屬性為「先天不均輸送定律」（Law of Innate Inequality Transmission）。

## 五、市場短視的真正代價

　　市場主義者認為參與者通過價格可以掌握最大數量的生產及消費信息，因而可以第一時間調節資源配置，所以市場雖然表面看起來相對短視，但其強大的適應力足以補其不足，況且未來實在不易推測，沿着市場提供的信息作出決定，雖然看得不是很遠，但仍是最紮實可靠的。

　　這種辯證表面言之成理但卻隱藏謬誤，原因之一是羊群心理，企業負責人就算如何精明，也擺脫不了市場的氛圍，特別是金融市場，參與者往往一窩蜂地湧入或退出，這也是金融市場容易失控及走上泡沫化的不歸路的原因。

　　經濟史上的經濟周期，本質上反映了市場參與者的集體不理性行為。經濟周期重複出現，除了帶來財富蒸發，更牽涉不少社會成本及參與者的心理成本，我們當然無法精確衡量市場因為高效率所帶來的得益與市場變成投機平台後所帶來的破壞和損失，但我們絕不應該迷信市場的完美自我調整能力以及市場效率只會帶來正面的效應。這兩者都是現代的神話！

　　在適應環境過程中，不少動物擁有本能性的「未來意識或未來感」，這種意識使它們掌握較高的演化優勢（evolutionary advantage），但人類是擁有這能力及優勢的表表者。我們不單有「遠見」，即建築未來的認知能力，甚至我們當下的大部分行為都是受對未來的預期所主宰。這裏有幾點值得注意：

　　其一是，我們看得越遠，越有能力處理目前事物的安排。

　　其二是，雖然個人的遠見有局限，但如果社會其他人一起築成「集體的遠見或視野」，我們成功策劃及實現未來願景的機會越大。

　　其三是，我們的原始遠見多受直線思維支配，所以容易犯過分樂觀及過分粗疏的毛病。

　　其四是，為了改善生活，只要有前景，我們都會「築夢」，都會努力投資以求取得未來更高的回報。

　　其五是，人類文明本質建基於我們這種創造未來的活動，「明天會更好」不是虛言。

　　一個社會的經濟繁榮很大程度上視乎其參與者是否同心同德，協力打造一個集體視野，有了一個共享及共同預期的前景，只要有較

實際的機制以及可衡量的回報，參與者便會放心投資時間、金錢、精力，以及放棄目前部分的消費或逸樂，以換取一個更好的明天！

市場本身亦是一個前景製造及前景依賴的機制，它的存在使參與者有信心投資未來及共建繁榮，所以符合我們築夢者的行為及心態。它的不足在於我們過分強調它的自我調節功能，因而抑壓了另一個重要築夢者的角色，即是政府的功能。後果是大大削弱經濟體系整體的發展潛力和機會。

## 六、政府的經濟管治角色

在大市場意識形態主宰下，西方社會的公共行政及管治自然的產生以下的特徵：

(1)　政府只是市場的輔助者，不是主導角色而是管家角色；

(2)　政府的基本功能在提供一個穩定的政治及經濟環境和法治基礎，使市場操作可以順利進行。政府絕不應與民爭利，凡是市場可以處理的則應交給市場，只有當市場出現缺失時才作干預，但仍然可免則免，非必要時不應輕舉妄動；

(3)　政府只應在起步點（即教育等、基建設施等）及終點（對經濟產出作出某程度的再分配），切不能干預生產過程的操作，以免減低市場的效率或製造不公；

(4)　公共管治應按市場模式進行。政府職能儘可能由私營部門取代，多依賴市場化或私營化，目的是仿效及利用市場資源配置高效率的特徵。

現代經濟體系中，經濟活動按以下四個大目標進行：微觀層面的資源配置效率、宏觀經濟體系的穩定、經濟增長、產出分配。

早期的古典經濟學，重點放在經濟增長及產出分配，後期的新古典經濟學把焦點放在微觀資源配置效率，凱恩斯（Keynes）後，添加

了維護宏觀體系穩定這課題，第二次世界大戰後發展中國家紛紛以經濟發展掛帥，經濟增長重拾它的重要性。

但主流經濟學在市場主義支配下，政府角色被放在次要的管家位置，即限於保證市場秩序的運作暢通無阻。在這架構下，政府的具體角色如下：

(1)　在生產過程的起步點，政府的功能是立法規管市場公平操作，在終點則處理壟斷及產出不公的後果；

(2)　在經濟增長方面，政府的角色亦應限於起步點（即人力資源培養、基礎建設），不應直接參與或鼓勵部門性及產業性的發展，即儘量不採用工業政策；

(3)　在分配方面，政府只應在終點做善後工作，給予失敗者或不幸者最基本的生活援助；

(4)　政府唯一應該全面監控的領域是宏觀經濟，按每時段的經濟情況決定是否有穩定或刺激經濟的需要，然後通過貨幣政策及財政政策進行調節。

上述的政府角色，基本上代表西方經濟學界及政界在經濟管治方面的共識，實際政策當然每個國家不盡相同，但整體取向卻大同小異。

這個模式明顯誇大了市場的貢獻而矮化了政府的功能，某種程度是「顛龍倒鳳」，正因為這樣，西方經濟逐漸走上一條艱苦狹窄之路。低估政府角色的重要性和貢獻使西方經濟發展付出很大的代價。

回到政府的功能，上述（1）及（2）這兩項，我是沒有意見的，但對於分配及經濟增長，我認為政府有非常大的空間可以發揮：

### （一）有關社會公義

由於先天性因素，例如基因差異、符號系統的獨特性、認知能力與工具的分歧、知識傳播的差距等，現代社會雖然引入了不少「均等化因素」，例如全民教育及媒體大眾化等，但仍改變不了社會受精英控制的局面。另外一些資本主義的元素，例如市場機制及開放競爭等在發展初期確有平均化作用，但長遠來說不僅未能化解貧富差距這結構性狀況，而且經濟增長速度越快，貧富差距越大，雖然有下滴效應，但仍然無濟於事。

面對這種情況，西方社會不得不採用「和稀泥」的福利政策，但這是被動的舉措，治標而不能治本，況且被動式的福利主義亦會影響受益者的積極性，長此以往，其實大大浪費社會現存的人力資源，亦使受益者貪得無厭。當貧富差距愈來愈大，福利變成無底深潭，所催生的政治上不穩定及民粹主義將使社會的紛爭無日無已！

換言之，一直以來西方只消極地針對市場機制的後遺症，而漠視政府對維持社會公義的積極責任。可以較徹底解決這問題的 NPV 方案我已在第一章詳細分析，這裏不再重複了。

### （二）有關未來前景的建立

上文提到人類是「築夢者」，文明的出現建基於我們擁有遠見、主動投資，為自己及下一代建設一個更美好的明天，但這種情況不是單憑個人可以做到，而是需要一個穩定的社會秩序建構成一種不易動搖的集體未來感，才可以凝聚個體對未來前景的共同信念。

試想一想，我們的金融秩序所依賴的是什麼？其實是全憑市場參與者共享一個可投資的前景、一種對未來可預測的共識，這進一步需要大眾對制度的認同，對流通貨幣的價值大致不變有基本的信任，以及對政府政策的理性度及一致性的信賴。凡此種種，我們每人其實都

投了「信任票」給我們的社會，達至人同此心、心同此理、互信互倚
的境地，不然整個金融秩序馬上就崩潰了。

　　在芸芸眾多經濟活動的參與者中，最有能力建構未來的龍頭是政
府。政府的法律、基建、政策、教育投放、人力資源的審視及篩選，
都是在為社會建立一個「社會時間表」，讓企業及大眾循着這時間表
規劃及邁進，市場就算多靈活和有多大的適應力，總不能代替由政府
牽頭共建未來的角色與力量。

## 七、政府缺失與市場缺失的比較

　　市場主義者承認市場有缺失，但總是辯稱政府缺失比市場缺失嚴
重，甚至說市場缺失是由於政府干預造成。他們亦指出，只有市場機
制才可以修補政府的缺失。我們可以理解自由主義者對政府武斷權力
的恐懼，但不能因噎廢食，而是因應不同情況提出不同的解決方案。

　　對政府體制研究比較有真知灼見的是經濟學中的公共選擇學派
（public choice school），其論者利用經濟學理論及工具例如博弈論、
決策論、理性選擇論等，分析民主立憲制政府的各種問題，討論選
民、政治人物及政府官員的行為，政府體制的缺失以及決策過程，在
這架構下他們討論的一些政府的缺失包括：

(1)　由於政策實踐與社會選擇之間產生的衝突，不少集體決策最
　　　終違背公眾意向，例如許多利益集團和政治分肥的政策，都
　　　會造成與民主政治理念相反結果；

(2)　政客及官僚的私利所引起的貪腐及低效率的問題；

(3)　利益集團之間尋租活動的因果。

　　這些缺失雖然頗明顯，撇開貪腐因素，有關政府投資未來行為的
失誤都往往被誇大。必須承認，與企業不一樣，政府投資未來的回報
比較難以精確量化，所以容易犯過分樂觀的誤判。但是投資未來畢竟

不容易有十分精確的計算，況且一些地標式的投資項目會引發動態的良性連鎖效應，間接給予其他參與者信心及鼓勵，這種情況是不能用簡單的靜態投資回報表可以衡量的。

例如基建領域中常出現的「大白象」，過了一段時間，可能會隨着經濟活動加強後變成常態的基建。這當然並不是說所有政府投資未來的工程都是正確的，但由於我們看不見其無形的貢獻，早期會傾向懷疑和指責。至於官僚體系引起的惰性、貪腐、低效率多半是出於「半結構」性的人性問題，但並不是沒有可行的解決方案，將「犯罪成本」提高或利用機制制約一般是奏效的，而且廉潔政府亦不是稀有現象。

反之，市場失誤的傾向卻被嚴重低估。特別是其引至的貧富差距是屬於「剛性」的結構性問題，單靠改善操作效率是解決不了的。反之，一些機制設計在這些情況下可以發揮效能（例如 NPV 模式）。

概括而言，市場可以說是一種「橫向優化性機制」（horizontal optimizing mechanism），而其優越性亦在此；政府則被視為一種「綜合性的優化機制」（integrated optimizing mechanism），雙方優劣各有千秋。但因為政府是綜合性機制，所以表現參差不齊，但如果角色互補，以政府為主導處理社會公義問題及未來前景的建設，再配合市場資源配置能力，相信可達至較佳效果。

換言之，恰度的經濟管治不可能是「大市場，小政府」，而應是「等量市場及政府」，甚至是「先政府，後市場」。特別是未來在人工智能主宰的生產下，市場的缺失將顯露無遺，屆時，「先政府，後市場」恐怕是唯一的選擇了。

西方特別是美國利用市場主義作為意識形態武器打壓中國，經不起經濟理論的仔細推敲，這種對市場的過分信任及依賴，亦恐怕會拖垮其在經濟進入數碼化時代的發展速度。2020 年的疫情使一些西方領

袖（例如法國總統馬克龍）覺醒到西方政府能力的不足，建議對西方
體制的優劣重新思考，不過一向支持自由主義的《經濟學人》則撰文
指出，根據以往歷史經驗，政府會不自覺地利用每一次社會危機擴大
它對社會的操控。可見西方思想界不少人仍然執迷不悟，恐怕真的要
到人工智能全面支配的時刻來臨，彼等才會如夢初醒。

## 八、經濟管治的四大原則

　　如果我們接受由政府牽頭再配合市場力量這種「混合模式」，我
們可以進一步考慮採用以下四個原則作為厘定政府政策的合理性。

　　這些原則表面會給人老生常談的感覺，但靈活的運用及作為一致
性的評估標準，對厘定政府政策及行為仍是十分管用的，這包括：（1）
可見度或透明度；（2）比例度，這概念亦包含對稱性，例如法律面前，
人人平等，便是對稱性概念的體現；（3）包容性或相容性；（4）機制
設計。其中（1）（2）（3）是指標準，（4）是工具。

　　政府首要經濟功能之一，是為經濟體系及參與者建築通往未來的
橋樑，換言之，是引領社會經濟投資未來的「領頭羊」角色。要達至
這個目標，政府必須為營商環境提供這些屬性：高可測性及相對穩定
性；可以大致計算回報率；可以使參與者有足夠基礎評估其風險。

　　政府政策的可見度和透明度是所有投資者考慮的基本因素，這一
點是不容置疑的。

　　政府另一個重要功能是維護經濟公義，這包括生產及分配方面，
生產方面政府當然要保證「遊戲規則」公平公正，維持一個「平坦的
競技場」，這裏牽涉上面列出的（1）及（2）兩項原則。公義問題，
因為牽涉個體之間「先天性」的不均（無論是資源、能力或歷史因
素），實施起來會困難重重，所以政府必須扮演「最後把關者」的角
色，即設計最理性的「再分配政策」。這方面我所倡議的 NPV 模式已

在上文進行詳細分析。

　　一個重要但往往被忽略的管治工具是機制設計。西方的主流學者，特別是市場主義者及自由主義者，出於害怕權力武斷及獨裁控制的心理，堅持將政府干預減至最低。上世紀指令經濟實驗失敗後更加強他們這方面的信念，把一切類型的指令與計劃視為畏途，雖然當中部分學者例如卡爾．波普爾（Karl Popper）明言可接受某程度及局部的軟性社會工程，但在理論層面卻沒有進一步的突破。

　　在經濟管治領域，機制設計既不受體系背後的意識形態或大體制（例如資本主義或共產主義）所左右，也不如政府政策那麼容易朝令夕改，它是因應人性特徵及理性思維在不同場景中趨吉避凶的傾向而設計的。較具體一點說，它是根據一些場景本身所含的「處境邏輯」而設計，目的是利用明確的利益得失和風險關係，清晰地引導參與者作出理性的選擇。

　　這樣一來，這種設計便有「放諸四海而皆準」的特徵，既可以保持中立，不受當時大意識形態所驅使，亦可以長期安心使用，不必因政府換屆而受影響。不少保險方案，例如國際信用狀的設計與安排，或政府根據參與度對低薪人士的補貼，或根據通貨膨脹指數而自動調節工資或收費，都屬於機制設計的範圍，我上面提出的 NPV 模式，亦是這類型設計中較有影響力及牽涉範圍較廣的一種。

　　中國經濟過往四十年的成績，亦有賴於有創意的機制設計，這方面我會在下一節討論。

第二節：
# 解讀中國四十年經濟奇跡

## 一、中國經濟奇跡的探討

　　我在 2017 年《共富同贏的經濟改革》(*Growth Without Inequality*) 一書中，提出了一套與主流經濟增長學說即「新古典經濟增長論」(neo-classical growth theory) 迥然不同的經濟增長論，前者以市場為主體，視生產要素擴張及生產力的提升為經濟增長的驅動力，而我則強調以下四大因素的互動：採用有利增長及建築未來的機制設計；擴大經濟體系的規模；提升生產力；政府全面推動以上三大因素。

　　這兩套理論的共通點是重視生產要素的擴張及生產力的提升，區別是新古典經濟增長論並沒有考慮制度方面的因素，受市場主義意識形態的束縛忽略經濟規模有擴張的彈性。相對來說，我提出的全面性理論能較完滿地解釋中國過去四十年（1978 年至 2018 年）令人驚嘆的經濟奇跡。

　　以下是四個互動因素所扮演的功能：

### （一）採用有增長驅動力的機制設計

　　鄧小平的改革開放政策迴避了當時意識形態的束縛，以工具性、實用性及有效性為標準，不拘一格地採用順應人性、順應形勢的機制設計，這包括在農村採用家庭責任制，大規模釋放了農村及農民的生產力，大力支持鄉鎮企業，使後者在經濟發展初階較妥善地處理了私

有企業的激勵性與官僚體系利益之間的矛盾，為後來私營企業發展鋪
路。又成立特區，彈性地為國內企業提供競爭空間及活力。以及學習
香港模式，將國家土地以年限租貸，理性地解決企業的用地問題等。

　　機制設計的妙用，在朱鎔基時代體現在中央與地方政府之間財政
收入分配的改革，一方面加強中央財政資源及其調配，另外亦誘使地
區政府努力招商以補其財政收入之不足，更重要的是全力爭取進入世
界貿易組織，將中國企業帶往競爭激烈的國際商業舞台。縱觀這些改
革，最大的特色是有關領導人靈活地利用機制設計及「雙軌制」，既
保持原有制度以減少振盪及保守勢力的反對，同時靈活地開闢新天地
使中國企業走上市場競爭之路，再通過市場競爭提升生產力與人力資
源，最後再回頭改善原有的僵化體制，可說是用心良苦。

### （二）擴大經濟體系規模

　　經濟體系的規模取決於人口，亦受多方面因素的影響，這包括：

(1)　社會的溝通及接觸密度，這很大程度上與社會基建的規模有
　　　關，特別是運輸及通信設備（如互聯網、手機等）；

(2)　法律上對勞工工時的寬鬆度，以及社會傳統觀念影響人民對
　　　工作的積極性；

(3)　民眾及企業對未來前景的信心及對投資未來的積極程度；

(4)　與全球經濟體系連接的深度及廣度，特別是出口市場的
　　　擴張；

(5)　資金的流通性及靈活性。

　　除了資金的流通性及靈活性這點略為遜色外，中國在其他各方面
的表現都是非常出色及靈活的，中央政府對基建更是責無旁貸，不遺
餘力地投入，加上中國加入世貿後，迅速成為世界工廠，在海外市場
佔有可觀的份額，這些都是經濟規模擴張的體現。

## 二、提升綜合生產力

　　綜合生產力的提升來自資本（包括機器及資金）與人力資源的結合，中國這方面的優勢體現在以下各方面：政府推行全民教育，對科技方面尤其重視；中國傳統一向重視下一代的教育，一般家庭都節儉，希望給予下一代優良的教育機會；雖然不少人批評中國創新力不足，指出國人的群體性及服從性太強以及思想保守，阻礙個人發揮。不過在工業化早期，生產力的提升不在於產品的創新而在製造，所以大眾合作、團結和服從反而是重要優點，況且這個階段是中國民眾的學習期，合作與服從的團隊精神是有正面積極作用的；科研是生產力的重要來源，中國一向主張科技興國，雖然民企力量不足，但中央政府及資源相對充沛的國有企業擔起了這任務；更重要的是，中國加入世界貿易組織後，企業在競爭激烈的國際市場中，通過取得大量外國買家訂單及嚴格遵守這些訂單的標準，高速地學習及不斷提升管理及勞工的技術及生產力，使中國在短時間內變成為「世界工廠」。

## 三、政府的角色

　　上一節我分析政府在經濟管治中的角色，特別是創建未來前景及維護經濟公義方面。有關前者，中國政府在過往四十年發揮得淋漓盡致，因此引起崇尚市場主義的西方政府對我們的妒忌及不滿，有關如何徹底落實經濟公義，相信我建議的 NPV 模式會有舉足輕重作用。

## 四、獨特及偶然因素

　　上述（二）擴大經濟體系規模中（1）至（3）這三項因素，引領中國在人類歷史上創下前所未見的經濟奇跡。短短四十年間，中國從一個一窮二白、百廢待興的弱國，轉身成為全球第二大經濟體系（生產總值若以 PPP 購買力算，其實已經在 2016 年超越美國成為全球第

一）。這奇跡的出現，蘊藏着獨特、偶然的因素，亦是其他國家不容易模仿的因素：

首先是人口規模。人口眾多可以是經濟發展的資產，但也可以是負債。在發展高速的地區，人口眾多是優勢，但在停滯不前的地區，人口多是負累。中國的「增長引擎」啟動後，人口規模馬上變為紅利，源源不絕的廉價農村勞動力，進入城市支撐工業發展，推進城市化，中國瞬間變成「世界工廠」。人口不單是表面數字上的優勢，當它配合中國獨一無二高速發展的運輸及通信基建，特別交通網絡及互聯網，使國人的接觸密度以幾何級數般上升，人口量配合示範效應發揮巨大的驅動作用，出現了爆炸性的消費及投資效應，構建了人類歷史上最大的經濟活動體。

第二，毛澤東的土改重新實現「普天之下，莫非王土」，當時的陣痛是巨大的，但土地國有化後，一方面使基礎建設通行無阻（試比較印度的情況），我們能夠在最短時間內建成現代化的運輸系統。另一方面，到了鄧小平時，土地由國家以租賃形式批出，除了方便大量外資流入，更使土地迅速「金融化」及「財務化」，變成地區政府的融資工具，使國家可以利用土地資源這槓桿創造大量可用的資金及可調動的資源。這些發展當然是最初土改時無法想象的，亦是很多特別是採用市場制度的國家無法效仿的。

第三，中國改革開放之前所採用的集體指令體制導致嚴重的失衡及災難性情況，鄧小平撥亂反正，轉為改革開放，以市場為工具，全面釋放全國人民的潛力，啟動了千千萬萬人的鬥志，燃點了無數人的希望，歷史的吊詭一至於此。

第四，幾千年來受儒家思想熏陶，中國家庭非常重視下一代的教育，晚清的知識界，無不強調從科學教育着手，以達至國家富強之路，中國有「西學第一人」之稱的嚴復更極力主張通過教育救國。有

趣的是，與嚴復辯論這話題的孫中山，主張採用「立竿見影」的實業化、工業化、鐵路化等較為直接方式來提升國民的生產力，但這也沒有減低他對教育功能的重視。事實上在教育這範疇，不論是知識分子或販夫走卒所堅持的信念，都是別的國家不容易一時三刻仿效或移植過來的。

第五，中國經濟奇跡「功臣」之一是香港，在中國發展的關鍵時刻，香港擔當了橋樑的角色，源源不斷地引進外資。同樣地，中國大批海外華僑亦同心同德，義無反顧地將大量資金或人才調回國內，這特殊情況是其他國家難望其背的。

第六，就是那麼湊巧！人類第四次認知革命的數碼科技的成熟期剛剛出現在中國有能力參與的關鍵時刻，而這最適宜中國這特殊體制的人工智能亦是在中國經濟起飛時出現，使我們可以在芸芸國家中脫穎而出，這方面我已經詳細分析，不再重複了。

第七，中國經濟躍進時段正值全球化全盛期，這段期間絕大部分國家決策人都認同多邊主義，並遵從以「世界貿易組織」為軸心所建立的國際貿易規則，這對中國快速進入及爭取國際市場提供了重要的「時窗」，中國這個本來競爭力不足的社會主義國家，通過其企業在國際競爭中迅速地成長，充分領受市場經濟的磨煉和祝福。當然其他不少發展中國家也同樣得益於全球化，但通過全球化脫胎換骨的，恐怕誰也比不上中國！

上述大部分的獨特機遇及偶然因素，明顯難以模仿，天時、地利、人和，一起創造了「中國奇跡」，這是一個異數！

第三節：
# 進入後奇跡時期「深水區」的 經濟管治方針

## 一、經濟下行因素的探討

2019—2020 年可算是中國後奇跡時代的分水嶺，經濟正進入一個「深水區」，充滿了新的變數和挑戰（包括影響全球的新冠狀病毒疫情）。經濟下行的趨勢非常明顯，這趨勢其實是意料中事，導致下行的因素不少，簡單來說有以下：

(1) 經濟增長退潮。這其實是自然現象。當經濟規模擴充，基數自然隨之擴大，年比的增長率緩慢下來符合正常的數理。況且當經濟體系成熟，其市場化的比例愈來愈接近飽和，早期由於市場化因素誇大了的 GDP 增長率亦自然會降低。兩者加起來，經濟增長率下行是自然不過的。

(2) 紅利退潮。中國早期的高速發展有賴於人口及制度改革帶來的紅利，當這些因素沒有突破，原來的紅利逐漸淡出，經濟發展再不容易依賴這紅利取得新的增長了。

(3) 泡沫化浪潮。經濟高速發展往往帶來泡沫化，所謂泡沫化，是指表面現象不符合實體經濟的真實性及核心情況，甚至背道而馳，這種情況一般出現在以下領域：

(4) 房地產泡沫，這方面我留待下面再討論。

地方政府及企業負債，地方政府競相發展但財政收入長期不足，所以地區政府負債相當嚴重。近幾年來中央政府允許地方政府對存量

債務進行處理，使違約債務延期，淡化了地方政府債務危機，但這並沒有從根源解決問題，可能還會增加一些地方盲目舉債的「道德風險」，導致新一輪債務高潮，加上地方政府支出有增無減，相對償還能力會進一步下降。

企業債務方面，中國企業債務的成因錯綜複雜，目前情況是，隨着經濟增長減速及投資回報率走低，企業債務可能會進一步惡化，另外產能過剩形成的大量「僵屍企業」亦會增加不良貸款的比例，因而有可能觸發金融危機。有關這方面，我將在下一部分再作評論。

基建泡沫，指的是一些成本巨大但沒有充分考慮收益的基建，因而形成「無止」的虧損。有學者指出，同一地區或同類型基建的擴建會出現邊際收益遞減效應，特別是當其覆蓋率已逐漸達到飽和時，更會出現成本越高但收益越降的落差。中國當然也免不了。不過如果不單視基建為經濟投資，而是一種社會投資，大型基建可以協助建立國人整體對未來的信心而更積極投資未來，那麼表面財務上的「損失」可以因無形的集體信念轉化為社會長遠投資而最終獲得收益。當然這並不是說盲目投資基建是可接受的策略，但事實亦証明，不少早期的「大白象」後來變成收入可觀的常態基建項目了。

## （一）國際形勢變化

中國經濟奇跡的四十年恰好是全球化最興旺的年代。目前情況已開始逆轉。先是 2007—2008 金融危機引起的全球動盪，繼而是「逆全球化」及民粹主義開始萌芽。「逆全球化」的浪潮始於全球化對一些發達國家的就業衝擊，接着是難民潮的湧現引起民粹主義的回應，然後是特朗普政府的「美國優先」及單邊主義政策，引起目前中美貿易戰及經濟紛爭，加上 2020 年的全球疫情及近期的俄烏戰爭，對全球化發展造成不少的殺傷力。雖然 2007—2008 全球金融危機已過了十

多年，但全球經濟仍然擺脫不了脆弱的狀態，全球的海外直接投資率比十年前下降，但全球公司及國家債務卻節節上揚（單是美國財政赤字 2019 年已接近一萬億美元）。簡單地說，目前全球經濟基本建築在債務上，但企業視野卻比以前收窄，民眾情緒不再樂觀豁達，一旦中美貿易戰持久，疫情解決需時，現存的全球供應鏈將會出現大調整，企業對投資未來的整體意欲減弱，這些惡性循環一旦結構化後，全球經濟增長可能走上逐步下行之路。

美國啟動與中國的貿易戰，除了想扭轉貿易逆差外，主要是針對中國高科技突飛猛進如夢初醒後的回應，其策略是寧願犧牲自己一部分的利益也要拖慢中國的發展速度，美國一些專家估計，中國 GDP 年增長率若低於 6%，企業便難以支撐高負債的局面，繼而衍生金融危機及人民幣大幅貶值，引發中國民怨及削弱政府的認受性。縱使雙方最終達成某種程度或階段性協議，兩國以前的互信亦難以維持，過往的信任部分來自中美兩國經濟結構的大差異，中國的出口以消費品及低檔產品為主，美國則集中在較高科技領域及金融產業。但現在，中國的出口已經覆蓋不少高科技產品，甚至幾乎滲透美國經濟的每一角落，所以未來合作的路會變得艱辛，貿易戰可能發展為持久全面的糾纏，以致出現兩敗俱傷的局面。

### （二）就業問題

目前中國尚未出現嚴重的就業問題，不過中央政府也意識到這個問題會逐步來臨，國務院近期成立專責小組準備應變。促使就業問題嚴重化的因素包括：

(1)　工資持續攀升，不少企業面對成本壓力，部分已經將生產基地轉移到其他工資較低的地區；

(2)　貿易戰一旦持久，部分外國買家不得不將訂單轉移至低稅率

國家，國際供應鏈被迫重組；

(3)　工業正向高科技及自動化轉型，勞動工人首當其衝，一方面是勞動者技術水平及素質沒有完全跟上，另一方面是所需勞動力減少。

## （三）經濟體系本身存在的弱點與不足

中國過往四十年的努力使經濟取得大的改進，但這並不意味着所有遺留下來的問題都已獲得解決，中國仍然面對：

(1)　國有或國營企業的低效率問題；

(2)　中小型企業資源不足及政策缺失的問題；

(3)　人口老齡化問題；

(4)　水資源短缺問題；

(5)　氣候變化及環保問題；

(6)　三農問題；

(7)　戶籍問題 —— 中國一直採用的雙軌戶籍制度是「兩面刀」，優點是可以有秩序地引領農民工參加城市建設及工業生產，不會像其他不少發展中國家，農民一窩蜂湧入城市，造成很多城市外圍被大批貧民區所佔領，但亦因為福利及保障方面的落差，這些農民工不能全面融入城市及全面參與其發展；

(8)　貪腐問題 —— 與戶籍制度情況一樣，貪腐是一個嚴重且必須面對的問題，不過諷刺地是，在大多數發展中國家及在官僚體系較為僵化的情況下，一定程度的貪腐對資源有效配置有正面的配置作用，中國改革開放以來，貪腐日趨嚴重，原因之一是全國已富有起來，在資源充沛及資產大幅升值下，官員既不易抵抗誘惑亦有大量的貪腐機會，所以每況愈下的趨勢是可以理解的。可幸的是，地區政府之間互相競逐經濟

業績而挑起的競爭某程度上為貪腐行為設了上限。到了習近平上任時，這情況已經變得相當嚴重，他大刀闊斧針對時弊的反貪腐政策是絕對必須的，在整頓的過度期，這些行動會使部分官僚反應過敏，施政時畏首畏尾，不過為了最終的經濟效率及社會公義建立一個廉潔的政府。付出短期代價是值得的。

總括來說，對中國未來發展相當不利的潛在因素有二。其一是，中國經濟實力擴張影響美元的霸權以及地緣政治（例如南海及台海權力均衡改變等），會引致由平面的貿易戰發展到立體的對抗。最壞的情況是美國在貿易、科技、貨幣、金融全面挑起戰線，例如美方或會考慮退出 WTO 再重組另一個軸心等，這些行為可能會引發全球分裂為兩大經濟陣營。其二是貿易戰等因素，加上中國國內科技大轉型會造成大規模的失業，後者這趨勢，隨着人工智能及數碼科技的發展最終是避不了的。

當我們現代化的「巨輪」進入「深水區」，前景迷茫，風雲驟變，山雨欲來。面對上述的各項挑戰，我們不得不思考兩個關聯問題：我們有沒有充足的資源與能力逐一應對這些挑戰？我們該如何建構一套高效的整體經濟管治策略。

## 二、後奇跡時期的經濟管治策略

有關農業、房地產及金融三個領域，我會逐節分開討論，這裏我以整體政府及市場角色的理論架構為基礎，提出一些概括性的看法和應對措施。整體來說，我個人認為，面對未來可能出現的惡劣情況，我們仍有一副起死回生的「靈丹」，如果運用得宜，加上適度的經濟管治政策，不但可以擺脫這些困局，甚至可帶領中國經濟走上「2.0」的奇跡時代，這靈丹就是高科技加 NPV 模式。

　　為了進行系統的分析，我先採用我的經濟增長論及政府功能論逐一審視經濟管治的課題。

### （一）有關「機制設計」的有效運用

### ① 採用 NPV 模式

　　這個多功能的模式，可以使我們經濟體系在驚濤駭浪中「穩坐釣魚台」，原因如下：它有充分製造就業的能力去維持一個全民就業的社會；化解貧富差距及其引起的社會不安、深層民怨，及由此而引發的政治動盪；減低國際經濟動盪帶來的衝擊，就算我們真有一天需要勒緊褲頭，這仍是最公平、最穩定及最可靠的方案；長遠一點看，它有能力培育企業家拉動經濟價值創造及增長，哪怕實施初期規模及效果不大；在經濟轉型期可以發揮緩衝作用，不必一時間內顛覆一些傳統產業；可以有效針對人口老齡化，鼓勵有能力但已退休的民眾重新投入經濟活動，減少社會及年輕一代這方面的負擔；它不會干預或影響現存經濟體系的操作以及其既得利益階層，只是需要增加賦稅（但這只是糾正市場現存的不公義而已）。

　　以上單獨一個作用都值得我們重視及採用這模式，將其全部的正能量結合起來，就相當於開闢一個「經濟新天地」。

　　在現代宏觀經濟調控領域，政府一般依賴兩大法寶。其一是貨幣政策，其二是財政政策。兩者各有優點及弱點，前者較易執行，可以收立竿見影之功，表面上也沒有偏袒任何一個經濟部門，而且由一個獨立的中央銀行管理，相對而言公正。後者則需時才見效，且不易決定財政支援的部門及重點，因此容易引起政治化的公共資源掠奪。從上世紀後期貨幣政策大行其道至今，其弱點已陸續呈現，特別是它對金融資源配置的偏袒造成愈來愈嚴

重的貧富差距，以及相對財政政策，更容易將經濟體系推上脆弱的高債務水平，況且金融政策所用的利息工具已經到了黔驢技窮的地步。由此之故，不少經濟學者正重溫財政政策的優點，甚至主張考慮重新回歸以財政政策為主導。在這種情況下，NPV 模式作為一種財政政策手段，應該是最理想和合適的選擇，它可以迴避一般常用的內需刺激手段的弊端，特別是偏袒一些部門及催生政治化的公共資源掠奪。

② **更積極採用市場作為資源配置機制**

改革開放初期，中國以工具性策略利用市場機制是完全正確的，問題是在一些領域中，官僚性的元素在國營及國有企業中障礙市場操作，我的建議是，對沒有涉及國家安全性原則的領域設立一個時間表，逐步有秩序地減少擁有壟斷能力的國企的壟斷優勢（包括分拆、或半私有化或私營化），使市場操作可以更深入更透徹。不過在這過程中，我們必須考慮國企擁有的兩大優點 —— 擁有具規模效應的研發能力、擁有創建未來的能力，因而政策設計方面要取得兩者之間的平衡。

值得留意，NPV 模式亦是利用市場平台及其競爭特色來保證質量，加強顧客滿意度，催化更大的經濟增值及增長。

③ **加強地區性經濟整合 ——「城市群」的互補作用**

在這方面，國務院已經推出有經濟融合力的「城市群」設計，一方面是減少城市之間的惡性競爭，使不同城市可以各自發展其地緣上原有的比較優勢；另外是通過更「具體」的地域劃分理念，使民眾有歸屬感，因為地標性的發展或地域性的劃分可以深刻印入個體的認知意識及認同感。

近年出台的「粵港澳大灣區」（Greater Bay Area）是一個典型的例子，通過珠三角九個城市以及香港、澳門的經濟融合，估

計不出五年時間，「粵港澳大灣區」將超越日本東京大灣區成為全球最大規模、最全面（工業、高科技、金融、旅遊），及最具輻射力的灣區經濟體。受益於人流、物流、資金流機動性的調節及加強，「區域整合」將是中國未來經濟增長引擎一個不可或缺的部分。

**（二）擴充經濟規模的策略**

老生常談的辦法如人口增長、城市化、刺激投資意欲等不必多說，城市群及區域整合上面也已經談過，不再重複。主要談談以下幾點策略

① **NPV 模式**

NPV 模式在這方面的貢獻值得特別強調，因為它可被視為傳統宏觀經濟學中財政政策的一部分，對加強內需有立竿見影的作用。

② **5G 及未來再升級的流動通訊網絡**

中國全面採用 5G 後，藉着高速、低時延、低功耗及泛在網的優勢，由萬物聯網到萬象聯網再到萬智聯網，經濟參與者之間的接觸及聯繫密度會進一步加強。鑒於聯繫密度是商機及經濟規模擴大重要的支柱，我們可預期 5G 或 6G 流動通訊網絡的採用將成為未來中國 2.0 新時代經濟一個重要的增長引擎。

③ **一帶一路**

自從 2013 年正式出台後，一帶一路的倡議已成為中國國策的重要部分。單從經濟角度看，中國向西發展是完全是符合邏輯的選擇，當東南沿海地區發展漸趨飽和，東部與西部貧富差距擴大，向西發展已刻不容緩。有了高鐵這利器，中國向西伸展的跨國經濟帶及合作方案便有了非常紮實的基礎。21 世紀的「陸上

絲綢之路」經濟帶連接中亞地區再延伸至歐洲，核心區域包括西北的新疆、青海、甘肅、陝西、寧夏，以及西南區域包括重慶、四川、廣西、雲南。21 世紀「海上絲綢之路」則由泉州、廣州出發，延伸到東南亞、南亞、中東、非洲及南美等地區，這個跨國經濟帶所帶來的規模效應是極為巨大深遠的，相信這方案的有秩序實施將成為中國經濟增長另外一個重要的引擎。

④　智能城市建設

有了 5G 及人工智能技術為基礎，加上新型運輸系統（包括高鐵）的出現，一個新的超級經濟發展藍圖將可以環繞着智能城市建設，這可分兩個階段：先由信息主導城市管理，通過數據的開放、共享，建立智能城市的雛型；根據節水、節能、節原料、節土地等原則，利用自動化運輸系統、綠色能源及現代化美感建築概念，全面打造優美的綠色生態宜居宜息的新城市。

⑤　鄉村建設

鄉村建設是不少前人的夢想，但「農村窮」始終存在，在未來三農問題逐步得到解決時，鄉村建設自然成為優先環節。保留農村大地原有的優美景色，配上現化代的設備，將成就中國歷代文人心中理想的「桃花源」。

## 三、總結

上述多個經濟增長引擎都是美麗的描繪，但必須建立在詳細、階段性的可能性研究及策劃上，這裏牽涉三方面，一是適度的財政安排，二是優先次序設計的評審及鑒定，三是回報計算。要順利進行，財務安排必須有長遠計劃，財政來源可考慮來自兩方面：政府發債；項目本身的回報利用民間力量，例如私人參與或私有化；引進外資，特別是一帶一路建設，這個可算是「無底深潭」的世紀項目，考慮到

地緣政治的複雜性，我們必須步步為營，量力而為。

　　理想總是美麗但現實卻是殘酷的，所以兩者之間必須取得平衡，而且不能只考慮靜態的平衡準則（靜態的平衡準則偏向保守，會使很多項目都不符合資格）。理性的態度是採用階段性思維，建立動態的平衡，在過程中不斷審核成績及設計後備方案。

　　回顧上述四大經濟驅動因素，縱觀發達國家過往的發展過程，可以預見，制度紅利會首先消失（甚至會因為制度僵化而出現制度虧損，成為經濟增長的阻力）。規模紅利亦會因人口遞減而逐漸退潮，不少國家唯有靠移民補充人力，所以到了後期，經濟增長的動力只能依靠政府財政及金融的刺激方案，更重要的還是繼續提升經濟生產力。

　　生產力的提升基本上依賴兩項因素：人力資本品質的提升、機器的改良。前者包括創新力、研發力、創業精神，及人力資本的知識含量，這就是為何各國政府都大量投放資源在教育（不論是基礎教育、高等教育或延續性的終身教育）或利用移民政策招徠外來人才。

　　相對來說，中國的生產力發展比很多國家佔優勢，除了傳統因素外，未來人工智能及機器學習開始發揮作用，中國將出現人機結合的大豐收期，另外 5G 使信息網絡邁向一體化，更方便大數據的操作及加速人工智能發展，而人工智能及機器學會進一步加速知識生產，中國知識生產會不斷提升經濟增值及增長。

　　換言之，只要我們 5G 建設完成，並與人工智能並行發展，加上上述各經濟發展引擎，將可以帶動一個新的生產力浪潮，我們的新時代「2.0」經濟奇跡將不遠了。

　　不過目前的中美貿易戰，如果不幸演化成為一場不可收拾的科技戰，會出現兩敗俱傷情況。若是這樣，中國必須由政府牽頭，大力加強自主研發，特別是保證 5G 全面運行、6G 順利誕生，以及機器學習

全速啟動，則上述的良性循環依然指日可待。

　　為什麼 5G、AI 及 NPV 模式要並行？

　　中國發展到這一階段，要踏上康莊大道，應該選擇一條以 5G 為先鋒、以 AI 為骨幹、以 NPV 模式為後盾的路。如果美國全面發動經濟戰、科技戰，我們便退無可退。不過只要過了這個階段，當機器學習及生產變為常態時，我們的優勢便無法抵擋了。

　　但有得亦有失，AI 是一把超級雙刃劍，它既擁有巨大的能量，也會有破壞穩定的負面影響，可能帶來經濟振盪，所以必須在發展過程中配上 NPV 模式這個高度維穩性的機制，這樣我們不單可以享受到 AI 帶來的福利，同時亦間接輔助 AI 平穩順利發展。

第四節：
# 啟動終極的農業革命

## 一、三農問題背景

　　1996 年經濟學家溫鐵軍正式提出「三農」概念，2000 年初湖北省監利縣棋盤鄉黨委書記李昌平去信當時國務院總理朱鎔基，提出「三農」問題，他指出「農民真苦、農村真窮、農業真危險」，這事件引起社會很大的關注。

　　三農問題具體表現在：

(1)　農民收入增長緩慢，城鄉差距不斷加大；

(2)　戶籍制度導致城鄉二元分割，農村社會保障機制不健全；

(3)　農業產業化不易、科技水平低，難以實現規模經濟，加上農產品價格波動大，經營步履艱難。

　　除了農業經濟部門先天性的劣勢外，中國建國早期優先發展重工業，對農產品價格實行「剪刀差」（即由農村間接補貼城市發展），加上二元制戶籍制度，使城市與農村、農業與工業之間的發展出現不平衡。鄧小平的家庭責任制雖然釋放了農民的生產力，但仍受上述歷史因素制約，加上 90 年代中國城市與工業高速發展，三農問題日趨嚴重！

　　到了 2003 年中國對三農問題開始高度重視，自 2004 年以來，中央 1 號文件連續以農業為主題，並不斷推出一系列舒緩措施，包括 2003 年推行農村稅費改革，2005 年推行新農村建設方案，2006 年完

全取消農業稅及推出「農民工」維權方案等等。在這些政策支持下，加上精準扶貧及由農業基金引導，三農問題稍為改善，但始終因為沒有針對問題的根源而徹底解決。

## 二、傳統三農之殤

2013 年至 2018 年間，國家農辦等部委與任平先生用了六年時間，完成了一份詳盡的研究調查《中國三農何去何從：理論與實踐發展報告》，指出四大問題及五大矛盾亟待解決！

四大問題包括：農產品供求結構性失衡；生產要素配置不合理；資源環境壓力大；農民持續增收乏力。五大矛盾包括：農產品的產量與品質；成本與價格；庫存與銷售；小生產與大市場；國內外價格倒掛。這些問題與矛盾導致產業空心化、土地荒蕪化、農民原子化、人口老齡化、空巢老人與留守兒童、村落消失、民俗文化消亡等。

這份調查報告的結論是，中國農業已經進入一個「互害」階段，面臨着「斷子絕孫」的威脅，單靠市場主導及產業化等無法破解三農的困境。估計到了 2030 年，中國農村人口仍有 4.5 億，農業未來何去何從，的確是一件費煞思量的大事！

## 三、解決方案

三農破局，要達到習近平希望在 2050 年見到的「農業強、農民富、農村美」的局面，我們必須有全盤計劃及高瞻遠矚的思維。

要有全盤的方案必須結合兩大因素，一是科技，二是制度方面的機制設計。

沒有科技的驅動力，就算有良好的機制設計，也只能穩住局面及希望逐步改善，沒有適當的機制，科技雖然有用武之地，也達不到農村與城市共榮共富的局面，只有兩者全面結合，我們才有機會走出困

局，甚至打破三千年來中國農業的困境。

幸運的是，我們當前所掌握的農業科技及信息科技擁有足夠革命性的能量，只要好好配合機制設計，便可建構成一個劃時代的解決方案。

我建議的改革方案大綱如下：

### （一）科技方面

這包括兩個領域，一是信息科技，二是農業科技。信息科技包括六大板塊：物聯網、感知控制、人工智能、大數據、網絡通信、區塊鏈等技術。目標是打造「農業物聯網平台」，通過建設生態農業基地、中央廚房、冷鏈物流、智能廚房等，提升信息效率、食物安全，更可以重構城鄉之間的供求關係。農業科技基本上環繞三個軸心：一是生產技術方面，二是適應及改造環境方面（特別是土壤改造），三是物種方面。

隨着人工智能及機器人出現，高生產力的農業科技將被廣泛採用，科技設計環繞四方面（節水、節能、節地及節人力），整合成為新一代的「精準農業」，輸入小但產出大，例如先進溫室暖棚技術、新灌溉技術等。

此外，農業生產力亦建基於環境的適應或改造上，這包括量子灌溉及量子農業（培育方式是以遠緣靶向霧培技術進行衍生），重點是對自然的修復和回歸；土壤改造（例如「天愈」（Rito）土壤營養液，將土壤還原至本來理想的均衡狀態）；沙漠種植；海水種植；海上農場及海水養殖。

另外，農業生產力亦圍繞着種子改良、基因改造等工程。此外，農業科技及其「大農業」知識，更可以協助我們適應全球氣候變化有可能帶來的災難性的後果（例如疫症、害蟲等）。

## （二）制度方面

如上所述，制度與科技應該「雙劍合一」，缺一不可。制度方面主要的目標有三：善用有限資源；達到較平均分配，使農民收入增長趕上城市；激勵生產意欲及創業精神。

中國農業的情況是，國家限制土地兼併（歷代的民變往往萌芽於土地兼併激烈及人口大規模增長），農業一直受小規模操作的制約，換言之，通過土地規模而達到經濟規模效應（例如美國農業），並不符合中國國情，所以我們希望通過節地及農業生產力提升來貫徹「耕者有其田」的原則。幸運的是，新一代的農業科技通過節水、節能、節地等，大抵可以避開小規模土地操作的制約，從而達致另類的規模效應。

問題是，單憑這些新科技，是否可以使農民收入的增長以至追上城市水平？

要改善這種情況，NPV 模式完全可以派上用場。配合 5G 流動通訊技術、大數據、機械人及其他農業科技，我相信可以為中國農業打造一個長治久安的繁榮局面。

在農業領域採用 NPV 模式，可以考慮以下方案：

(1)　將票券發行量與城市平均收入增長率掛鈎。票券發行的目的是政府補貼市民（對象是貧困階層）對農產品的購買力，使持券者可以在第二經濟部門購買農產品。政府可考慮將總票券發行量與城市入息增長率掛鈎，這樣可以保證農民收入增長趕上城市收入增長水平。

(2)　發行特用票券與新農業科技或產品掛鈎。發行特用票券使投資農業新科技所取得的回報有保障，農民便有意欲投資一些較先進但成本較高的科技，農業生產力會不斷提升。政府甚至可以設計特殊票券發行時間表，刻意淘汰一些舊的生產技

術或方式，使農民所採用的技術與時俱進，使國家研發或引入的農業科技可以普遍獲得使用，使農業生產力長期維持升勢。

(3)　食品安全及高質農產品。食品安全是中國要解決的一大問題。採用 NPV 模式使我們更有能力保障食品安全，使農民自覺地集中發展安全食品，以及減少對破壞環境的化肥的依賴，更進一步鼓勵農民生產較高值的食材，包括中藥及觀賞植物（如花卉）等，亦可以加強農業旅遊觀光等有關的產業。

## 四、結語

農業改革是我們必須面對的大工程，三農破局必須依賴科技與機制設計的合一。這樣，到了 2050 年，習主席冀望的「農業強、農民富、農村美」便可以完全實現！

第五節：

# 「多面孔」的房地產

## 一、目前的形勢

　　2003 年，房地產被確認為拉動中國經濟發展的支柱產業，2008 年，全球金融危機出現，為了救市，中國投入了巨額信貸，間接導致過去十年抵押貸款、房地產信貸飛快增長。一些較尖銳的評論家認為中國房地產目前已進入泡沫危機，他們提出幾項論証：一是中國房價飆升到一個與收入不稱的水平；二是中國金融業對房地產的借貸規模較當年日本房地產泡沫時期的銀行借貸規模還要高；三是房貸佔中國 GDP 比例高，約為日本的三倍以上。若房地產價值持續飆升，而展望人口萎縮會導致需求減弱，中國恐怕會面臨與日本當年相同的困境，甚至可能有過之而無不及。由於中國投資渠道及金融產品不多、儲蓄率高、銀行儲蓄利率偏低，加上國人傳統觀念對不動產有偏好，所以房地產的保值功能在中國較不少其他國家強烈，加上地方政府的事權與財權不正配，對土地開發趨之若鶩，抬高了土地價格。

　　上述這些因素的確使人感到不安，儘管不少房地產的借貸比例未達到危險階段，但急速上升的家庭負債將是中國金融最大的隱憂之一。財富管理公司諾亞控股（Noah Holdings）一些資料顯示，2019 年 8 月房地產投資已經達到中國家庭資產的三分之二額，又根據國際清算銀行（International Clearing Bank）估計，2019 年中國家庭負債率已達 107%（2008 年只有 40%）。原因是民眾擔心買不起未來貴房，

因此耗用大量存款及向銀行大量借貸，提高了家庭負債率。根據一些粗略估值，今天北京、上海、深圳三個城市的房地產總值可能已經相當於美國房地產總值的七成，而近年不少上市公司大部分的利潤亦來自房地產。

以外，中國房地產有一個非理性的特徵，與國際水平相比，中國住房空置率相對處於高位。原因有四：其一是房產稅和空置稅缺位，房主幾乎不需「持有成本」；其二是租金收入偏低，房主寧願空着，放棄租金收益，以等待房價增值後伺機賣出；其三是短期交易成本偏高，且購房者持有時問越長，轉手成本越低，越有利於投資者藉房價增幅增厚收益；其四是過往房價漲多跌少，形成房價上漲的慣性預期。長期收益可觀，自然出現大量房屋空置靜候升值，這種情況對社會資源配置及改革推進造成扭曲。換言之，房地產畸型發展，無可避免影響以實業為主體的經濟體系，弱化社會整體消費能力以及削弱其他產業投資和發展的生態。

## 二、中央政府目前的對策

誇張一點說，房地產「騎劫」了國家經濟的「半壁江山」，中央政府當然明白問題的嚴重性。所以政策總基調是維穩，儘量將地價房價壓下，但同時也不能容許它暴跌，其策略是「買時間」，等候家庭收入逐步追上房價，以達到中期或長期的平衡，「穩地價、穩房價、穩預期」的整體方向大致上是正確的。目前的「一城一策」成為新的維穩精化策略，在 2019 年 3 月兩會上，十多個省的工作報告公開明確支持「三穩」作為軸心政策以及強調完善保障房體系。可以預期，通過「因城施策」，將平穩樓市的功能變成地方政府的主體責任，應該可以達至供需兩側精準調控，引導回歸預期理性。

上述的政策加上疫情的影響，估計 2020 年中國房地產市場會在

降溫通道運行，逐漸由高增長進入「去庫存」階段。另外中央亦推行「租購並舉」制，支持住房購買與出租兩者並行，這對平穩市場亦有某種程度的正面作用。不過，「三穩政策」仍然是被動及治標的策略，雖然中央明確說明，「房子是用來住不是用來炒的」，但也只是表達一種理性的態度，而沒有提供系統性的管治策略。要達到房地產部門長治久安，我們必須從基礎的經濟理論分析房地產的本質、經濟特徵以及在經濟體系中應扮演的角色。

## 三、房地產部門的特徵

　　房地產在經濟體系中扮演一個複雜而矛盾的角色，甚至可以說是一個令人「又愛又恨」的經濟部門，對社會的隱定和發展有重大的貢獻，但其破壞力亦不容忽視，可以說是一個跨界別的「怪胎」，如果我們不了解它的本質，在管治政策制定中便容易出現偏差，因為房地產部門具有自己獨特的特徵。

　　住房及房產是個人及家庭「安身立命」之所，特別是對深受「農業社會基因」支配的國人來說，鄉土情懷更有特殊的感情和意義，可說是維持社會凝聚力的支柱之一，當然亦是我們經濟社會築夢的具體表現。

　　作為規模龐大的經濟部門，房地產與其他有關部門連接一起建成的價值鏈，是驅動整體經濟發展的重要引擎之一。

　　購買房子是改善生活的消費行為，但同時也是投資行為，這視乎不同家庭情況，不過既然房地產可以作為投資對象，便擺脫不了風險與回報的考慮，以及受經濟循環的影響。

　　從消費角度而言，購房子不是一次性的消費行為，它對每個家庭整體的購買力及消費前景有延續性的影響，甚至是跨代的。

　　從投資角度而言，房地產投資既可以說是現貨，亦可以視為期

貨，對大多數家庭來說，一次性的現金交易少有，所以普遍牽涉信貸及由此構成的大規模槓桿信貸行為。房地產既屬於實體系統，亦屬於期貨性的金融體系。是期貨就免不了投機和高風險等不穩定元素。從宏觀角度，這便購成經濟體系之「系統性風險」的一部分，無可避免牽涉宏觀調控政策，並受利率升降影響。

對家庭來說，房地產是大消費、大投資，很大程度要依賴銀行貸款，而還款額所佔家庭收入的比例影響家庭可支配收入（disposable income）及消費水平，因而影響經濟體系內需的水平。

因為房地產是不動產，地區及位置對價格起支配性作用。經歷一段經濟發展期及城市發展，較早期開發的位置便逐漸成為「奇貨可居」的中心地帶，這就是古典經濟學家大衞・李嘉圖（David Ricardo）著名的「地租論」（theory of rent）。當外圍地區逐漸開發，核心地帶水漲船高，持份者不用額外努力，便享有「地租」的收益。不單這樣，當外圍的邊緣區域發展後，其所包圍的區域都按比例升值，形成一種類似幾何級數的效應，其所包圍的圈子愈大，通過層層疊疊的擴張和「乘數效應」，整個房地產部門在會計上的總資產值便倍增，再加上金融的槓桿作用，其產生的潛在借貸量會大幅躍升。

受生產力增長速度制約，一般民眾就算在經濟蓬勃期間，通過收入增加累積的房產購買力都極為有限。所以實質購買力整體增長絕對趕不上房地產價通過地租乘數效應所製造的總資產值增長。亦即是說，正常情況下，由購買力支撐的實質需求（real demand）遠低於地租擴張所產生的資產值，這也是房地產市場金融泡沫化無法避免的原因。特別是當民眾預期樓市增值，一窩蜂加入借貸行列，其催生的泡沫便無可抵擋。到了這個時刻，房地產信貸便開始綁架金融體系，金融體系亦綁架了整個經濟體系。2007—2008年由美國衍生的全球金融海嘯，正是這種無節制的房地產次級按揭證券化導致，雖然最終被

美國聯儲局採取的量化寬鬆政策平息下來，但其對財富的破壞力，特別是對中產階級的財富蒸發及因此而深化的貧富不均的影響持久。

縱使沒有金融危機帶來的財富破壞力，地租累積效應及乘數效應的湧現，亦會為社會帶來愈來愈嚴重的貧富差距及由此衍生的社會分化及「兩極化」。房地產價格升幅越大，帶來的差距便越嚴重。整體經濟處於高增長階段時，其負面效應會被忽視，社會甚至出現昇平繁榮現象，消費會因財富效應而大增，但這種違反社會公義的浪潮總會有爆破的時刻，所以絕不能掉以輕心。

總結來說，房地產一方面是為社會大眾建築未來，通往更好明天的橋樑，亦是製造貧富差距及社會兩極化最大的溫床。兩者之間的尖銳矛盾便是房地產發展最核心的特徵。政府政策要同時針對這個「雙面性」，既利用它的優點作為凝聚社會及驅動經濟的工具，亦要防範其對社會穩定的巨大破壞力。最令人不安的是，現代經濟社會管治的兩大目標，即未來的創造及社會分配的合理性，竟然在房地產發展下背道而馳，如果能成功化解兩者之間的矛盾，經濟管治可說已成功了一半！

## 四、解決方案新思維 —— 徹底採用「雙軌制」

一個妥善的房地產政策，必須在城市化趨勢及地租特徵的制約下，為民眾製造更美好的願景但同時保持大眾可接受的社會公義狀態。要化解當中的重重矛盾，我們必須採用一套有進取性的機制設計。

首先是雙軌制，我們必須同時妥善處理房地產兩項特徵，即人民生活的庇護所及其作為貯存財富的投資工具。房子是用來住的，但也是社會財富的「貯水庫」，是現代經濟社會不可或缺的投資工具，要化解兩者之間的矛盾，必須將房地產分隔成為兩個截然不同的部門，

其一是公營部門（即公營房屋或保障房），其二是純商業化的物業市場。政府首要的責任與功能是大量建造公營房屋（或保障房），向大眾提供低廉租金的住所。當然，大量供應保障房只是第一步。為了不與私人市場爭利，保障房本身的品質當然不可以與前者並論，但這樣會使入住保障房的民眾感覺沒有改善生活品質的前景。

要處理這問題，我建議的機制設計包括以下幾點：

第一，容許入住者自我設計內部及選擇室內裝修的品質，只要符合建築條例便可；

第二，成立一個全國性的「保障房交易中心」（Public Housing Exchange），容許住戶之間自願交換單位，條件由雙方議定。交換者可因應地區或內部裝修品質，互相提出交換條件（包括現金補差）。這樣一來，擁有居住權的住戶便可以選擇遷移到全國任何一個地點，只要付補償金便可能換到品質較高的單位（例如地區、位置、方向等）。所有交易政府不干預，只提供一個交易平台及必要時擔任公證者角色，政府當然可以考慮收取少量交易費用，亦可以選擇免費提供服務；

第三，為了加強保障房的吸引力，政府可以在小區內提供較完善的社區設施，甚至一些「會所式」的服務（可以免費或額外收費），目的是使住戶有更多活動空間，或充足的娛樂設施安排，提升他們的歸屬感，並讓住戶更樂意改良室內裝修，製造更舒適的家居環境。當保障房及其小區的整體居住環境品質得到徹底改善，市民大眾對擁有私人物業的誘因自然減低，不會再對置業有熱切或不切實際的預期，這樣一來，家庭收入便不再受高房貸所支配而減少其他的消費，當社會對房地產整體需求回到健康的軌跡時，房地產泡沫化的危機自然舒緩。

上述的方案當然需要長時間才會奏效，所以我們預期私人物業

市場不會一時之間降溫。就此我建議政府向私人房地產部門按「房地產價格指數」升幅比例向業主加徵「特殊物業增值稅」或「租金增值稅」，將這些額外的收入支持保障房的開發，或大量投資保障房的社區設施。這個政策其實是針對地租的先天不公平性，將業主無需特別努力而取到的得益其中的一部分轉化為支持其他沒有機會擁有物業的低收入者的福利。

當上述方案發展到成熟階段，政府便可以放手不再干預市場的自由運作，置業者可按照自己的能力和喜好在完全自由市場環境下選擇置業。屆時隨着保障房的品質及公共設施的完善，愈來愈多市民會覺得沒有必要成為「房奴」，被房地產「騎劫」大半生的積蓄或吞下房地產泡沫爆炸後的苦果。這種「預期」的改變，比任何「剛性」的管制政策有效多了。

換言之，政府的責任在提供資源及全力發展大規模的公營房地產部門，提升其流動性，建設高水平、高品質的社區措施。資金除了來自債券發行，亦可通過徵收如上面建議的額外物業或租金增值稅。長遠來說，這是一個既可以滿足民眾對改善未來生活的嚮往，保持社會公義，亦避免製造金融危機的方案。

第六節：
# 金融部門的管治方針

## 一、中國金融體系的「兩難」及風險情況

　　2018 年底，中國金融業資產總額達到 268 萬億元，金融業增加值與 GDP 比重達 7.7%，儘管達到如此規模，中國金融業仍面臨不同維度的困局。國家外匯管理局發佈的《2019 中國金融政策報告》，分析中國金融持續存在的三個「兩難」問題。其一是金融業增加值已經包含了風險溢價，面臨着服務實體與承擔風險的「兩難」；二是價格管制則融資難，開放價格則融資貴的「兩難」；三是加槓桿則引至未來風險進一步膨脹，而嚴監管及去槓桿則可能使當下風險顯性化的「兩難」。報告指出當前急務是要改制，使金融回歸到服務實體經濟和管理風險的基本功能。

　　概括而言，中國目前金融部門的風險及不合理現象包括：

(1) 信貸投放過快 —— 從貸款的結構看，不少投資流向大型項目和基礎建設，中長期貸款比重較大，由於長期債券市場的缺乏，潛在的金融風險集中在銀行體系，為了稀釋不良貸款，銀行系統發放大量新貸款，盲目擴張行為隱藏着大的危機，加上社會信用環境不完善、公司治理結構不規範、商業銀行自身的內檢機制欠缺和風險管理能力不足等情況，過速的信貸投放可能潛伏巨大的金融風險；

(2) 呆壞賬水平偏高；

(3) 流動性問題 —— 中國銀行體系資金主要來自城鄉居民的短期存款，而資金投放卻都在較長期的項目，包括基建及住房貸款，這形成結構性的流動性問題；

(4) 房地產大幅擴張帶來的金融泡沫；

(5) 信用體系不健全；

(6) 金融風險意識不足，包括道德風險（moral hazard），可能引致系統性風險；

(7) 影子銀行風險 —— 包括一些信貸公司、資產管理公司等，他們不少資金充足率不足，未達監管指標，卻藉用資產證券化（asset securitization）名義避開宏觀調控，但未必可以實現真正出售及破產隔離的目標；

(8) 非法金融活動風險；

(9) 管制下的存款利率跟不上通脹，但其他投資渠道卻不足以滿足大眾需求。

## 二、中國債務

2018 年以來，地方政府債務隱憂再次浮上水面。融資能力和評級較高的省級融資平台相繼出現違約兌付風險，信用評級較差及財務狀態堪憂的三四線城市及縣市級政府發行的債券受到嚴重質疑。由於總債務資料在經濟研究中存在不足，專家們只能依賴間接方式估計其隱性債務。

一些研究指出，2012 年政府隱性債務約為 6.84 萬億，但到 2017 年已升至 24.6 萬億，年均增速為 28%，這增幅不可說不高，雖然中國政府整體部門包括中央及地方負債率的 76.6% 於 2018 年仍低於國際通行的 100%—120% 的警戒線標準。專家們估計中國政府債務的快速積累主要源於地方政府的隱性債務。

## 三、政策方向

當前中國經濟所面對的外部不確定性因素和挑戰逐漸增多，針對這形勢，中國 2019 年的「一行兩會」負責人釋放了三大信號：

信號一，堅定不移推進金融業全方位對外開放，包括 2018 年提出的多項措施，例如取消銀行和金融資產管理公司的外資持股比例限制，將擁有良好市場證券和信用記錄，在風險管控、信用評級、消費金融、養老保險、健康保險方面具有特色和專長的外資機構引入中國。

信號二，加強監管，嚴防金融風險，警惕境外資金大進出和「熱錢」炒作，避免出現房地產及金融資產的過度泡沫，監管講求適度平衡，要使實體經濟及金融市場發展步伐一致，並在尊重市場規則前提下，建立較完善的監督系統。

信號三，着力解決中小企融資難題，改善當下金融機構在設計金融產品時向大型企業，國有企業傾斜，而忽略中國實體經濟的主體的中小企業。

值得留意的是，在上述的《2019 年中國金融政策報告》中，陸磊特別指出，發展「直接融資」市場可以協助我們擺脫上述的三大「兩難」局面，即服務實體與承擔風險的困境、流動性分配與實體融資的困境，以及加槓桿需求與去槓桿需求的困境，這些都是以融資需求者與供給者「間接金融」為主的金融體系無法妥善達到的。反之，利用「直接融資」模式，直接建立通過資本市場具有的高度流動性的股權、債券和其他創新性的金融工具和信用契約關係，才是治本之策。

## 四、結構性不對稱的金融部門

陸磊的報告一針見血地指出中國金融管治不同方面的兩難局面，追本溯源，這些困局來自金融部門本身就是不同類型「不對稱」結構

的匯聚，這些不對稱情況包括：

(1)　相對機動性較低的實體經濟，金融體系的高機動性使它佔有凌駕及支配性的上風；

(2)　現代金融體系偏向債務主導，誇張一點說，現代經濟不論是實體或是金融，都與債務有千絲萬縷的關係；

(3)　金融活動容易擁有較大的規模效應，越大的機構生存力越強，西方名言「銀行大到不可以讓它倒閉」，原因是大金融機構倒閉可以造成嚴重的骨牌效應，政府不得不出手干預；

(4)　出於風險管理的考慮，金融業的借貸物件往往偏袒表面有較高還款能力的企業或有政府撐腰的項目；

(5)　從認知角度，金融界的管理者往往擁有認知方面及信息方面的優勢，金融產品設計者及機構性投資者所享有的認知技術及專業水平高於一般的散戶（這還未包括信息方面的不對稱）。

必須明白，人類行為本身存在不少結構上的不對稱，最主要是未來與當下之間的不對稱，我們的行為其實很大程度受我們對未來的看法及預期左右，而金融行業正正是一個以「未來為主」的產業，所以擁有這些優勢是不足為怪的。

## 五、金融體系均衡狀態之不可及

金融體系另外一個主要特徵是均衡狀態不易達致。其不均衡情況體現在以下的特徵：

特徵一：離開了以物易物（barter trade）的年代後，參與者必須有互相接受及認同的交易媒介，以物質為本的交易媒介（例如貝殼、金、銀）因為先天供應量的限制，由於實體經濟的擴張而放棄。國際社會最終採用「貨幣管理制」。這種情況下，集體信心與貨幣發行者

的實力便成為新體系的關鍵因素，上世紀以來由於美國經濟實力強大，所以國際上沿用了美元作為主要的流通媒介。但必須注意，這個制度沒有剛性的制約性均衡點。

特徵二：以市場交易為本的經濟依賴貨幣流通，但貨幣流通量與實體經濟不一定達到動態均衡點，貨幣供應量（money supply）亦不一定相等於貨幣需求量，所以控制貨幣發行及流通必須依賴金融「調控」及相關的工具。

特徵三：金融是一個由未來主導的活動，是目前投資、儲蓄未來收益的橋樑，但「未來」到底是一個由集體主觀信心建構出來的擬似「客觀」世界，充斥着不確定性、非理性預期、恐懼等，是一個「情緒密集」及「變化密集」的經濟部門，特別容易受「羊群心理」的支配，參與者往往作出不理性的極端行為，要處理理性與非理性的元素而取得均衡絕非易事。

特徵四：金融產品與普通消費品不同，沒有價值的親身體驗，只能依賴價格作為客觀評估標準，金融產品的交易者沒法有親身的體驗，便不易受「邊緣價值遞減定律」調節，當價格攀升，我們既可以判斷為價格會進一步上升的指標，亦可以視為價格下調的前奏。在羊群心理驅使下，我們很容易將價格攀升視為上升再上升的新台階，換言之，金融產品不一定有自動調節功能，所以均衡狀態不一定會出現。

特徵五：更有趣的是，當大市節節上升時，對投資者來說，投資風險表面下滑是大量資金投入的時刻，即是說，微觀風險表面看來下降時，正是宏觀或系統風險上升時。換言之，微觀金融產品的風險率與宏觀金融的系統風險率可以背道而馳，不一定均衡。

特徵六：槓桿化是現代金融的本質，但對市場趨向均衡起不到大作用，反之過度槓桿化可以是破壞均衡的動力。

上述的六種特徵清楚地說明金融體系不是一個均衡體系，非均衡才是常態，所以期望傳統經濟均衡論可以正確論述、分析金融，實在緣木求魚。

## 六、金融體系的非理性及金融危機的出現

上述的不對稱性及非均衡性充分說明了金融體系的內在矛盾，這矛盾與房地產同出一轍，金融既是民眾及社會創造未來前景的平台及工具，亦為社會締造了不穩定、不公平的因素。

必須注意的是，當不對稱與非均衡性兩種特徵同時匯聚，非理性行為可能會走上極端，最後導致失控的局面，引發金融危機。而且，處理金融危機的手法往往存在不對稱元素，因此又為下一輪的金融危機埋下伏筆。

2008 年美國爆發的金融危機擴散到全球便是典型例子，由美國次按證券化帶動整體市場之間無止境的槓桿化（超級不對稱），及上旋式價格上升（超級不均衡）的互動，當微觀金融活動的風險表面隨着可觀回報持續下滑，系統性的宏觀風險卻悄悄升起，最終打破了投資者的迷夢，造成一次全球性財富大摧毀的金融危機。

塵埃落定後，美國聯邦儲備局採用量化寬鬆政策，救市成功，但造成社會財富不均的加劇，原因是銀行體系不僅沒有受到市場懲罰，反而得益於政府救市資金的注入，此外有能力取得廉價資本的企業及富人受益於投資和金融市場的價格反彈，但實體經濟卻拖了很長時間才復蘇。且不說貧富差距擴大，就是後期的復蘇，因為建築在低成本的信貸及大量債務上，仍然算不上是健康的復蘇，過去十多年來美國及歐洲國家民粹主義的興起，某程度是拜貧富差距加劇所賜。

## 七、管治金融體系的指導性原則

如果不對稱及非均衡是金融體系的常態和本質，而兩者在匯聚、碰撞後會出現不穩定甚至爆炸性的局面及危機，那麼對症下藥，金融管治必須儘量減少兩者匯聚的機會。

為了謹防兩者匯聚，政策重心應逐一針對這些不對稱及非均衡元素，並結合金融政策的大目標：

保持貨幣價值的穩定，使大眾對未來前景的可測性有充分的掌握，所以必須將通脹維持在一個大眾可接受的範圍，這樣大眾可以安心策劃未來及計算投資情況，否則一切發展都無從說起，事實上這些政策亦是現今不同國家中央銀行的共識。

將結構性的不對稱帶來的負面影響減至最低，在操作層面，重點是建立一個較公平的競爭平台，特別是針對金融機構的規模，辦法之一是任何金融機構若大於某法定規模，則其稅率自動按既定比例提高。當然，金融機構可以選擇最適合自己發揮能量及優勢的規模，不過要按規模大小的不同稅率交稅。同一道理，另一個辦法可以是，銀行所付的所得稅可按其總借貸量中不同規模的客戶所佔的比例計算，即是說，如果一家銀行借貸對象主要是中小型公司，那麼它所交的稅率便可以自動調低。

防範系統性風險。一個金融體系的宏觀風險程度，大概可以由其整體金融產品價格的反映風險能力來判斷。簡單來說，假若金融產品價格充分反映投資風險，參與者便會以較理性的角度作出投資行為及設計投資組合。若不少金融產品已經失卻反映風險能力，其系統性或宏觀風險便可能出現危機。換言之，一個金融體系可接受的槓桿水平及其宏觀經濟體系的貨幣供應量，應與其整體金融產品價格所能反映風險的程度的指數掛鈎。

那金融體系是否應以服務實體經濟為主？不少金融學者主張金融體系必須以服務實體經濟為本位，這基本上是正確的，不過以現代金融體系所扮演的角色而言，特別是「建築未來」的這個功能，單以實體經濟目前的規模為標準亦是不切實際的，所以上述的建議並不是限制金融體系自然擴張的傾向及能力，而是在集中設計安全及公平的規範及標準，以期達到較合理、較均衡的情況。

一些金融學者及決策者認為，越多金融產品出現代表金融體系越先進、市場越趨成熟，認為這樣可以給予投資者更多選擇，方便他們按照本身承擔風險的能力量身訂造投資組合。這是一個謬誤，因為關鍵是這些產品的風險透明度，而不是產品的多少。在產品透明度高（其風險反映程度較準確）的情況下，決策者可以擴大其槓桿規模以加強金融業對經濟活動刺激的功能，而大量不透明的金融產品充斥市場會影響整體系統反映風險的能力，所以在整體產品透明度下滑時，我們必須未雨綢繆，儘量減低槓桿的水平（去槓桿化），以減小風險透明度低的產品出現。總之風險透明度才是更關鍵的考慮因素。

第七節：

# 一個嶄新的經濟管治模式

　　人類經濟管治一共出現過兩大思想陣營，衍生出四個模式，不過這些模式都各有缺陷，不足以達至經濟管治的兩大終極目標：經濟持續增長、達至大眾可接受的產出分配比例。

　　要面對未來人工智能帶來顛覆性的衝擊，我們必須考慮第五個模式。我們先重溫這四個模式。

## （一）模式一：以市場為基礎的模式

　　這個模式全面利用自由競爭的價格機制，以個體及企業追求最大得益為誘因，通過價格浮動決定資源配置，它的優點是高生產力及社會資源獲得最有效率的配置能達至優化的平衡。但這個模式行久後會出現新的制約，使體系原有的生產力及效率雙雙下降，更嚴重的是為社會帶來不穩定因素，這些制約包括：首先，大企業的壟斷能力增強、競爭開始減弱、官商勾結情況出現後，少數大企業掠奪極大的超額利潤（excess profit），美國目前大公司的超額利潤水平正好說明這個困局。

　　其次，上文分析，市場體制表面上的「公正」掩藏了其先天偏頗有組織有能力的參與者、企業及公司恆久的操作使貧富差距擴大，當經濟體系的貧富落差顯著出現後，社會整體生產力亦會因之被削弱，原因是愈來愈多參與者無法有充分資源去改善他們的人力資本，以爭取未來更大的回報或參與創業，而且當社會商業機會減小時，他們的

上進心、激勵能力亦會減弱。總之，上述過程連續操作後對社會潛在的人力資本有不易察覺但持續的削弱力。

第三，因為過分強調市場為主導而壓抑了政府的功能，特別是政府為全民製造「未來前景」的功能，相等於壓抑了「政府的創業功能」。又因為市場相對短視，這個模式對社會經濟增長的驅動某種程度可以說是「自廢武功」。

第四，市場的短視、盲目使大眾不自覺地受「羊群心態」引領，所以免不了出現經濟上行下滑的循環，這個過程不單破壞財富，對人力資本亦有大傷害。從長遠角度看，市場其實達不到動態的經濟體系福利最大化的標準。

第五，市場不是一個單一的板塊，商品市場、房地產市場、人力市場與金融市場各有不同特徵，不一定無條件地趨向均衡狀態以及有完全自我調節能力。但市場主義者卻視商品市場為典範，視所有類型市場為「同質」，即擁有同等水平的自我調節能力。這種政策誤判往往成為經濟危機的溫床，而經濟危機對財富的破壞力、社會貧富不均都有極大的負面影響。

總括來說，表面上優越的市場模式，雖然刺激商業及企業家的創業力，但卻長期壓抑了政府創業力及不少資源欠奉的大眾的創業力，難怪市場長期操作後，經濟整體表現每況愈下。市場主導模式的路會越走越窄，越行越笨重，主因是先天性的缺陷加上決策者的迷信及盲目態度。

### （二）模式二：以福利補市場不足的模式

對市場模式缺失的認知並不始於 2008 年金融危機，由馬克思到凱恩斯，不少學者在理論層面早已分別指出它的缺陷，而市場衍生的

貧富差距，亦使第二次世界大戰後不少國家採用福利主義或混合經濟，即利用政府「有形之手」彌補市場「無形之手」之不足。不過長遠來說這個模式出現幾個結構性問題：當社會貧富差距愈來愈嚴重，社會上某一群人的生活愈來愈困難，他們要求福利的聲浪愈來愈大，在民主制度下，政黨和政客們為了繼續掌握權力必須考慮選民意向，會不惜增加財政支出儘量滿足這方面的要求。過了一段日子，一方面由於選民的要求愈來愈高，另一方面因為精英集團藉着他們的權力及政策的優勢儘量減少付稅。政府的財政承擔力會變得難以為繼，這就是現代「福利社會」的困局。

由於這些福利屬於「施予性」或「被動性」，領取福利者會產生依賴心理，除了不知足者會要求愈來愈多，過度的福利亦使不少人再沒有工作意欲，部分人本來擁有的人力資本就漸漸荒廢了，這亦是反福利的自由主義者最有力的論證。

在一人一票的民主制度下，政客為了選票不惜置國家整體、長遠利益於腦後，儘量滿足選民眼下的要求，他們各出其謀，利用選民對貧富不均的情緒，打擊其他的政客和政黨。這些煽動行為加劇民粹意識的抬頭。本來在混合經濟體制中，政府仍然有可為，但在這些背景下，就算政府有為，這些有為的政策都被扭曲了。換言之，就算市場主義者願意讓步給予政府更多角色，在社會撕裂及掠奪氣氛下，政府只能將本來可用作投資未來的公共資源都轉為當下的福利補貼了。

在可見的將來，當人工智能普遍應用後，市場功能會進一步被扭曲，這一點我已在上一篇論述，這裏不再重複了。

在這種情況下，社會三方面的生產參與者都各敗俱傷，市場中的正規創業者及投資者因為多了稅務開支可能減少投資意欲，政府作為創業者因為債台高築，變得「巧婦難為無米炊」，而市民大眾中不少

領取福利者更自廢武功，退出生產行列，變成社會的寄生蟲，在這些情況下，經濟體系的三頭馬車都變得弱不禁風，這就是目前混合型經濟的困局和悲劇。

### （三）模式三：以政府為主導的計劃經濟

極端的計劃經濟模式今天幾乎已被棄用，不必多解釋了。不過通過我的分析架構，亦可清晰透視其經濟三大支柱（或三頭馬車）的生產力及創新力為何在這種體系下受到嚴重挫敗：

沒有私有產權的保障及其所蘊藏的驅動力，放棄了有高效率配置資源的市場機制，企業或私人創業者完全無用武之地，一個社會沒有商業創新力量，一切繁榮都無從開始。

同樣地，群眾及個體也沒有動力，各自「虛應故事」，不求有功，但求無過。這樣的體制，無論生產力、創新力及創業力都停滯不前。

剩下來只有政府，本來政府的規劃及投資可以為大眾製造一個未來願景，但只有空中樓閣而沒有下層的群眾及企業支持，最終成為一紙空文，官員為了保位只能集體作假，以示中央計劃的可行，造成超級「高、大、空」的假象。

### （四）模式四：政府及市場雙軌制

這個較平衡的模式往往被市場主義者批評甚至大力攻擊，他們的動機其實出於政治考慮，政府擁有過大權力會威脅個人自由，所以他們認為就算經濟方面有所得益但政治方面卻得不償失，他們亦覺得政府權力過大容易滋生腐敗及尋租（rent-seeking）活動，長遠來說更不利經濟發展。

這個論點當然有其道理，不過撇開政治因素不談，從結構角度分

析，這個模式比模式一、模式二優秀，原因是這個模式利用市場配置資源，基本上能達到高效率的操作，模式一列出的優點，這個模式基本上也可以保留了。兩頭馬車即企業與大眾都可以全面發揮其潛在的動力，當然市場帶來的分配不均便避免不了。

但這個模式「合法」地賦予政府對經濟發展較大規模的參與，所以政府可以擁有經濟領導優勢，既可以為經濟體系打造一個較長遠的未來視野，亦可以利用工業政策鼓勵產業創新，並同時承擔有前景的基建項目等。

當然這些政府行為會有與市場爭奪資源或爭利之嫌，因而對經濟體系部分資源配置有負面影響，但整體來說卻可以讓更多企業及大眾提升積極性，最終達到更大的總社會收益，換言之，這個模式發揮的「政府創業力」遠遠超過它影響一部分市場資源配置的效率。

這個模式的弱點也是模式三的弱點，容易出現好大喜功的項目，因政府權力太大而滋生貪腐行為，亦阻止不了社會貧富懸殊的出現，不過在生產力、創業力及創新力這三個範疇，它卻可以較平衡地利用企業、政府與大眾這三頭馬車的共同力量。

某種程度上新加坡和中國目前所採用的是這種模式，經濟活動整體來說較有活力，經濟增長較為迅速，不過中國經濟奇跡是由多元因素導致，所以目前對這模式作定論，未免言之過早。況且這個模式推行的時間不算太長，其弱點可能仍沒有完全暴露出來，不過從表面證據看，其表現比前三者是明顯勝一籌的。

### （五）模式五：政府、市場、NPV 模式的「新四頭馬車」

模式四之所以優勢於模式一、模式二，它利用政府之長補市場之短，充分發揮政府的生產力、創業力及創新力（雖然難免有浪費及少

不免有尋租活動）。政府與市場之間的互補，既可使大眾不至於一面倒受市場壓榨而導致嚴重的社會分配兩極化，亦可以發揮政府打造未來前景的功能。

可惜這個模式仍將社會一大群不幸者或者資源缺乏者摒棄於生產大門之外，這些人中可能潛伏不少有能力、有志向的未來企業家，也有一大群資源欠缺但願意自力更生者，但目前的制度將他們「矮化」，政府福利將他們「弱化」。換言之，模式四縱使有優勢，亦做不到「全民投入」，全面發揮社會所有人及他們潛在的生產力、創造力及創新力。

不單如此，這一批被邊緣化及被分化了的「不幸者」，是社會長期負擔，本來他們是有生產力的社會資產，卻變成社會負債甚至是負面的政治力量，一來一回，社會損失必然不少。將這批人重新納入社會生產活動，以達至全民投入，將他們也變成驅動經濟的一頭馬車，納入經濟發展的大軌跡，是理性經濟管治必須處理的一環。

要達至這一境地，需要將三頭馬車轉為互相提升的驅動力，將三頭馬車變成四頭馬車（即加上本來資源不足的一大群人），我們要依賴由 NPV 模式創造的「第二經濟」：將「被動福利」轉化為生產力量，值得留意的是，此種模式全面利用市場機制的優點，充分發揮資源配置的效率；孵化新一代的企業家及創業者；以 NPV 的票券減輕其他形式的社會福利負擔，這樣經濟體系可以「輕身上陣」，全面釋放它潛在的能量。第二經濟因為透明，沒有尋租空間給予貪腐的官僚，亦會正面催化其他政府部門的透明度、公正度。全民投入不單體現在增強及孵化人力資本，更創造和諧氣氛、樂觀情緒，及前所未見的活力，這些無形的力量會感染經濟體系每一個部門及角落。

總括而言，未來的經濟管治，如果要達到發揮所有部門的潛質，

以及整合和提升彼此之間的能量，必須由「第一經濟」中的三個馬車，即政府、企業、大眾與「第二經濟」的 NPV 模式全面配合，這樣不止無後顧之憂，更可以使經濟繁榮長期持續下去。

「若道中華國果亡，除非湖南人盡死。」

　　　　　——楊度《湖南少年歌1903》


「神州烽火出狼煙，
碧血雖凝憶尚鮮。
遍野瘡痍驚鶴唳，
幾回太乙降堯天？
由來霸力天難佑，
只有人和政可延。
我勸國人齊抖擻，
河清海晏萬千年。」

　　　　　——《讀近代史其一》七律詩


「回首神州日月遷，
百年苦難血猶鮮。
但祈同輩齊心力，
保我中華萬萬年。」

　　　　　——《讀近代史其二》七律詩

# 第 三 章

文化

第一節：

# 胡氏文化總論

## 一、傳統的文化觀及文化研究

　　因為牽涉多層面，文化概念是最普遍應用亦最容易被曲解的，文化理論更是較難捉摸及精確掌握的理論。一般人的理解多集中在可觸可見的有形「次文化」領域，特別是所謂「文化產業」，而事實上，文化滲透着我們整體的生活，就如我們在空氣中呼吸或魚在水中生存一樣。

　　撇開次文化領域，構成文化的基本元素可包括：人生觀及價值觀（包括信念、信仰及意識形態）；社會行為規則、制度及道德規範（作為調節個體之間的關係，以及個體與群體及統治者之間的關係）；世界觀及宇宙觀；認知、語言及知識體系；感性及情緒的公共表達機制、形式和儀式；物質文明。

　　上述的元素，一些人類學家例如艾彌爾‧塗爾干（Emile Durkheim）、喬治‧默多克（George Murdock）、克勞德‧李維史陀（Claude Lévi-Strauss）、唐納德‧布朗（Donald Brown）等，稱之為「文化共性」或「普性文化通則」，不過這些元素在不同文化體系中既存有共通點，亦各有獨特之處，例如公義概念在不同文化中會相當接近，但信仰方面、感性表達方面則可以有天淵之別。

　　傳統的文化研究集中於羅列及分析這些不同元素，以及追溯其源頭或因果關係，例如地理、氣候、環境、經濟條件、歷史發展以及其

他偶然因素。雖然這些研究各有其本身價值,但對我們鳥瞰地了解文化的本質作用卻不大。

　　一些較有深度及鳥瞰性的分析把焦點放在文化階段性的演化,較常見的有四個角度,其一是社會組織的演化(例如由奴隸社會到封建社會到自由社會);其二是生產模式的發展(例如由石器時代到銅器時代到鐵器時代);其三是經濟組織的演化(例如由狩獵時代到農業時代到工業時代);其四亦是階段論中比較有趣的一種,焦點放在認知及知識發展。一些分析者將文化演化劃分為三個階段,最早期的是「神話文化」,以神話故事形式追溯宇宙及人類起源和發展,然後轉化到中期的抽象「形而上文化」,嘗試採用概括性的語言及理性角度解釋天地、社會現象,其後再轉化為現代「科學文化」,利用嚴謹的科學方法分析事物的因果關係。不過採用這個分析架構的學者往往忽視現代人上雖然接受科學文化,但仍然保留大量神話文化及形而上文化的基因和特徵。事實上,表面科學、背後玄學及再深層的神話,這些認知結構滲透着大部分現代人的心靈。

## 二、文化發展十六定律

　　要明白文化的本質,必先了解主宰文化發展的基本定律,再利用這些定律分析人類社會最關鍵的課題。

　　定律一,和所有其他生物一樣,人類作為生物體受生物演化定律的支配是不言而喻的,不過在動物世界中,人是唯一超越生物演化定律的限制。生物演化的特徵有三:一是需要長時期的孵化;二是生物演化以群體為單元;三是生物體在演化過程中是被動的。生物行為基本是面對環境及生存條件的「適應性行為」,但藉着文化的力量,人類在極短時間內取得控制及改變環境的能力,這是革命性的改變,換言之,文化演化取代生物演化作為決定人類的福祉及前途。

　　定律二，生物體以群體為主角，個體是群體特徵的體現，群體的生存是生物體不二的目標，個體生存的目標是為了群體的延續及福祉。但發展到現代社會，個人成為主角，個人的福祉、喜好及權力等在不少群體中已凌駕了群體的價值甚至其延續的需要。

　　定律三，個人成為主角與其認知能力的演化息息相關，而認知能力與符號包括語法的創造及使用是分不開的。先決條件是符號系統與人的大腦神經系統結合為一個「有機體」，擁有接近「本能」的特徵與能量，某程度甚至可以說，符號的出現代表高度複雜的神經系統外向的延伸。符號系統之所以重要，是因為它通過多層的抽象及壓縮活動，既可以捕捉外在環境的輪廓，亦可以通過層疊式的概念及巨細無遺的計算描述外在世界任何一個角落或層面的實際情況，更進一步通過與影像結合使人類衍生想象力、未來感。換言之，符號系統是知識系統的先行者及必要條件，而文化演化中的重中之重，就是創建可以反映及掌握外在世界的知識體系。

　　定律四，在較高級生物中，群體中的個體擁有某程度的「個體感」是普遍的，但要真正發展出「自我感」絕對不容易，非要經歷「符號革命」的洗禮不可。符號革命有五個極重要的貢獻，一是刺激及擴大神經網絡的記憶體系及能力，二是創造想象力，為人類構建與現實世界沒有直接關連的想象空間，三是產生主宰人類發展最關鍵的工具 ——「未來感」，四是將想象中的未來連接記憶系統構成一個獨特的個體化的「影像及思維時光鏈」，這「時光鏈」所累積的數據與經驗亦成為了人類「自我意識」及個體的「自我感」的來源；五是符號本身擁有高度的獨特、武斷成分，故此符號系統結合以上四個過程便無可避免使個體踏上獨特化之路，各自產生與眾不同的「自我感」。

　　定律五，符號系統另一個極重要的特色是「外在化」。符號系統及其衍生的知識可以學習、分享、傳播，以及一點一滴地累積及改

良，並由此衍生出一個有形的物體世界。人的認知能力加上外在化的符號系統的知識化及物體化，變得如虎添翼。符號系統的出現亦改變群體的性質，既衍生集體學習的能量，亦鑄造個體與個體之間的共識，再進一步加強群體的凝聚力與知識承傳力。個體與群體擁有的知識變成可以共同改變外在環境的集體力量，一些學者甚至視這種爆炸力的力量是人類之所以能夠短時期間改變地球的最關鍵因素（例如大衞‧克里斯欽〔David Christian〕）。

定律六，有了認知力、符號系統及其衍生的知識體系，加上由符號引發的未來感和想象力，再利用群體建立的共識，人類變成面向未來和走向未來的「時光機器」，將過去、當下及未來一體化，形成無縫的時光鏈，再由此構建立體化、三維的人類空間及文化空間。綜合來說，上述三個元素即符號化的知識體系、社會合作性以及跨越過去、未來的時光鏈（我稱之為 CIS，C 代表認知，I 代表時間的跨越，S 代表社會性），其互動及提升過程為人類文化及文明打造巨大的發展空間，使人類在芸芸生物世界中脫穎而出，成為「萬物之靈」。

定律七，從人類掌握高端認知能力開始，個體之間的背景（例如智力的差異或其他社會和家庭因素）、智愚之別便開始呈現。而且隨着所接觸的知識及其質量產生很大的差異。出於管治的需要，社會自然分為統治者與被統治者兩個階層，由於知識、權力的不對稱，統治者與被統治者之間的鴻溝逐漸擴大，兩極化社會的出現無可避免，這種情況在有剩餘產出的農業社會尤其顯著。同樣地，不同群體亦因為其個體能力、地理環境、經濟條件有差異，其符號系統所賦予的知識生產能力不盡相同，所創造的文化會有很大區別，這一點與個體之間之不均實有異曲同工之妙，換言之，個體差異化和多元化以及文化差異化和多元化都是完全可以預料的。

定律八，認知能力與符號系統出現二元性的雙軌發展，一方面

符號的「壓縮力」使我們通過層疊方式使概念高度概括化、抽象化，這些高度抽象概念對知識體系的組合、整理有關鍵作用，使我們的認知能力可以無止境提升。另一方面，符號系統的發達，豐富、擴大了個體感性及情緒方面的意識，通過這些新注入的元素，我們的感知力隨之擴大，再加上個體無可避免趨向「自我化」，個體的自我意識由於認知能力加強以及生活體驗擴闊而逐漸深化、獨特化及「個性化」。「自我化」很自然進一步演化出「個性感」。換言之，我們豐富的情緒、精密的感受、尖銳的反應，甚至脆弱的感情及充滿感觸的反思等，很大程度上與文字和語言載體分不開。到此人類個體化秩序（individuated order）便開始成熟，成為人類的獨特標誌。

定律九，自我意識的膨脹除了融入語言文字這載體的緣故外，亦由於自我與自我之間出現的互相碰撞、競爭、合作或鬥爭而深化。而文化之重點之一，是發展出社會大眾可接受的規則與共識，以調解這些「心理自我膨脹」中的個體以及處理彼此之間的利益、權力分配。另外文化的重點是構建大眾的集體未來感和視野，使個體意識上感到未來是一個「實體」而不是虛幻的個人想象。

定律十，通過知識傳播及知識體系的保存、延續，人類不知不覺間形成了一個集中性、集體性的知識體系。這些知識早期保存在統治階層及一些民間組織（例如西方的教會或中國的書院等），後期則保存在大學及研發機構，以及今天的互聯網及「雲端」。隨着教育的普及、個體的重要性增強、交通運輸發達以及戰爭或殖民等活動，知識傳播逐漸走上全球化之路。一個以知識為本的全球性文化逐漸成為文化發展的主流。當然文化的多元性仍然很明顯，但長遠來說，全球文化走向一體化、理性化是一個總趨勢。

定律十一，上述的定律幾乎清一色地指出文化演化的優點及其對人類的貢獻，但對於科技知識所帶動的物質文明及經濟發展對地球

環境和生態不斷的破壞，我們還是很清醒的。較為隱晦的情況是，人類認知力雖然擁有大能量，但也藏着不少缺陷（例如直線思維、以偏概全、盲人摸象、先入為主、避重就輕、過後孔明、顛倒黑白、因人廢言、作虛造假、人云亦云、誇誇其談等）。這些個人的認知缺陷下意識地導致不同文化體系出現不同程度的集體缺陷與不足。更嚴重的是，這些錯誤觀念所造成的誤會往往日積月累異化成「意識形態」，「文化衝突」亦由此而起，其引發的戰爭、災難罄竹難書。

　　定律十二，人性到底是先天賦予抑或後天培育？這是心理學、文化學、人類學長期爭辯不休的課題。當然不少學者都採取折衷的態度，認為兩者共存，但這樣卻引起比例問題、互動問題，以及孰輕孰重的問題。當代主流的人性論出於政治正確的考慮，認為人性主要是由文化因素塑造的。人性明顯是演化的產物，視乎我所指的 CIS（即認知力、時間界互跨及社會性）互動的結果，當中牽涉不同的符號系統對我們認知與情緒的影響（當然亦有生物本身的先天因素），亦牽涉社會規範所導致的道德感（例如責任感）等。一個較平衡的角度是，人性是先天生物基因經過後天長期文化改造而成，最重要的源頭是符號系統所引領的認知革命。綜合來說，人類求生存求延續等大目標是由生物先天特徵支配，但所用的方法、策略和內容等則幾乎清一色由後天的文化因素決定，換言之，大目的是先天，工具是後天。

　　定律十三，一般生物體的基本意識是本能（或純由群體指導的感性），但由於上述各因素結合，人類個體通過「自我化」發展及自我之間碰撞後，演化成系統的高層次意識，包括本能（情緒、感性）、智性（包括直覺）、同情感（與他人關係）、群體感（或社會感）、道德感（或是非感）、靈性（宗教感，一些學者指出，宗教意識有可能早於自我意識的出現）、未來感（未來感應早於自我意識的出現）、美感等等。這些意識之間有互動性、對立性或矛盾性，所以調節不同

意識的方法及手段便與文化發展息息相關，亦可以說，這些意識的出現及互動主導文化發展的方向與深度，從而衍生不同文化體系的獨特性，不同的文化內容亦變成協調這些不同意識的手段，雙方互為因果。

定律十四，領導文化發展的方向，除了基本的環境因素，主要是人為因素。其「領頭羊」往往是群體中出類拔萃的「精神階層」，特別是其精英階層所提出的世界觀、管治觀，更成為文化進程的前沿驅動工具。當然這些觀念在實踐過程中往往出現變化或異化，隨着環境變化，新的突破性觀念會逐漸取代舊有的觀念。這些情況我們稱之為「範式轉移」（例如在西方文化發展中理智取代信仰）。

定律十五，綜合而言，符號系統的出現引起人類一連串的大變化，一方面使本來一元化的群體變成二元化的個體與群體的互動體，另一方面使單元個體因為出現了自我感而衍生一系列的多元意識，本身的自我意識衍生逐利意識，個體與個體之間的競爭產生征服或同情意識，又有個體對群體產生的歸屬意識和貢獻意識，以及個體對其他個體或群體產生的負面意識，例如不安全感、恐懼或抗拒意識等。本來一般的生物只有簡單的個體意識，但經過上述的演化過程，人類轉化發展出一個多元的心理、精神、人際及物質世界，這些因與果都可以說是屬於文化的範疇，難怪文化演化使人類不需多長時間便擺脫生物演化規律的控制了。

定律十六，人性不是先天賦予一成不變的，也不是白紙一張，而是在文化規律主導下不斷演化、改變。如果文化反映人性，那麼文化的改變及多元性應是意料之中。近代主流思想由奧古斯特·孔德（Auguste Comte）到約翰·史都華·彌爾（John Stuart Mill）到現代學者如史迪芬·平克（Steven Pinker）及我們多數人，都大致認同人類發展是朝着進步、理性的方向。孔德甚至視人類進步為一種宗教式

的信仰（religion of progress），不過我個人認為這種看法恐怕是錯誤，「文化進步論者」沒考慮到「進步悖論」有可能出現，文化當然有理性、進步成分，但亦受不少偶然因素影響。其發展充滿了變數，既有進步的元素，也潛伏不少危機和挑戰，人類的命運某種程度上掌握在自己手中，但亦要視乎偶然因素的影響力度，但諷刺的是，部分有影響力的偶然因素竟是人為的結果。

　　作為總結，我們可以說，人類文化演化衍生了人類革命、人性革命，中間牽涉五個不同但互動的革命元素，一是符號革命，採用抽象符號作為代表外在世界及個體表達的工具。二是通過神經網絡有機地結合了符號體系，衍生認知革命，大大提升人的認知能力及開啟有系統的知識累積，然後再通過知識物體化、系統化使人可以進一步控制外在環境。三是時域革命，結合了生物體原始的未來感、認知上的想象力，以及符號語法體系延伸出的未來場景，使人類擁有主導其行為的未來感及由此建立集體的未來視野，形成人類獨有的時間鍵。四是情緒革命，認知能力、未來感、想象力再加上符號系統的獨特性等將個體變成「自我化」、「個性化」，自我化了的個體面對群體及其他個體的挑戰，湧現大量不同的適應性的情緒意識（無助感、焦慮感、恐懼感、孤獨感、是非感、道德感等）。五是目標革命，成熟個體的出現使個體本身及群體與個體之間的關係徹底改變，將本來單元目標的生物群體變成多姿多彩的個體化的新社會秩序，賦予個體及群體新的生存目標、意義。簡單言之，上述這五大變化實質上相當於一次浩大的文化革命，重新塑造人性及完全取代了生物演化的規律。

## 三、個體與群體

　　有了上述的文化定律為背景，我們可以劃分四個文化領域作討論：個體所擁有的不同意識組別之間的關係，個體與個體之間的關

係，個體與群體之間的關係以及群體與群體之間的關係。我暫且不分析前面兩個領域，集中討論個體與群體之間及群體與群體之間的關係。有了這個基礎，我們可以進一步分析西方文明的本質。

關於群體對個體的重要性及貢獻，當今西方政治思想界對群體的漠視是令人驚訝的，除了少數的「社群主義」者或「公共社團主義」者（例如邁克爾·沃爾澤〔Michael Walser〕、邁克爾·桑德爾〔Michael Sandel〕）之外，主流思想是個人主導的自由主義。事實上群體對個體的貢獻是多元、多層面的，且不說最基本的功能如保護人身自由、賦予個人基本權利、給予教育與栽培、對不幸的個體給予社會保障等，群體還有較少提及和較隱性的貢獻：群體給予心理上的安全感，使個體無後顧之憂。另外，群體的分工可以使個體專注一己所長，有機會全面發揮本有的潛力，個人生產力得以大大提升。群體還可以個體提供一個「表演平台」，不少個體的行為及努力，實際上是為了「台下」的掌聲、嘉許及鼓勵。沒有了群體，「英雄」失卻了意義。亦有不少個體可能為了群體讚美而付出努力，亦有不少人把生存目標放在群體福祉，他們的生存意義超越個體基本的需要，而是為了達到更崇高的目標。

換言之，對於提供基本生存保障到構建生命意義、歸宿的群體，個體如果與之疏離便等於魚之失水、鳥之失群。

關於個體對群體的重要性及貢獻，相對群體對個體的貢獻，個體對群體的作用比較明顯，這是個人主義者、自由主義者歌頌個體的原因。個體「自我化」、「個性化」後，個體之間必然出現不同方位的競爭，在一個由「同質」個體組成的群體中，個體之間根本沒有競爭的需要，但當個體「黃袍加身」自我化後，各視自己為獨一無二，感覺有必要擴大自己的利益「地盤」，百花齊放的局面便出現了。個體之間知識互補、互相合作、互相競爭帶來的激勵，自然為群體帶來新的

活力。其中一些優秀、有責任感的個體更會盡一己所能，努力改善現存群體的缺失，製造雙贏局面。

　　簡單來說，因為個體天賦不同、環境有異，當各自發揮所長時，不論在經濟生產或文化領域，例如文學、藝術等都會各自精彩，為群體帶來多元化的貢獻，使群體更多姿多彩。

　　上面的描述當然有點理想化，現實世界中會出現不少惡性競爭，一些別有用心的個體甚至會盜用群體的名義去偷取利益及壓迫其他個體，亦有個體為了保護現存群體的價值觀與利益而排斥一些先進或鼓吹改變的其他個體。畢竟群體的領導者為了凝聚內部，自然會堅持一些既定的規範，但當社會或經濟環境變遷，部分的規則、規範會變得不合時宜，在這種情況下，傾向保守的當權者為了維護群體的傳統利益，自然會對有異見的個體打壓，造成群體內部的紛爭和分裂。

　　毫無疑問，個體因為擁有特殊及直接的演化優勢，在群體中可以扮演推動者、改良者的角色，文化演化之所以高速取代緩慢的生物演化，正是因為群體在「個體化」過程中利用了多元個體的驅動力，而個體的驅動力往往來自個體在群體中的互相競爭，由此可見，個體與群體的良性互動是人類文明發展的基石。

　　當代的主流經濟學及政治學強調個體的獨立性，他們對群體有高度戒心，認為群體對個體的自由可能會構成威脅，因此他們普遍忽略群體對個體潛能的發揮一直扮演異常重要的角色。事實上一個合理、妥善安排個體利益的群體可以更有效地發揮個體的驅動力，從而達到雙贏的局面，即同時改良群體的福祉及滿足個體的需要。

　　不單如此，群體如果與個體建立理性、適度的關係，不單保存社會上一少撮精英的驅動力，更可使大多數較平凡的個體各展所長。換言之，群體與個體關係的安排，不單在培育少數有驅動力的優秀個體，而是使社會更公平，使個體之間更平等，將大多數人都變成有驅

動力的積極參與者和貢獻者，將社會上的失敗者減至最少，這是種共榮的均衡模式。不是「優勝劣敗，適者生存」的社會達爾文主義（Social Darwinism）模式才符合演化的終極規律。我在上一篇建議的「第五經濟管治模式」就是符合這個大原則的設計。

## 四、群體與群體之間的傾軋 ── 文化衝突的本質

　　分析了個體與群體之間的適度關係後，我將分析群體之間的關係，特別是近年不少學者討論的文化衝突與紛爭。著名文化歷史學者薩繆爾‧亨廷頓（Samuel Huntington）發表的極具爭議性的「文明衝突」論指出，國與國之間的衝突實質上反映其背後文明及文化的衝突。這個看法雖然可以說得過去，但略粗疏及過度意識形態化。我將問題焦點放在兩方面，一是文明衝突背後的最終元素，即意識形態的本質，二是西方文化與中華文化的比較，我先談談我對意識形態的看法。

　　「廣義的文化衝突」，除了由文化差異、經濟利益、地緣政治或國土紛爭等因素引起，亦由於大國崛起引致另外一方利用文化區別作為衝突藉口。嚴格來說，這算不上是真正文化上的衝突，相對「狹義的文化衝突」而言，將重點放在文化核心元素即意識形態之間的分歧與辯爭（包括宗教信仰），才可以掌握衝突的深層源頭。

　　意識形態一詞是由法國大革命時代的德斯蒂‧特拉西（Antoine Destutt de Tracy）造，本意是一種自由主義哲學，目的在捍衛個人自由、私有產權、自由市場及利用憲法限制政府權力。但後來它的內涵改變、擴大，變為一種思想模式，既有正面亦有負面涵義。

　　意識形態可視為理念、理想、價值判斷與道德規範組成的世界觀或社會觀，本質是一種信仰體系，但與純信仰體系不同，後者不需要訴諸理智，但意識形態卻相反，是將表面合乎理性的世界觀或社會觀

轉化為信仰體系。意識形態早期一般建基於理性的辯論與交流，但最終淪為一面倒和盲目性的信仰，不再依賴理據的支持。

意識形態屬於工具性的手段而非對真理的追求，所以對群體與個體或群體之間追求的目標都可以發揮高度的彈性。在群體內，不論是宗教方面的意識形態（訴諸理論基礎的宗教例如基督教神學，亦可算是意識形態的一種）或政治方面的意識形態，都可以發揮「凝聚」力量，統治階層亦樂於利用這種力量。一般的政治意識形態會提供理論解釋社會歷史發展、社會運作模式，以及勾劃社會秩序的藍圖。為了達致統治目的，意識形態的捍衞者會扭曲事實，所以這亦是一種統戰工具，進可以作為侵略其他群體的藉口，退可以鞏固內部以對抗敵人，可以說是「戰爭的軟件」。

十七世紀啟蒙運動出現，思想界樂觀地認為通過理智或智性，人類不單可以從愚昧的信仰中解放出來，更可以利用科學方法、理性的交流建立一個新的理性秩序。不過正如後期的啟蒙思想家大衞‧休謨（David Hume）警惕我們，表面的理智是假象，真正主宰人類行為的仍是情緒。這個說法異常正確，從演化角度看，人類這種生物體過去一直依賴本能（情緒）作為生存工具，相對來說由符號體系建立的理智只有幾萬年歷史，不過是電光火石一剎那，況且我們縱使如何理智，也擺脫不了生物體求生這個大目標的基因，不單如此，從個體化到自我化、個性化的發展過程中，個體表面變得較為理智，但實際上情緒成分不僅沒減少反而增加，由未來感帶來的不確定感、由個體之間紛爭帶來的不安、對感覺群體壓迫帶來的恐懼、由豐富的語言帶來的情緒化作用，這些因素使個體變得比以前更情緒化，只不過被表面的理智掩飾了。亞里士多德（Aristotle）指「人類」是「理性動物」（rational animal），這裏的理性只是工具性的理智而不代表真正理性的理智，所以當不少現代人類的行為仍由本能及情緒主使，我們不用驚訝。

　　理智不單不一定能夠發揮預期的正面作用，更容易淪為本能及情緒的「幫兇」，我們往往利用理智的說服力，義正嚴詞地說「大道理」，背後其實只為我們的本能服務，而我們的本能很大程度上最終只是為個體的生存與利益服務。較極端一點看，智性只是人類「自我化」後其中一種適應社會的工具而已。

　　意識形態的出現，更將上述的情況推上一個新台階。意識形態之所以能夠把理智玩弄於掌上，亦是我們人類的認知能力隱藏不少缺失與缺陷，這些缺失部分是先天的，但其中不少表面的「缺失」其實是為了因事制宜，減輕我們認知活動所消耗的能量負擔（我們大腦大約耗用我們身體五分之一的熱能）。換言之，意識形態鋒利的地方在於其利用智性的魅力、包裝的同時，亦針對我們認知的缺陷。

　　如上所述，意識形態是一個「全方位」的體系。除了利用理智針對我們認知的缺陷，更融入我們的價值觀、道德觀以及我們對理想的嚮往。更不止此，它不再需要遮遮掩掩地避開情緒，公然呼喚我們情緒上的支持。在這種情況下，一般的理性辯論哪裏會是它的對手。所以不少教育程度高的人包括思想界、文化人都會墮入意識形態的「天網」。我們亦難怪政府，政黨和政治組織必然擁有一個有份量的意識形態做其前鋒和後盾，而所有文化衝突最終必然是意識形態之間的衝突。這解釋為何社群間（不論是國家或地區）的利益衝突較容易解決，但意識形態之間的衝突卻往往沒有妥協的餘地，因為這不是物質讓步或談判可以處理的衝突，而是滲透人心的衝突，意識形態的紛爭是一場真正全面的戰爭。

第二節：
# 西方文化的「前世與今生」

## 一、輝煌的背後

　　當人腦的神經系統與符號系統有機地結合衍生較高端的智能及「未來感」後，人類個體的「自我化」、「個性化」已是不可避免的結局。有了這些條件，個體化秩序中的個體自然會共同創建一個集體知識及學習體系，最終成就文明崛起、物質繁榮以及引領個體地位冒升。這些都應是意料中事，問題是個體化會走多遠？個體多元化對群體會有多大衝擊？群體如何制約個體的冒升及衝撞？個體之間的傾軋或合作會將群體帶往何方？個體與群體之間有沒有可能或如何達至一個理性的均衡狀態，因而繼續擁有演化優勢？個體化的秩序要使群體付出什麼樣的代價？其利多抑弊多？如果要兩者達至理想的均衡，那麼群體可以採取什麼措施？

　　換言之，個體化秩序的發展會引致兩個最大可能出現的場景，一是個體無制約地完全凌駕群體，以至群體有名無實。一是兩者達至某種程度的均衡，互相制約或合作（但何者為均衡要商榷）。

　　在處理這個課題之前，我們先回顧西方的經驗。西方的發展是一條頗為迂迴的路徑，它先選擇了全盤的個體化秩序，然後再採取不同的方式處理這個秩序帶來的後遺症，讓我們先回顧它的發展。

## 二、西方文化發展簡介

與中國古代的大農業社會不同，西方早期的發展模式例如希臘文明、猶太文明等受地理環境影響，經濟活動有較多類型，經濟生產分散在農業、畜牧、貿易等，又因為沒有大平原，所以群體規模較小，而且群體之間不容易整合成為大規模的社會，亦沒有能量去凝聚不同地區的個體，各社群擁有不同的生活方式、信仰及膜拜對象。

由於經濟逐步發展、人口擴張加上戰爭等因素，歐洲社會在羅馬共和國（公元前 509 年至公元前 27 年）統領下走上了大統一局面。因為羅馬帝國是由多民族、多宗教、多語言及多文化的群體組成，除了軍事力量及統治方式外，意識形態是一個重要的凝聚力量，特別是宗教信仰。不過早期的羅馬帝國對不同宗教十分寬容，只是對基督教這排他性的單神教反感，直到君士坦丁大帝期間基督教才取得合法地位，最終成為羅馬國教。到了公元四世紀，羅馬帝國因為戰爭頻繁，面臨分裂，所以需要採用基督教這種排他性的一神教以確立統治及保持其權威性。

基督教的核心教義是，個體不論其種族、性別或背景都必須歸附「唯一」的上帝。西方學者拉里·西登托普（Larry Siedentop）指出，演繹及傳播基督教教義不遺餘力的聖保羅（St. Paul）可以說是西方個體的真正的締造者。在這個教義下，個體生存的目的是為了伺候上帝，以取得死後的救贖及永生。因為永生和救贖屬於個體的追求，個體只需直接向上帝負責，不必理會其他個體包括其家庭成員、親屬或其他宗族成員的看法。況且在神的眼中，人人平等，即理論上跨越親疏、年紀、膚色、種族及國界。這種「同質化」及「原子化」了的個體概念意味着個人的「社會性」及其所屬的群體再不應對個人構成任何束縛。誇張一點說，「一夜之間」，西方社會「碎片化」了！維繫人與人之間的關係是一個共同的信仰，及一個大眾認同的上帝。

　　從某種角度看，基督教的出現的確解放了傳統群體對個體的束縛，提升了個體的地位和價值，但隨之而來的宗教排他性與教條性卻造成另外一種束縛，特別是對智性較嚮往的個體。長此以往這種發展便產生一個背道而馳的矛盾，在單神教統治下，解放出來的個體自然享有較多的空間及自由去探索外在世界，間接加強彼等智性的發展，但教會為了捍衛它的基本教條與權威性，必然對這些反動的進步個體加以迫害。同樣嚴重的是，因為對宗教教義中細節的詮釋出現分歧，不同群組藉着特殊情況或偶然事件分裂為不同流派（天主教、回教、東正教、猶太教及後期的新教〔新基督教〕都出自同一源頭）。由於單神教的排他性，所以歐洲大陸過去千多年來宗教戰爭頻仍（包括十字軍東征、百年戰爭、三十年戰爭等）。個體的確是解放了，但群體卻陷入無止境的紛爭，這是現代盲目接受現代西方文化者不容易理解的。

　　紙是不能包火的，無論基督教內有多少開明的當權者以及進行多少次內部改革，個體認知的成熟最終引至歐洲的啟蒙運動及反宗教的政治運動，他們以理智和智性取代盲目的信仰，以演化觀代替造物論，以天文科學代替地球中心論等。個體認知的能量及其累積的知識再一次將個體從權威主義中釋放出來。

　　當個體的價值提升，當個人的認知能力成長，個體感到最大的威脅當然來自無上權威的教會，以及擁有武斷權力的政府或貴族。開明的思想界無不支持保護個體的自由及其財產（例如約翰‧洛克 John Locke），他們一方面主張限制政府權力，另一方面儘量爭取個人權利。洛克一個重要的理論工具是社會契約，契約的目的是將「碎片化」了的群體重新整合及注入凝聚元素，其他的著名契約論者包括湯瑪斯‧喬布斯（Thomas Hobbes）及尚雅克‧盧梭（Jean-Jacques Rousseau）等，他們先後企圖用契約論的觀點塑造一個個人可享有高

度權利、自由平等的個體秩序。「自由主義」就是在這個背景下誕生的，其主要的信條包括對個體價值的肯定、對憲法編寫的訴求、對法治的嚮往、對權力制衡的執着，以及對人權包括私有產權保障的堅持，而洛克亦被視為自由主義的鼻祖。

到了十八世紀，基督教的個體主義精神再一次發揮其解放能量。馬克斯‧韋伯（Max Weber）以個體為社會分析單位，指出新教（即新基督教，以別於傳統的天主教）的倫理觀與資本主義的興起有莫大關係，他強調新教的倫理觀（Protestant ethics）在資本主義官僚制度和法律權威的發展中扮演重要的角色，例如某些禁慾的新教教派（Ascetic Protestant）包括加爾文教派（Calvinist），其教義逐漸轉化為支持及爭取理性的經濟利益及商業活動，藉以表達他們得到上帝的祝福。受新的理性教義影響，資本主義取得「道德高地」，因而可以拆除早期的保守經濟道德觀所擺設的路障。雖然不少人並不認同韋伯的說法，但視經濟行為及爭取經濟利益作為「世俗化」了個體的新「救贖」途徑，亦不失為一個有趣的演繹及合理的看法。

現代資本主義的特色有二，一是私有產權制的完善，一是生產模式的改變及製造業的興起。兩者的結合建構成早期資本主義的基本體制。在生產模式方面，資本主義下的生產要素包括創業者、企業、勞動者、資本及知識，通過市場競爭發揮其所長而取得整體經濟增長，從這個角度看，個體化秩序與資本主義的生產體制是融得化不開的。

有了上述的條件，西方個體開始踏入如日中天的輝煌階段。智性的開拓引領「科學革命」及由此衍生的高度物質文明的「工業革命」。工業革命的「流水作業模式」使成本下降。資本家為了擴充市場，開始了殖民主義侵略時代，因為科學革命使科技先進，西方國家在軍事上享有無比的優勢，對其他地區予取予攜。值得留意的是，由於人類認知的缺陷，加上煽動力強的意識形態造就了外向型的西方民族主義

及帝國主義，亦因而引發了破壞力極強的兩次世界大戰，不過儘管如此，西方制度的深層結構及個體價值觀卻絲毫沒有動搖。

第二次世界大戰後，隨着西方恢復秩序以及全球化開始擴散，個人主義逐漸走上了極端。個人主義極端化體現在以下情況：

第一，經濟發達，社會機會增多，個人可以一展所長。不過個體容易傾向將個人的成就歸功自己，特別是創業者、企業家以及一些專業人士，往往以為自己是天之驕子，甚至是命運的締造者與主宰者。

第二，在「後宗教時代」，儘管西方不少人表面是教徒，但宗教的道德教條與行為規範對崇尚自由主義的他們已不具束縛性。當個體變成無韁之馬，更被視為擁有無上的原生價值及不容侵犯的基本權利，他一切的選擇，只要不觸犯法律，都是不容干預的，他的行為凌駕於社會群體的道德規條之上。

第三，「道德真空」、個體自我膨脹及隨之而來的任性行為，使社會唯一的制約是法律規條。法治一向被視為西方的基石，保障社會的平等，不過法治並不是完全穩固的。在極端個人主義下，法治負上巨大的責任與負擔，畢竟法律只能保證「程序公義」，不能保證「實質公義」。當個體的任意行為滋長，社會道德規範能力薄弱，個體之間訴諸法律以處理紛爭日增，法治成為西方社會最後的防線，但司法制度亦離不開人的因素，所以法治扭曲在不同國家屢見不鮮，加上程序公義牽涉繁瑣的法律條文，法律未必趕上社會環境變遷，所以法律逐漸演化成極度複雜的形式化體系，非專家難以透視其奧祕。部分由於這個原因，法治「成本」逐漸提升到一個愈來愈多民眾攀不到的水平，空有一紙虛文，法治精神卻蕩然無存了。

提升一個層次看，自從「自我化」、「個性化」後，個體面對其他個體的挑戰以及與群體的關係愈來愈複雜，因而演化一系列的適應性的心理意識，當中既有衝突，亦有互補及或互相制衡的作用。一個心

理較健康的個體本有機會在不同意識中找到適度的比例與均衡，但可惜西方社會及其文化發展嚴重向自我意識傾斜，例如其逐利意識、征服意識、自戀意識，而與群體有關的意識例如是非意識、道德意識、利他意識，卻相對地削弱，極端個人主義就是反映這種嚴重的意識失衡狀態。

極端或放任的自由主義及個人主義為社會帶來兩大禍害，一是反公義，一是破壞社會的穩定性。

顛覆公義方面體現在以下的領域：

第一，在經濟領域中產出的分配愈來愈不公，造成嚴重的貧富差距，西方的「金融資本主義」只為善於利用槓桿原理的中上階層帶來富庶，全球大部分的財富及收入集中在非常少數人的身上，美國大企業所取得的超額利潤屬於天文數字，這些都耳熟能詳，不必細述。

第二，公義的基本概念是對稱，在極端個體主義下，個體只講權利，不講義務及責任，就算談到責任也離不開權利為先。

第三，二次大戰前，西方帝國主義國家赤裸裸的侵略行為雖然到了戰後頗為收斂，但美國等國家對其他國家或政府的顛覆行為仍然泛濫，說明這些國家中有權勢的個體及組織的掠奪性心態一點也沒有減弱。

第四，法治成本愈來愈高，愈來愈傾向為富人服務。表面上一人一票的民主制度似乎符合公義原則，但其實不然，這方面我會在本書第六章詳細分析。

在破壞社會穩定方面，極端個體主義表現在：

第一，不斷加劇的貧富差距使民粹主義逐步抬頭。

第二，個體的認知缺陷，加上信息爆炸、社會媒體氾濫、有組織和別有用心的意識形態傳播者火上加油，使不少個體選擇情緒化及價值觀較接近自己的政治觀點，形成不少是非不分的「政治部族」，各

執一詞，互相傾軋，製造無日無已的紛爭。

第三，一人一票的民主制度，鼓勵政黨的成立和政黨之間的鬥爭。彼此為了爭奪統治權，各出奇謀，不擇手段，不計真相，拚個你死我活，使國家陷入無了期的政治紛爭。

回顧西方發展，單神教將個體解放出來，經過「辯證式」的迂迴曲折變化，釋放了它巨大的潛在能量，催生了科學的知識體系，衍生了工業革命，構建了市場主導的資本主義，建立了西方的物質文明，另外，透過制度的建立，包括民主、法治、憲法及分權制，成就了以個體為主體的現代社會的基本模式。不容否認，這些都是西方個體秩序的成就及貢獻。

## 三、總結

西方的輝煌掩蓋了其背後極具破壞力的計時炸彈，它所鼓吹的自由、民主、人權等這些所謂「普世的核心價值」，是否真的如所吹噓那麼崇高？這些佔據「道德高地」的價值觀是否真的是人類應有的典範，是否真正符合人類演化的規律？它的表面優勢後面會不會隱藏着很大的代價？這裏我相信可以做一個初步的總結。

單神教釋放出來的個體，實質上破壞了其社群內部原有的團結元素，當宗教信仰退潮，這「碎片化」的社會失去原始的凝聚力，剩下來可以依賴的只有兩種「世俗性」的社會黏力。一是他們所鼓吹的所謂「普世核心價值」，但深一層看，這些價值都是社會「碎片化」後的「修補式」工具，例如社會契約、法治、共和等。另外一種是民族主義。不過這兩種黏力之間其實亦存着不協調的情況，況且不少現代國家是由多文化、多種族或多宗教組成的「烏合之眾」，內部矛盾重重。

由個體主導的經濟活動，因為社會貧富差距愈來愈擴大，逐漸形

成社會「兩極化現象」，其所產生的負能量會將這些國家剩餘的凝聚力逐漸消磨殆盡，代之而起的是民怨民憤，以及碎片化的政治部落，這亦是近年來西方國家民粹主義興盛的主要原因之一。

　　單神教不單向個體傾斜，令人始料不及的是，它最終催生了極端個人主義以及由此帶來的種種後遺症。況且單神教作為一種排他性的意識形態，歷史上除了帶來不少宗教戰爭外，今天仍然在不少地區導致紛爭與戰亂。回教地區的內訌、回教國家與西方基督教國家之間的衝突，仍然是當前國際的火藥庫。當撕開西方文化的面具，我們驚覺西方原來是一個「精神分裂的文化」，在微觀層面它雖然走向極端個人主義，但某種程度上仍然堅持平等原則及權力制衡，因而保留了其文化理性的一面，但在宏觀層面它卻無法阻止單神教背後的排它性及侵略主義的本質。換言之，縱使西方文明表面有百般的魅力，好像立足在道德制高點，但其實是一個高危、脆弱的文化。

　　單神教衍生的個體化秩序衍生了世俗化的自由主義社會，到了後期雖然單神教的力量在本土市場逐漸消失，但陰魂不散，其在海外的擴張活動沒有因此退減，西方的個體在國內可能是奉公守法的公民，但一旦離開本土，其文化優越感再配上單神教的海外宣傳活動，往往異化為侵略行為，近代史上的殖民主義、帝國主義、「東方主義」（Orientalism）、白人種族主義等的追隨者犯下了數不清的滔天罪行，簡直慘無人道，罄竹難書！

　　一個經常討論的話題是，在現代數碼科技帶動下，個體的自主性似乎可以更上一層樓，因為在人類歷史中信息是成本高的生產要素，既與個人身份和地位有很大關聯，亦是統治者的重要管治資源。故信息配置影響人與人之間的關係及其平等程度，而信息不對稱亦導致很多社會不公現象。現代社會的重要特徵之一是透過信息革命，使大部分個體從信息不對稱的情況釋放出來，所以我們可以說現代社會

已經到了「信息自由主義」時代了，作家湯馬斯·佛里曼（Thomas Friedman）更因此宣稱「世界是平的」（The World Is Flat）。

　　這個說法表面令人鼓舞，不過亦令人沮喪，信息的氾濫或爆炸帶來不少意想不到的負面後果。原因是我們的認知能力不足以應付這突然而來的大量信息。為了減輕負擔，我們不分皂白地和選擇性地吸收我們感覺較良好的信息，後果是我們又一次成為意識形態的奴隸，當我們以為已獲得真正獨立自主時，其實不知不覺間新一波的「信息奴隸化」時代已來臨了。

　　上面的分析可能給人我以偏概全的感覺，以英美為典範模式而忘記西方文化重鎮法國的大貢獻，以及漠視法國知識界的特徵。事實上近幾百年來法國一直執西方思想界的牛耳，不少思想家甚至認為全球文明的進步離不開法國思想界的力量，理性主義、共和主義、實證主義、存在主義、結構主義、女權主義等，都是法國思想界的產物。法國思想界的能量來自其既冷靜的理性思辨亦鼓吹革命性的想象與創新，採用結構性分析之餘亦大量訴諸歷史研究，既尊重個人的獨特性亦接受集體的身份認同，既對本身情況關注亦對普遍性真理有熱切的渴求。不過今天，法國思想界亦普遍承認，這些輝煌成就已成過去，法國思想界的影響力已經大不如前了。上世紀七十年代後，一方面是法國國力趨弱，另一方面是與其他西方國家一樣，受經濟增長牽着走，法國的精英階層已經將精力和目標轉到技術方面發展，再加上移民問題及國內政治糾紛不斷，法國思想淡出國際舞台似乎已是不爭的事實了。事實上，由於上述西方文化體系本身的矛盾因素，大勢所趨，就演算法國人再有智慧也回天乏力了。

第三節：
# 文化的凝聚力

## 一、國家強大的探索

　　相信近代國人內心最熱切的呼喚，莫過於冀望國家強大。自鴉片戰爭以來，中國焦慮的知識界，無時無刻不在思考如何提升國力以「外抗強權」及趕上西方的軍力，由魏源（提出「師夷長技以制夷」）、林則徐，到洋務運動的張之洞（主張「中學為體，西學為用」）、曾國藩、左宗棠、李鴻章，到戊戌維新的康有為和梁啟超等，無不威懾於西方之「船堅炮利」，他們當中當然有懷疑軍力強大未必等同國力強大、西方之強可能不僅是軍力之強，原因是中外歷史上軍力強大但窮兵黷武而導致衰敗的政權多不勝數，國力強大不單是由軍事力量決定的。

　　有關「強」的討論，可能最早出現於孔子與子路的對話。子路問強，孔子回答說「南方之強歟？北方之強歟？抑而強歟？寬柔以教，不報無道，南方之強也，君子居之。衽金革，死而不厭，北方之強也，而強者居之。」（《中庸》第十章）孔子這裏顯然是從用道德角度衡量「強」，姑勿論他的角度偏差與否，他看到的「強」並不是純外表，而是隱蔽無形的道德文化力量。既然「強」不只是一時間叱咤風雲的軍事實力，那是否等同於達爾文進化論指的適者生存的能力？如果是，中華民族的悠久歷史是否代表我們「強」？如果答案是正面，那又如何解釋中國近代的弱？如果道德文化才是強的真正泉源，那麼

五四學人主張摒棄中國傳統文化，是否意味着他們其實不自覺地放棄國家強大最主要的因素？

　　清末的知識界中相信沒有人比有「中國西學第一人」之稱的嚴復更了解西方。從他翻譯各類西學名著，包括赫胥黎（Thomas Henry Huxley）的《天演論》、亞當·斯密（Adam Smith）的《原富》、孟德斯鳩（Montesquieu）的《論法的精神》，可見他充分掌握西方思想的理念及透視西方力量之所在，包括進化原理、天賦人權、法治精神，以及自由、博愛、平等。此外對西方文化有相當認識及推崇的是梁啟超，他所提出的新民、新道德、新生活等觀念源於他對西方文化的理解，他希望通過國人吸收西方的價值觀建立一個真正強大的中國。不過無獨有偶，與嚴復一樣，他最終幻滅式地揚棄了西方的價值觀，而回歸至儒家和孔孟，嚴復最終醒悟到，西方價值觀內隱藏巨大的矛盾，自由主義所推崇的個人尊嚴與價值，不能與「適者生存論」所主張的強權共存，第一次世界大戰的出現，更使他與梁啟超深深感受到西方文明的脆弱。

　　相比嚴復與梁啟超，終其一生忠於東方精神文明的是梁漱溟，他不諱言西方文化的確暫有優勢，原因是西方文化較為前瞻性、外向性，重視如何控制自然界，所以能在科技、物質及制度上有所突破，但到了下一階段便會因為過分物質化、機械化而開始百病叢生，最後西方亦會背棄物質主義，轉而發掘東方文明的寶藏，儒家禮義之教終會取代西方的法治，簡而言之「世界未來文化就是中國文化復興」。與他的堅持形成強烈比照的是五四運動那批打倒「孔家店」的支持者。當然除了梁漱溟外，其他的「國粹派」人物如章太炎、柳亞子、易鼎順、熊十力、馮友蘭等都不遺餘力宣揚保存中國固有文化。

## 二、國家致強的深層因素

　　一個國家幅員廣闊、人口眾多、物產資源豐盛，甚至軍旅強勁、教育普及，當然會出現短期的輝煌，但如果這個社會由自我中心主導的個體組成，其內部矛盾會逐漸呈現，最終會導致人心渙散、各為其政，恐怕亦不足以長久維持強大。

　　一個國家、民族之所以有延續力，除了一些客觀條件外，需依賴其內部的集體共識和意志（且看猶太人的歷史），這「集體意志」除了由領導者的道德責任和說服力推動外，其主要力量來自這個群體的文化所賦予的凝聚力。

　　什麼是群體凝聚力？簡單來說，它包含四方面的認同感，一是個體身份認同，二是價值認同，三是規範認同，四是歷史認同。四者構成一種有強大黏力的歸屬感，使個體感到有一種自然的向心，有一種以隸屬此群體為榮的感覺，感到有責任要延續這群體（包括傳承其價值、理念及信仰），甚至必要時寧願犧牲「小我」，以完成「大我」，這可以說是一種不求回報或願意先付出再取回報的心態！

　　身份認同主要來自對血緣、宗族以及地域的認同。價值認同是來自對生命理想和目標、人生意義的認同。規範認同是接受群體訂立的行為規範，及主張的道德精神等。歷史認同是接受共同的歷史淵源以及覺得個體是群體歷史「長河」的一部分（例如張載的「為往聖繼絕學」、習近平倡議的「中國夢」）。

　　群體的凝聚力部分來自個體共同參與的日常生活、經濟活動，或在強敵壓迫下產生的保家衛國的情懷，其力量一方面立足於客觀因素，另一方面則由不同個體的主觀觀念匯聚、轉化為客觀的集體力量，特別是群體所共用的集體視野或遠見（collective vision）。撇開短期環境因素，這種內在化的集體力量，部分建基於較原始的群體文化基因（cultural genes）及其體現的特徵，這包括：其所持的世界觀，

包括所崇拜的宗教及對家國的概念及認知；其所承載的道德觀及價值觀；文字語言的特徵及其衍生的文學；其所記載的整體歷史及歷史事件；其所記載的神話、歷史人物、傳奇故事；其所傳承的儀式、慶典、節日及有關的次文化；其遺留的藝術、建築及地標性的建設（例如中國的長城、運河、都江堰）；其傳承下來的生活方式、細節及設備。

這些因素使一個民族或國家不知不覺間衍生一種自然的凝聚力，不過這凝聚力也可以通過主動及積極的文化工程催生，特別是意識形態的刻意培育及宣傳，例如深入民間的文學藝術、戲劇電影等，使民眾之間擁有共同語言、共同興趣、共同話題，以及共同推崇的人物偶像（如迪士尼的卡通人物或中國武俠小說的英雄人物）等。值得參考的是，英國著名思想家沃爾特・白芝浩（Walter Bagehot）指出，英國成功管治的模式與其社會凝聚力有關，而英國社會凝聚力十分重要的一環來自英國皇室的傳統地位，特別是一些深受人民愛戴的皇室成員，所以他認為英國成功的管治，人民效忠皇室與其政制、政策及管治能力同等重要。

## 三、支配群體凝聚力的定律

有了以上的背景，我們可以總結一些支配群體凝聚力的定律。

(1) 一個身份認同、價值認同、歷史意識越強烈的群體，其內部的凝聚力越大。

(2) 一個文化底蘊越深厚，即其文化基因跨越多領域及層面，則其集體回憶更廣泛，其群體凝聚力越強。

(3) 一個群體的規模及所在地幅員越遼闊，其凝聚力越弱。

(4) 一個感性較強的群體，其凝聚力較大，反之若其個體的智性較強，其凝聚力會較弱。

(5) 一個內部結構靠較為單純，即不是由多種族或多宗教組成的

群體，其凝聚力比較大。

(6)　一個群體的個體化趨向越強烈，其內部凝聚力必然越趨薄弱。

(7)　一個群體外在的壓迫力越大，如果其群體本身成員的離心力不大，則其凝聚力越強（如被迫害的猶太人及日本侵略下的中國）。

(8)　一個群體的精英階層及知識界若有強烈的責任感，其所領導的群體的凝聚力越大。

(9)）一個群體如果所進行的文化工程越積極，其凝聚力便越大。

(10)　一個群體內部如果貧富趨向不均，則其凝聚力會轉弱。

(11)　一個群體的成員如果其共同擁有的集體未來感越接近，則其凝聚力越強。

(12)　如果其他條件不變，群體中的個體之間的溝通越頻密，其凝聚力越強。

　　值得注意的是，一個凝聚力強的社會與其排他性或包容性並沒有直接關係，這方面視乎這個群體所接受或主張的意識形態，例如中國的凝聚力相當強，但我們卻是一個包容度很高的文化，反之其他一些國家例如日本，它們或許有大的內部凝聚力，但其排他性卻高。

## 四、中國文化基因與民族凝聚力

　　根據上述分析，西方社會儘管表面強大，卻不是一個凝聚力強的群體，主因當然是其所崇尚的單神教將其社群「碎片化」，因而逐漸溶解其原始的凝聚力（本來西方社會的原始凝聚力亦比不上中國農業社會所賦予的原始凝聚力）。在基督教盛行期間，西方社會尚可依賴宗教作為有效的凝聚工具，但到了世俗化及高度物質化的個體秩序出現後，西方傳統的凝聚力已逐漸消失，只能依賴新的社會黏合工具。

　　即是說，西方表面的優點，即社會契約、民主制度、憲政法治，都是為了重新黏合一個「碎片化」了的社會的工具，所以這些貌似非常理性與優秀的制度，其實只是「亡羊補牢」的設計。從個體化秩序角度看，這些設計當然有其重要價值，但從社會凝聚力的角度，卻未必比得上原有的原始凝聚力（至於這些表面優點可否真正帶來一個真正公義社會則是另外一個議題，這方面我在另一章討論）。

　　那麼單從群體凝聚力角度看，中國具體的優勢在哪裏？這可以從以下幾點分析：

　　第一，中國傳統文化中有強烈的歷史感和歷史意識（例如相對幾乎沒有歷史記錄的印度），國人喜歡稱自己為炎黃子孫、黃帝後裔或「龍的傳人」，這種表達認同種族源頭的心態，並不計較歷史上是否真的有黃帝的存在。又中國人亦稱自己為漢人、唐人，其實都是包含一種歷史認同意識。我們認同中國文化，實際上是認同我們的歷史，認同我們祖先在歷史上的成就。我們津津樂道秦始皇、漢武帝和唐太宗，是因為我們認同他們對中國統一和壯大的貢獻，認同之餘，還震攝於他們的氣魄與力量，為我們帶來光榮感、自豪感，認同這些歷史等於接受我們文化的獨特性。一個歷史感強烈的民族，其民族的凝聚力亦是相對強烈的。與中華民族強烈的歷史感相得益彰的是中國極為豐富的歷史巨著、極其嚴肅的歷史學者（例如司馬遷、班固、司馬光等）。

　　第二，中國傳統文化滲透着濃郁的道德意識，特別是責任意識，而將這種意識付諸實踐以及一代一代薪火相傳下去的是以儒家為主流的「精神群體」，這個精神群體上一代人的風采和風範便成為下一代繼承者的「精神資源」，「江山代有才人出，各領風騷數百年」（趙翼）。我們這個精神群體以「天下為己任」，他們保家衛國的強大意志及勇於承擔的精神，舉世罕見。孔子說「當仁不讓於師」（《論語·衛

靈公》），「志士仁人，毋求生以害人，有殺身以成仁」（同上），「任重而道遠，仁以為己任，不亦重乎，死而後已，不亦遠乎」（《論語·泰伯篇》）；《孟子》的「居天下之廣居，立天下之正位，行天下之大道，得志與民由之」（《孟子·滕文公下》），「志士不忘在溝壑，勇士不忘喪其元」（同上）所宣揚的浩然之氣；范仲淹的「先天下之憂而憂」，這些無私的道德意識，孕育出無數的仁人志士、響噹噹的民族英雄，如岳飛、文天祥、秋瑾、譚嗣同、陳天華、瞿秋白等等，不勝數舉，抗日戰爭中及建立新中國期間犧牲的有名和無名烈士，他們視死如歸，一脈相承將「國家興亡，匹夫有責」（顧炎武）的精神，發揮得淋漓盡致。

面對奸險權貴當道的黑暗政治局面，歷史不少儒者也不退縮，堅持士人的風範，不會「降志以辱身」，膾炙人口的代表人物有明朝的方孝孺，東林黨人的陳蕃、范滂、李膺等，他們「一堂師友，冷風熱血，洗滌乾坤」，他們反對名哲保身，站出來「諷議朝政，裁量人物」，傳承了中國知識分子義無反顧的承擔，還有于謙、王陽明、陳子龍、清朝的胡林翼等都表現出了儒者應有的道德風骨。

第三，我們群體強大的凝聚力還來自我們文字的特徵，沒有西方模式的個體秩序所驅動，我們民族智性方面的發展特別在科技領域的確較為落後，但「失之東隅，收之桑榆」，以群體凝聚力角度而言，我們失在智能的發展卻被濃厚的感性填補。中國文字以象形的方塊單字為本（ideogram-based），形像豐富，音韻鏗鏘，抑揚有緻，分析力當然比不上印歐體系（Indo-European）的以字母表（alphabet-based）為本的文字體系。但有失也有得，中國文字的美感和音樂性舉世無雙，這使有韻文學在中國文學史上獨領風騷，而有韻文學中的詩詞及其衍生的大量對聯、成語及格言，成為我們民族道德行為高度有效的載體，徹底而全面地滲入我們每一代的心靈，成為我們內心世界的無

形資產。舉一些例子，「宜未雨而綢繆，毋臨渴而掘井」，「富貴必從勤苦得，男兒需讀五車書」，「世上無難事，人心自不堅」，「平生不作虧心事，夜半敲門也不驚」，這些都是充滿責任感、道德感的感性語言，其他耳熟能詳的愛國及勵志詩句更不勝枚舉，例如：「人生自古誰無死，留取丹心照汗青」（文天祥），「死去原知萬事空，但悲不與九州同」（陸游），「不要人誇好顏色，只留正氣滿乾坤」（王晃），「功名本是真儒事，君知否」（辛棄疾），「粉骨碎身全不怕，要留清白在人間」（于謙），「橫眉冷對千夫指」（魯迅），「我自橫刀向天笑，去留肝膽兩昆侖」（譚嗣同）。

第四，中國人絕大部分屬於漢族，少數民族雖有幾十種，但所佔人口比例不多。從種族演化角度看，其實漢族是由不同種族經過戰爭、征服、通婚等過程長久磨合而成。早在春秋期間我們已有「華夷之別」，但這些「夷」都逐一在中國「文化大溶爐」（cultural melting pot）中昇華成為「我中有你，你中有我」的一體，所以現代的中華民族本質上是由大農業社會較高的文化體系將周邊的民族逐一吸收融化而形成，但重點不在淵源的細究，而是絕大部分國人毫不猶豫地認同自己是漢族的認同感！

一個群體假如由不同宗教族群組成，它的凝聚力便大有制約，特別是如果這些宗教具有高度「排他性」。中國有幸，我們的主流社會基本上沒有宗教勢力，我們本土的道教是多神教，擁有高度的包容性，後期根植在中國文化土壤的佛教並不排外，基本上不干預政治事務（除了南北朝時代），唐朝的三教合一，更體現我們民族對宗教的寬容。換言之，宗教從來不是破壞我們群體的負面力量，從太平天國主張的「偽基督教」最終敵不過曾國藩、左宗棠、李鴻章等所代表的傳統儒家文化力量，可見一斑。

藉着現代數碼通訊科技，中國成為全球民眾接觸和溝通最頻密的

國家，頻密的溝通對身份認同有很大作用，當然「水能載舟，亦能覆舟」，當民怨累積時，亦可以造成很大的震蕩，但一旦遇到外族欺凌或受到外國不公平待遇，敵愾同仇，我們民族的團結及原始凝聚力，無論是被引發或自發都會發揮得淋漓盡致。

第五，數千年來中國社會特別重視教育，只要教育得宜，教育是社會凝聚力一個重要的推動因素，這個自明的道理，我暫且不討論，留待下一章分析。

一個重要的事實是，西方的優點如智性、制度化等是可以學習、仿效及移植的，但是我們中華文化及民族的凝聚力的重要組成部分是自然及原始的。覆水難收，當西方社會走上徹底個體化的路，回頭已是不可能了！我們可以複製部分西方強大的因素，但西方既不能亦絕對不會向我們學習我們原始的凝聚力，而且這也是學習不了的。所以從長遠角度看，我們是完全有機會比他們強大。但他們卻不會走我們這條通往強大的途徑。明乎此，西方似強但並不如想象中那麼強，我們亦不如想象中那麼柔弱，只要我們策略正確，時間是站在我們這邊的，東方之強歟？抑西方之強歟？到此我們應該心裏有數了。

第四節：
# 「文化資本」及文化政策

　　未來東方之強、中國之強，視乎我們在學習西方之餘，是否可以保存我們珍貴的文化基因及原始群體凝聚力，要做到這兩點，我們所採用的文化政策可從下列方向出發：採用保存原始凝聚力的文化策略；通過文化工程鞏固原有的凝聚力及創造更多的凝聚力；有系統地化解各種破壞我們群體凝聚力的元素；全面採用 NPV 模式，除了文化政策外，我們必須全面思考及採用恰當的宗教政策、少數民族政策、移民政策。

## 一、保存原始凝聚力的文化政策

　　保存我們的原始凝聚力，可考慮採用以下方案：大規模研究與中國原始凝聚力有關的文化基因及案例，使我們更深入明白凝聚力是如何鑄造、提煉的，使我們對這方面的文化遺產有更準確、精闢的認識。將上面這些研究成果抽取大眾易明的部分，廣泛地放進我們的教科書或教育課程內。利用上述主題，設計及舉辦大規模的民間文化活動。大量出版有關的書籍或畫冊，製作有關的視頻、電影或電視劇等，使這些富有民族凝聚力的題材滲入我們的生活和娛樂，變成社會大眾話題，不知不覺間建構集體認同的新文化資產。

## 二、進行新的文化工程以鞏固及創造新的凝聚力

　　歷史上中國的知識分子是鑄造民族凝聚力的載體和先驅，他們之所以有這種承擔，是出於一種無私的責任感。如何向我們下一代注入

高度責任感，便是我們文化工程中一項非常重要的主題，除了可大量
採用歷史人物例子外，亦可取材於現實生活及世界各地的例子作為比
較。比如，我們明白感性是凝聚力的重要元素，而中國文學及文字在
這方面有很大的催化作用，所以提高國人的語言能力及文學水平會是
一項有效的對策。

## 三、系統地化解各種破壞我們群體凝聚力的負面因素

這是一項龐大的工程，它包括兩方面，一是針對及化解社會個體
化趨勢帶來的溶解力，二是針對西方文化鼓吹的意識形態及其渲染的
所謂「普世核心價值」。處理西方鼓吹的價值觀，個人的建議是，我
們有系統地作出全面的智性回應，先以純理性分析辨論，指出它們的
弱點、內部矛盾，及拆穿其口號背後的真相，第二步是「以牙還牙」，
用高水平的宣傳方式還擊它們，第三步是有系統地設計另一套價值
觀，譬如「先義務後權利」等。要做到這些，我們需要投入大量研究
資源，全面和深入認識西方文化思想和歷史，將其內容簡化至易明的
層面，然後再融入我方的文宣「供應鍵」，再精心設計作長期推廣。
換言之，我們必須進行一場持久的「文化戰爭」。（這一系列活動我稱
之為「新時代文化運動」，詳細內容請參閱拙作《「二次啟蒙：重回「道
德高地」及重掌「文化活語權」》）

有關社會走向個體化而衍生溶解群體凝聚力的元素，我們亦要作
大規模的研究及不斷進行社會調查，其中一個辦法是將不同元素及特
徵匯聚一起，通過長期調查結果構建「個體化指教」、「社會凝聚力
指數」，以年齡、地域等要素細分，用間接方法量度兩者隨着時間及
社會環境變遷的改變。另外對這些「溶解性」元素我們要逐一作出針
對性的策略，重點之一是要讓個體明白，無論個體意識何等強烈，個
體主觀上覺得自己何等重要，實質上是需要群體的支援才能夠有所成

就。換言之，要達至個體與群體之間適度的均衡，必須雙管齊下，一方面是宣傳和提升這種認知，另一方面是依賴機制設計，兩者並行才會帶來較理想的成績。

## 四、NPV 模式與文化政策

文化的時界是長遠的，相對來說，市場十分短視。現代社會因為太依賴市場決定供求關係以及生產效率，所以不少有長遠價值的東西都不幸被淘汰。更值得遺憾的是，一般人誤以為被市場所摒棄的東西等同沒有價值。當然我們仍然可以通過一些新的包裝，利用市場以保留一部分舊文化器物（例如我們時下所指的一些「文化產業」），或由政府負責保存一些重要的文物（例如博物館）。

當今及未來對文化產生的大「衝擊波」來自數碼科技及其所衍生的「電子文化」或「數碼文化」。數碼科技對教育、對人類智能、對人際關係的負面影響方興未艾，有關這些容我在下一章詳細討論。這裏舉個例子，電子書取代印刷品、手機取代書店已經出現在我們眼前，不幸的是，新的電子或數碼文化不知不覺間「弱化」我們人類的智能。而新的電子器物通過市場操作，正在淘汰印刷、書籍、書店及圖書館等傳統載體，對我們傳統文化有莫大的衝擊。

NPV 模式在這個領域有重要的逆轉和關鍵功能，其操作方式是，先訂立社會大眾認同的文化價值方向，然後通過特殊性及指定用途票券的派發，製造大量新的購買力，通過市場競爭，保留及活化傳統文化及其原有的產業。

## 五、宗教政策

宗教雖然是一個敏感的問題，但因為牽涉國家前途和福祉，我們是不能迴避的。作為一個智能及知識有限的個體，我對宇宙間的力

量，包括其神祕力量既無知亦好奇，基於此，我主張我們不應持有既定或偏頗的立場。在保持中立的態度下，我認為個人的信仰以及對命運的看法是外人絕不應干預的，這亦符合自由主義的基本精神，凡是完全屬於私人領域（private sphere）的課題，個人是有絕對自由選擇而不需向外界問責或解釋的。

但在公共領域中，有組織的宗教會構成影響社會的政治力量，有派系的宗教本質上是一種意識形態體系，而且比一般意識形態更有凝聚力，因為它涵蓋着主觀信仰、理性包裝、集體規範、公開儀式及權力組織等，一些「排他性」強的單神教更有左右人心和威懾的社會力量，所以對社會既有凝聚作用亦有撕裂作用。

根據較新的統計，國人沒有宗教信仰或接受無神論者約佔74%，佛教徒佔16%，道教與民間信仰者7.6%，基督教（包括各派）2.5%，伊斯蘭教1.5%。中國目前的宗教政策由四個原則組成：實行宗教信仰自由（既保護信教的自由，亦保護不信教的自由）。堅持獨立自主原則（宗教團體和宗教事務不可受外國勢力支配）。積極引導宗教與社會主義社會互相適應。依法管理宗教事務，公民享有宗教信仰自由的權利，但同時必須履行法律規定的義務，即實行政教分離原則，任何人不得利用宗教干預國家政治和教育以及進行非法及犯罪活動。

2018年國務院就中國宗教問題正式發表白皮書，目標是把宗教納入國家治理體系，用法律調節涉及宗教的各種社會關係，以期在「宗教法治化」水平不斷提高下，協助改革開放和社會主義的現代化建設。

以法處理宗教使中國不同的宗教派別發揮其正能量，有其積極的意義，但這個政策主要針對已經擁有宗教信仰的一群，個人更關心的是沒有宗教取向的大多數國人，我關心的是如何建造適當的「防火牆」（fire wall），使大多數人可以避開宗教帶來分裂社群的侵蝕力。

我們應該採取什麼政策以達到理性、公義的標準？我的建議有兩

點，全都立足於理性、理智的角度：

第一，宏揚中國傳統文化的「淺宗教思維」，這個政策並不是針對或攻擊其他的「深宗教思維」的宗教，而是覺得有必要闡明我們幾千年來的文化傳統。中國對宗教的態度主要來自孔子與老子。孔子指出的「未能事人，焉能事鬼」及「未知生，焉知死」，宣示以積極的態度面對人生，而不深究人生以外的世界（「子不語怪力亂神」）。個人的責任是做好本份，秉承祖先的遺志，再傳至下一代，這就是人生的整體意義，不必外求。老子的《道德經》參透宇宙的本質，視之為一個機械化的循環體系，並沒有一個「意志神」或「人格神」指揮全局。這兩種思想的結合構成中華民族主流的宇宙觀及人生觀。後期佛教傳入中國、本土道教興起，所主張的並不是一種排斥其他靈體的單神，而是繪畫一個百花齊放和諧共處、互不排斥的靈性世界。

第二，以理性角度處理宗教，最佳辦法莫如發展「比較宗教學」，以純理智的角度、客觀的思辨，一視同仁地分析各大宗教的基本教義，目的並不是挑戰各宗教的權威性，亦無意干預其所宣揚的靈性或神跡等神祕主義思想，而是使國人特別是年青的一代採取一個中立理性的角度、客觀的標準，審視各類宗教所宣傳的內容，使他們可以通過清晰的思辯而作出理性的選擇。

比較宗教學或比較宗教研究，可以有系統地集中在以下範疇：

一是本體論，對宇宙的來源、演化及基本組織原理的看法，對人類演化、人類秩序以及基本人性的理解。

二是認知論，對人類認知的假設及知識的理解。

三是目的論，所描述或假設宇宙終極的情況、人類最終的歸宿，以及個人得救或得道後的場景及後續情況。

四是得道或救贖技術，其所建議的救贖方法或得道技巧及其所提出的論據，以證明或驗證這些方法的可行性。

可以預期，只要我們深加思索及不厭其詳地追問下去，不少宗教所描述的歸宿都屬於虛無飄渺的境界，最終都可能不會有較肯定或具體的答案。不過比較宗教研究的目的並不是去懷疑或打倒任何宗教，而是讓我們較深入了解各方的假設。歸根到底，宗教是我們靈性體現的渠道和載體，深深蘊藏在不少人的內心世界，人們需要找到的是精神的寄託而不是去研究真理，他們最終選擇皈依某種信仰，或訴諸神跡，亦無可厚非，更不必深究，因為這些都是無法通過理性解釋及辯論而達至的。

因為不同宗教之間存在不可逾越的鴻溝及矛盾，我們更需要大力加強國人對各宗教採取一個理性的態度。這態度由兩點組成：一是包容，既然各家的說法不同，教義有別，各宗教亦不能客觀地說服其他各派，所以包容是唯一合理的態度及選擇。二是公義，就算一個宗教如何自以為是，它也不能超出我們社會接受的公義原則（當然包括守法），我們不能以信仰之名，不能以「行善」為旗幟，干預其他人的信仰。對不符合公義原則的宗教活動、宣傳及行為應該依法制止。

換言之，我們儘量以理服人、依法依理，使有排他性的宗教不能滲進我們下一代的心靈（當然也依法保護他們自身的信仰權益）。

## 六、少數民族政策

中國自古以來是一個多民族政權，新中國成立後，通過中央政府確認的民族共有 56 個，2017 年分佈全國各地的少數民族佔總人口 8.5%。

國家這方面的政策一直以來是包容、和諧及儘量保留彼等的文化特色，所以政策方面，中國一直奉行：民族平等團結；民族區域自治；發展少數民族地區經濟文化事業；大力培養少數民族幹部；發展少數民族科教文藝等事業；使用和發展少數民族語言文字；尊重少數民族風俗習慣；尊重和保護少數民族宗教信仰自由。

　　不過面對外國勢力煽動及支持，或因為貧富不均產生的負面情緒，我們不能不警惕任何分離主義的傾向，過往國家政策稍向少數民族傾斜（例如容許自治，或儘量提供教育機會等），是可以充分理解的，但我們亦不能不密切注視分離主義的發展及徹底處理根源問題。從長治久安的角度，我們必須在當下的目標（由傾斜政策取得的和諧）與長遠可能出現的隱患之間取得平衡。

　　換言之我們應該三管齊下，既要保留少數民族的特色，亦要消除由貧富差距可能帶來的憤怨，同時亦要發揮中國傳統文化包容性的特點，逐步增加彼等對我們文化的認同感及愛護，以達至和諧共榮的效果。最佳的辦法莫如巧妙地採用 NPV 模式：利用 NPV 模式，發行經濟票券，減少少數民族與漢族之間的貧富差距；利用 NPV 模式，發行文化票券，使少數民族對中國傳統文化加深了解及產生更大的歸屬感。

　　如果靈活運用 NPV 模式，估計不單可以杜絕分離主義的傾向，更可以在保存這些少數民族特色之餘，使他們逐漸融入大中華文化。

## 七、移民政策

　　中國對外人移民有既定的政策及規則，受理的外地人士如果在中國直接投資，連續三年投資情況穩定且納稅記錄良好；在中國擔任高職；對國家有重大突出貢獻；是國家特別需要的人才等都優先考慮。整體來說，中國的移民政策是較為嚴謹的，從民族凝聚力角度，這是無可厚非且必須的。

　　我個人在這個方面更趨保守，我建議對其中一些申請者，不妨考慮加上一個文化條件，就是要求他們對中國文化有一定的認識。我亦建議我們絕不可接受因為考慮「人道立場」而放寬移民或入境政策。且看今天的歐洲以及估計未來歐洲可能被回教移民「吞噬」的情況，我們更有必要堅持嚴謹的條件，而文化認知的考核自然是合理和有效的標準。

「人皆可以為堯舜。」

——《孟子・告子章句下》

「未有神仙不讀書。」

——呂洞賓《我說參同契》

「鵝湖山上，扶杖至，明星矗立。
儘高儒，各懷其璧，參商二極。
格物精微方學問，萬川月印同顏色。
恐聖賢，不是卷中來，唯心織！
心與性，誰不惑？理與氣，何由識？
嘆窮經皓首，粗疏如昔！
事業總須由眾做，清談到底收何益？
累蒼生，窗下十年書，寒蛩泣。」

——詞牌：滿江紅

《鵝湖之會（1175 年）：朱熹與陸九淵大辯論》

# 第 四 章

教育

第一節：
# 中國教育今昔

## 一、教育的原始功能

　　不論對群體或個體，教育擁有重要的演化優勢（evolutionary advantage），教育對人類群體的貢獻體現在以下三方面：

　　其一，在動物世界中，下一代的行為基本上由基因即先天本能支配，即使需要學習，都是極有限度或是為了適應某種獨特環境。但人類卻不同，人類後期的演化以文化為主要工具，文化的基本載體為符號系統，人類在演化過程中，其神經網絡與符號系統結合成為接近本能化的有機體，具有幾乎先天性的符號學習能力。但符號系統畢竟是外在性及武斷性的體系，所以每新一代都需要從頭學習，目的是「內在化」這些符號系統及其蘊藏的知識。所以人類對下一代的培育或「社會化」需要長時期的傳授，才可以完成維持社群的基本凝聚力及延續力。

　　其二，由於符號系統的獨特性，個體學習吸收各有異，人類社會逐漸轉化為個體化的秩序，但群體出於本能的自保以及維持演化優勢的需要，必須鞏固其內在的凝聚力以保障其順利操作，所以必須建立一套行為規範（behavioral norm）以防止逐漸個體化的個體行為出軌，因此長時間的教育及集體學習是關鍵的。

　　其三，從人類演化出的未來感及社群感兩者互動後，人類不自覺地創造有集體共識的未來，教育便是其中的重要載體，教育一方面傳

承過往的集體歷史和知識，一方面為創造未來鋪路。對群體甚至人類整體來說，教育是人類由過去通往未來的集體「時光隧道」，它是最重要的社會資本製造機器。

值得注意的是，雖然教育的原始功能是服務群體，但由於個體的先天素質不同、環境有異，加上個人的吸收力和領悟能力有別，個人獨特的個性發展空間便迥然不同。即是說，對教育工作而言，每個學子都有其獨特的個性和可以改造的彈性和空間。所以教育體系無可避免的挑戰是將個體潛能達至「最大化」的發揮，「因材施教」便是針對這彈性的教育方針。

## 二、中國歷史上的德行教育

中國雖然不是一個「尚智社會」，但一直以來崇尚教育，早期教育的重心是道德和人格的培育，以及某種程度的軍事及管治學習，主線是以德為本、以學（即實用知識）為末。西周時期，教育集中在官府，到了東周，諸侯各自為政，教育開始向民間延伸。

「學以修德」是孔子及儒家的基本信念。孔子說的：「弟子入則孝，出則弟，謹而信，泛愛眾，而親仁。行有餘力，則以學文。」（《論語・學而》）子夏說「賢賢易色；事父母能竭其力；事君能致其身；與朋友交，言而有信。雖曰未學，吾必謂之學矣。」（《論語・學而》）德育的重要性可見一斑。當然孔子之所謂學習，除了德行規範外，亦包括所謂六藝，即禮、樂、射、禦、書、數。孔子亦稱自己為好學者，說自己不是「生而知之」，而是「好古，敏以求之者也」（《論語・學而》）。他還表示對學習過程的嚮往，他的「學而時習之，不亦樂乎」更成為傳誦千古，是令人津津樂道的名句。

孔子是偉大的教育家，他之所以偉大是他的教育方針與精神，一方面他竭力推廣平民教育，堅持「有教無類」，把教育從當時貴族

階層壟斷中解放出來，另一方面，他抱着一種完全投入的精神，堅信教育可以改變個人的素質，進而改造社會的素質與管治，他相信除了「上智與下愚不移」外，大多數人都可以通過教育成為君子。他身體力行，孜孜不倦，最大的憂慮是「德之不修，學之不講」（《論語・述而》），後世稱之為「萬世師表」，實在當之無愧。

　　孟子傳承孔子之道，對道德教育同樣重視，他說「人之有道也，飽食、暖衣、逸居而無教，則近於禽獸。」（《孟子・滕文公上》）他又以歷史演化反覆說明教育的目的「夏曰校，殷曰序，周曰庠，學則三代共之，皆所以明人倫也。」（《孟子・滕文公上》）他又說：「善政，民畏之；善教，民愛之。善政得民財，善教得民心。」（《孟子・盡心上》）這說明孟子深切了解教育對社會的影響較政治深遠。

　　荀子對人性及個人修為的看法與孟子不同，但同樣強調學的重要性，《荀子》第一篇是《勸學》，而《勸學》第一句是「君子曰：學不可以已」，足見他對學的重視。就荀子來說，學的內容涵蓋儒家的經典，即《書》、《詩》、《禮》等，但這些只是工具，修德才是終生的事業，學是貫徹此事業，所以沒有終點，「其數則始乎誦經，終乎讀禮；其義則始乎為士，終乎為聖人，真積力久則入，學至乎沒而後止也。故學數有終，若其義則不可須臾捨也，為之人也，捨之禽獸也。」（《荀子・勸學》）

## 三、中國歷代管治教育與士人政府

　　古代中國是一個大農業社會，生產所需的知識含量不算高，相對來說，管治才是較重要的學問。管治的目標是維護社會和諧，使民眾長時期共同投入生產以及接受不同的分配待遇。即是說，群眾道德教育的目的是使社會各階層人士各安其位，進而維持穩定的生產和社會秩序。管治教育是精英統治階層的利器，隨着社會經濟及政治的變

化，教育自然逐漸趨向成為功利主義的管治學問。即是說，就對象是群眾而言，教育是以「尚德」為本，但就管治角度而言，精英們以「尚治」為教育目標，「學而優則仕」最後變成中國士人階層的長期共識，仕途最終與教育掛鈎。

春秋戰國以還，各國爭雄。為了競逐生存必須招攬治國人才，所以教育與管治逐漸濃得化不開，雖然各派之間看法不同，但以德為本教育群眾，利用道德規範作為凝聚民眾的工具，大致上是各門派的共識。當然治國是一門高深學問，各施各法。無論儒、道、法、墨、縱橫家、兵家、雜家無一不宣揚各自的治國藍圖及謀略之道。各國君主禮賢下士一時蔚然成風，從燕昭王高規格接待鄒衍、齊宣王建稷下學宮、蘇秦六國拜相、秦始皇為了爭取韓非子擬攻韓國等例子可見一斑。李斯雖然主張取消及禁止辦私學，甚至後期主張焚書，但仍以「泰山不辭細壤，故能成其大」的道理力諫秦始皇不可排斥「國際人才」，呂不韋的《呂氏春秋》更徵用大量不同政治思想的人才，可見管治學問成了重中之重，政治人才亦是「奇貨可居」。

漢以後歷代王朝的知識界同樣視治國平天下為主要目標，漢武帝獨尊儒術後，設立太學，徵辟異才，貢舉賢良方正，士人地位漸如日中天。歷東漢到魏晉，士族階層及其衍生的「門第」更成為左右朝政的「管治群體」。隋文帝設立科舉制度，唐太宗及武則天發揚光大，將門第取才擴至全國取才。唐太宗直言開科取士，使「天下英雄盡入吾彀中矣」。宋朝重文輕武，科舉制度的重要性進一步凸顯。當然隨着經濟逐步發展，社會不同行業所需的知識含量也增加，但士農工商中，士始終是首選。「一子受皇恩，全家食天祿」，「勞心者治人，勞力者治於人」。幾千年來，在大農業社會的低生產力但相對穩定分配的制約下，士人政府及士大夫始終是主流，不過在統一帝國下，教育亦逐漸淪為八股式的道德和管治教育，將一代代讀書人的精力淘盡，

「皓首窮經」是當時管治教育的最佳寫照。我們空有四大發明、超級絕倫的工藝、揚威四海的鄭和艦隊，卻敵不過八股空文，我們的四大書院，亦只誇誇談心性之學、聖人之言。

## 四、西學及洋務教育

鴉片戰爭震碎了國人千年的迷夢，西方的船堅炮利，使我們感到國家存亡不能再依賴以道德為本的古聖之學。洋務運動後，清廷派遣大量學子去歐美留學，在這個過程中知識界深深感受到傳統教育的不足，明白到富國強兵不單在鋒利的兵器，而必須依賴西學的管治學問、先進的科技和制衡權力的體制。當時前衞的知識分子如張謇已提出「教育救國」，維持了一千三百年的科舉在清末 1905 年最終被廢除了。

隨着科舉的廢除，以功利知識為本及以實用為目標的現代教育興起。洋務運動期間，清廷模仿西方模式開辦學校，其中包括同文館、上海方言館、福建船廠、天津水師學堂等。百日維新時期，朝廷成立京師大學堂。1901 年劉坤一與張之洞提出「興學育才」，改學制、立學堂、仿日本學制。1909 年地方科舉考試停止後，西學逐漸成為學校教育的主要內容，知識教育取代管治及道德教育，女子教育亦獲得解放，留學越洋成為風氣。辛亥革命後，民國政府從借鑒日本轉向借鑒美國，1916 年至 1923 年間，蔡元培革新北大，陶行知在南京高師提倡教學選科制及學分制，張伯苓與嚴修創辦南開大學，1922 年北洋政府頒行「壬戌學制」，標誌現代教育體系在中國的確立，北伐後，美國學制成為主流模式被確定。

新中國成立後，教育改向蘇聯模式發展，由於建國初期國家需要大量技術人才，所以特別加強開辦技術學院。1955 年正式設立高考，這期間亦開展大規模的掃盲運動及知識青年下鄉運動，1966 年文化大

革命對中國教育發展有嚴重挫傷，但改革開放後，1977 年恢復高考，
1998 年後更開始實行大學擴招政策。

## 五、人才素質及現代經濟競爭力

　　時至今天，教育在推動經濟發展的重要性已不容置疑。原因是
現代經濟的競爭已不再是勞動力及廉價勞工的競爭，人力資本構成了
經濟體系的核心競爭力。人力資本一般體現在兩個範疇，一是產品的
研發與創新，這是歐美的競爭模式。另外是生產過程中人力之間的協
作，這是日本經濟奇跡時期體現的模式。無論哪一個模式，現代生產
都是由管理學大師彼得・德魯克（Peter Drucker）所稱的「知識工作者」
所主導。人力資本與資金不同，它的流通性不是完全按照市場均衡原
則操作，資金一般流向較低水平的地域以獲取更大利潤，與之相反，
優秀人才反而匯聚於人才集中地，所以一個地區的教育水平與其吸引
人才的能力成正比。本世紀的經濟強國，其國民教育程度、水平是較
高及同時較平均，教育水平越高、越平均的國家，其整體的人才資源
量較豐富，整體的生產力及競爭力便較強，從這個角度看，中等及高
等教育的重要性便不言而喻了。

　　中國是一個傳統教育大國，無論官方、民間對教育的投資都是非
常重視的。1978 年改革開放後，中國經濟走上正軌並快速起飛，政府
對教育的推動不遺餘力是有目共睹的。亦因為中國教育普及，中國工
人的質量及合作精神（源於傳統德治教育）構成中國短期間晉身為「世
界工廠」的驅動力。當今中國的工程及科技人才之眾，更是舉世無雙。

## 六、中國教育現代化 2035

　　借鏡聯合國 2015 年的「2030 年可持續發展議程」及其教科文組
織的《教育 2030 行動框架》，國務院於 2019 年 2 月公佈《中國教育

現代化 2035》文件，採用「科教興國」及「人才強國」戰略，大力推進教育理念、體系制度、內容方法及教育治理的全面現代化，着重提高教育質量、促進教育公平及優化教育結構，為中國全面建成小康社會鋪路，治理方針聚焦於目前突出的問題和薄弱的環節，戰略地處理十大任務：完善新時代中國特色社會主義思維教育；發展中國特色世界先進水平的優質教育，立德樹人；將各級教育高水平、高質量普及化；實現公共教育服務均等化，提升義務教育均等化水平；構建服務全民的終身學習體系；提升一流人才培養與創新能力；建設高素質專業化創新教育隊伍；加快信息化時代教育改革；開創教育對外開放的新構思；推動教育治理體系和治理能力。

　　這份文件描繪了教育現代化基本原則及概念，目標是：以德為先、全面發展、面向人人、終身學習、因材施教、知行合一、融合發展、共建共享。

　　不過理想歸理想，展望中國教育長遠雖然發展正面，但眼下也存着不少弊端和缺失，耳熟能詳的當然是「應試教育」及其引起的畸形情況，綜合來說，這些弊端包括以下：單以知識為本，教知識不教方法，使學生欠奉思維活力；教育公平缺失，教育資源分配不合理，城鄉及地區學校之間差距很大；辦學受行政束縛，監管制度不善；大學功利化及商業化嚴重，以及大學不成文採用「嚴進寬出」這不合理的管理模式；科學教育缺失科學精神；缺乏全面的理想主義教育（只代以愛國主義教育）；缺乏系統性的基礎哲學教育（只有馬克思政治經濟教育）；缺乏審美教育。

　　從以上所列舉的弊端，可以想象到中國教育的現實與理想之間的鴻溝仍然相當寬廣。那 2035 教育藍圖如何落實而不流於一紙空文？

　　有幸的是，中國決策者最近出台的「雙減」政策，即減輕義務教育階段學生作業負擔和校外培訓負擔，目標在源頭治理目前教育界的

不合理現象，充分發揮學校「主陣地」作用，讓學生學習回歸校園，減輕考試壓力，完善質量評估，消除學科類校外培訓的各種亂象，以及減輕家庭教育盲支出和家長相應的精力負擔。從教育機會平等及公義角度，這政策無疑非常有針對性和具有革命意義，是教育改革關鍵的一步，但亦只屬於制度改革領域；如何進一步積極提升教育質量，使不同水平的學子都能夠受益，則尚有一大段要走的路。

第二節：
# 現代教育的失誤

## 一、教育演化出現的矛盾

　　上一節我分析了教育的原始功能，簡單地說，在人類演化過程中，符號系統結合了神經系統孕育出接近本能化的認知及語言能力，使人類作為生物群體取得極大的演化優勢，使社會走上個體化之路，由純適應環境到改造環境。當個體潛在的智能獲得全面釋放，通過文化的創造，物質文明便成為人類的標誌，在這個過程中系統化教育的出現大大加速個體化過程，這與教育為群體服務的原始功能相得益彰。

　　但另一方面，由於社會秩序趨向個體化及自我化，群體的內在凝聚力自然逐漸下降，所以教育的另一功能便是如何保證個體不逾越群體的規範。但當個體秩序愈來愈成熟，為了發揮個體最高效能，教育體系自然增加對其投資及提升其質量。亦因為此，自我化了的個體自然要求群體減少對彼等的約束。到了這個階段，教育若不能有效地維持其凝聚群體功能，社會便無可避免走向「碎片化」，這與教育的原始目標和功能背道而馳。這是教育在發展過程中最意想不到的矛盾，而這個矛盾充分體現在現代教育的失誤。

## 二、教育目標的懸念

　　隨着環境變化，特別是當個體化秩序成熟及社會物質趨向豐盛，

教育的總目標及個別次目標中的相對比重亦隨之而變化。從理想主義角度看，我們冀望現代教育能夠達至四大目標。

(1) 技能教育，使個體在生產中有更多貢獻或成就；

(2) 智能教育，使個體明辨事非，有能力掌握事物的真相，對宇宙、人類、社會的規律有較全面的認識；

(3) 完人教育（包括道德教育），達至個人「人格的完成」，這包括審美及藝術能力的增長、體魂的維持、生活的管理以及精神境界的提升等；

(4) 群體教育　，明白社會公義的道理及個體在群體中應盡的責任，協助創造和諧社會，並必要時為群體作出無私的奉獻。

令人遺憾的是，上面四大目標，就現代教育而言，除了技能教育外，其他幾乎可以說是落空了。不過見仁見智，不少近代西方思想界人士，特別是主流的自由主義擁戴者仍然認為，既然個體是社會終極價值的來源，個體的喜好和價值便是終極價值。完人教育及群體教育都是較落後的保守思想，是統治者愚民的工具而已，現在個體獲得真正解放。引致經濟繁榮，技能教育及創新力才是現代經濟社會的真正基礎，亦是現代化的涵意。至於智能教育亦只是理想主義的產物，最終推動整體經濟繁榮的還是科學技術和知識技能，亦即是專業知識，而不是「誇誇其談」的哲學討論。

## 三、對現代教育的表層批判

### （一）「高投入低產出」的現代教育

雖然不少人將本世代的經濟進步繁榮歸功於教育，但較有批判力的教育學家卻指出，就算純以功利層面看，全球教育並不如我們表面看到或想象中那麼成功，真正培育人才的基地其實是企業及企業之間的市場競爭而不是學校！這裏我們可以採用經濟學的「投入產出模式」

作為分析架構。

　　在投入方面，全球教育系統不斷膨脹，在不少國家及家庭，教育都是一項大支出，在一些國家，教育支出佔公共開支或政府財政20%，原因是教育成本不斷上升，特別是高等教育這一環。但相對高投入，教育卻是一個低效率和低產出的體系，令人更沮喪的是畢業生的市場價值或回報一直不升只跌。

　　且不說市場回報的趨勢，單以學習成績而言，學生的質量亦沒有明顯上升，例如在傲視全球科技的美國，其中等教育的表現更不堪入目。整體而言以其產出質量的低劣，簡直無法令人相信現代教育是一個成功的體系，難怪一些較尖銳的教育評論家描述現代教育為「強迫性的誤導教育」（compulsory mis-education）（參閱保羅‧古德曼〔Paul Goodman〕，1964）。

### （二）現代教育缺失的表層原因

　　教育這個「高投入低產出」的現象，可歸咎於以下原因：

　　第一，教育體系官僚化，教育在絕大部分國家是公營部門，公營部門的一般特徵是官僚化、程序化、標準化及低效率。教育的主旨本是培育學生獨立思考及創新能力，然而，一個官僚化的體系本身肯定蘊藏不少反創新的保守元素，上行下效，我們如何期望這個系統可以培育出有高創新力的產出？

　　第二，現代教育的主要目標是為社會和企業培養未來技術人才，以配合企業爭取利潤「最大化」及社會經濟增長，換言之教育是為了提升學員的可僱用條件（employability），以期畢業後可為企業增加生產力。由嚴格規範的學歷階梯到統一課程到公開考試，現代教育體系的設計可說是為企業及經濟發展服務，為了配合這個目標，現代教育除了傳遞技能外，亦是一部標準化的篩選機器，這與真正培養高智能

的人才有頗大的距離。

第三，較為諷刺性是，教育體系培養及篩選出來的尖子罕有回流到教育體系從事教育工作，無獨有偶地，他們絕大部分選擇金融或其他高科技等高薪行業。現代教育體系沒法挽回自己產出的精英，如此延續下去，留在教育體系的骨幹人物的水平自然每況愈下，亦恐怕是創新力較低的一群。

第四，除了為企業服務外，為了顯示它的公義性及客觀性，現代教育演化成為一個標準化的篩選機器，統一課程內容、考試制度及模式（例如採用多項選擇題），後果是全面打壓學子先天的好奇心以及追求知識的理想和其他學習目標，簡單來說，這就是「應試教育」的弊端。在這個大前提下，學生們只重視盲目記憶和應試技巧。諷刺地說，我們的現代教育與古時的科舉制度本質無異，只是一種「偽客觀」的「新科舉制度」而已。

第五，在數碼科技全面流行之前，儘管科技進步，大部分教育體系仍滯留於「原始」的生產模式，幾乎沒有採用新科技帶來的優點。不過話說回來，這個情況亦極具爭議性，原因是數碼科技對教育及人類認知能力的削弱可能更為嚴重。這一點，我將在下一節再談。

## 四、現代教育四宗罪之一 ──「反智」

歷史與我們開了一個大玩笑，教育本意之一是提升人類智能，但現代教育竟然反智，這裏指的智，是廣義的智，而不是狹義的純工具性或功利性的智（不過如上面分析，單就功利性角度而言，現代教育因為高投入低產出亦算不上是成功）。在分析為何現代教育是反智前，我先解釋什麼是廣義的「智」或智能。

概括地說，智能包涵以下各維度：

(1) 批判力，不會人云亦云，有充分能力指出每一個立場或命題背後的假設，並加以客觀分析及評論；

(2) 綜合力，將不同知識組合成一整體，使新學到的與本來的知識體系融匯，並了解新知識在體系中的位置、重要性及優先性；

(3) 充分了解人類認知的特徵，包括其能量及陷阱，以及採用不同「思維捷徑」所付出的代價；

(4) 了解不同類型知識的本質和結構以及掌握不同的思辯工具、推理工具、驗証工具；

(5) 開放開明的態度，抗拒先入為主，謹慎處理所謂「不辯自明」（self-evident）的命題，敢於接受新的觀念，勇於接受理性的批判，願意抗拒權威，並於必要時摒棄先入為主的看法與立場；

(6) 創新力和創造力。

簡單說，智能培育包括如何發揮我們原始認知能力之長處，避開其流弊，有系統地通過合適的「知識獲取機制」（knowledge acquisition device，KAD），逐步掌握知識的深層結構，再不斷擴大和改良，驗證我們對外在世界的理解。

嚴格來說這裏牽涉三個維度或層面，上層是對認知主體（cognizing subject）特徵的了解，另一個維度是對知識對象（epistemic object）的結構及重點的認識，中間是一般的知識及信息。整體認知重點和策略是，如果我們要理性地處理出現在我們身邊海量的知識和信息，必須先對認知主體及認知對象有基礎性的掌握，不然將被淹沒在碎片化的知識及汪洋中的信息裏。

必須明白，現代的所謂「專業」其實有利有弊，利是專業知識累積了前人的經驗使我們不必從頭開始，但其權威性亦隱藏不同程度的

封閉性元素，一些情況下，高度專業的科目其封閉性可能越強，所以我們在接受權威之餘，亦要保持一份清醒。

現代功利教育受表面客觀但其實非常狹隘的實證主義（positivism）及實證主義哲學（positivist philosophy）所支配，把課程範圍收窄在上述的中層知識世界，將知識及學習內容標準化或「罐裝化」，並默認一種絕對權威的態度，否定懷疑及批判精神，不接受不同意見或方法。這種狹隘的偽客觀性（pseudo-objectivity）與我們上面所指出的廣義智性大相逕庭甚至背道而馳。

在通過符號系統擴張導致其認知能力成長的過程中，由於認知活動所耗的能量大，為了節省大腦的能源及提速反應力，人類演化了一系列的認知捷徑、直線推理、模式辨認、比喻思維、典範思維等這些表面看似粗疏的思考工具，但某種程度在有效節能及粗疏思維之間取得平衡，所以我們必須清晰了解這些認知捷徑的優點和缺點，防止陷入當中。很可惜，現代的功利教育漠視這些高層面的認知特徵，只是橫向地在中間層面重重疊疊地建立一套形式化了的「罐裝式知識」（canned knowledge），迫使學子大量記憶及應試。

在個人成長過程中，因為先入為主，早期所學的知識傾向主導後期發展的途徑（path dependency），加上時窗（time window）現象支配，即學錯了的不會輕易還原，而且會形成一個的根深蒂固系統，逐步支配我們對新事物、新環境的詮釋。這種固步自封的情況，往往隨着我們年紀增長及生理變化而深化。普遍的現象是，年紀較大時比年輕時固執，眼前明明鐵証如山，不少人仍自以為是，堅守陳腔濫調，在認知學上，我們稱這個現象為認知凝固（cognitive fixation）。悲夫！

此外，不少人上了年紀，由於留戀過往的成果，對過往沿用的認知工具及思維方式深信不疑，甚至罔顧現實堅持下去。又或因為個人言論在社會已建立某種形象，為了保持一貫性，便不分皂白，不管

自己的立場是否已過時或只是片面，都會無條件執着下去。經濟學者稱這種現象為「舊有投資量大至不可能放棄或銷賬」（"too much invested to quit"），從另一個角度看，認知能力屈服於情緒、性格及歷史，又多一重証明。

上面指出的生理、心理及社會因素結合，導致不少人年長後，逐步走上保守和封閉之路。本來教育目的之一是去抗衡這發展趨勢，可惜反智的現代教育，只會雪上加霜地加深其嚴重性。

更大的危機是，當社會瀰漫着不同的意識形態，大眾沒有能力抗拒或客觀地分析其相對的優劣、利害，或透視其背後隱藏的不可告人的目的。沒有合適的批判工具，受制於先入為主，傾向受情緒擺佈，現代教育所培訓出來的個體，不論是專業人士還是管理階層的精英都顯得軟弱無力。他們的專業知識及背後嚴謹的科學邏輯，相對他們對意識形態深信不疑那種幼稚與無知的落差，幾乎令人不敢相信，甚至可說是「精神分裂」的典範體現。不過如上述分析，這種現象也不值得奇怪，所謂專業人士已經習慣接受權威支配，他們受其他意識形態的擺佈，亦只反映他們慣性對權威的服從而已。

## 五、現代教育四宗罪之二──反群

現代教育以個人為主體，以個人福祉、自由、尊嚴為中心和目標。背後的假設是個體化的秩序與生俱來，群體的存在不外為個體服務而已，不論家庭、親屬、朋友，甚至團體社區、政府和國家，最後都以個人利益為依歸。群體的權力亦必須受到限制，以不能妨礙個人自由為準則。

個體與群體的關係本來異常密切，但個人主義者卻「忘恩負義」地無視這一事實，正如我上文分析，個體與群體之間存在大矛盾，「順得哥情失嫂意」，化解方法是尋找雙方共贏的平衡點。從個這角度

看，教育的功能實在是十分關鍵，應該包括：

(1)　責任教育，但現代社會只談個人權利，避談義務及責任，現代教育更罕有強調權利與責任之間有對稱的必要；

(2)　平等觀教育，個人主義的教育觀本應視個體之間為對等關係，而不是一面倒的視他人為滿足自我的工具。個人主義的「初心」本是視每一個體都擁有同等的價值及尊嚴，但因為要服務企業及資本家，現代教育罕有培養這種基本情操，沒有提醒個體對其他人作出應有的尊重，反而從個人利益出發，鼓勵一種你輸我贏的「零和遊戲」，及「你虞我詐」的競爭思維，為了目的不擇手段；

(3)　紀律及克己，在以競爭為主線、以贏輸為標準的前提下，現代教育沒有要求學子們重視個人紀律及培養克己的行為，甚至縱容自私自戀；

(4)　團隊教育，這本來是現代教育的重要一環，雖然沒有完全被忽視，但可惜這種團體精神在現代教育鼓勵個體之間競爭的思維下不受重視。

本來，群體是個體的「孵化器」，個體化是群體力量擴張的驅動力，兩者若然相輔相成，可使人類取得無比的演化優勢。所以教育的目標本應是使兩者平衡發展而產生協作效應。令人費解的是，現代社會分工越趨精細，對生產合作要求越高，加上數碼化科技使人與人之間的溝通和聯繫更上一層樓，所以不論出於工作和社交需要，我們實際比以前更依賴藏在不同群體中及個體身上的知識及信息，但是我們的教育體系以及夜郎自大的個體卻漠視我們愈來愈依賴社會群體這個事實，而視個體是一切價值之泉源，一切功勞及榮耀都應該歸於我們這些「個體上帝」，目空一切，莫過於此！

## 六、現代教育的四宗罪之三 —— 反慧

　　現代教育既然出發點是就業，是生產，是經濟增值及物質創造，是為企業打造「人才」，為個體創造上進機會，所以除了有宗教背景或受高度意識形態支配的學校外，現代教育絕口不提個人修為及靈性是意料中事。別說靈性，甚至多元化興趣的培育也往往被應試教育淹沒。

　　這樣一來，現代個體的心靈自然被淘空，事實上大多數人追求的無非是社會大眾認同的潮流而已。無論生產或消費，經濟活動已佔據現代人大部分的時間，加上手機及互聯網普及，我們剩餘下來的有限時光都在海量的信息流連中渡過，都被膚淺無聊及無止境的社交媒體所消磨。換言之，我們基本上是「隨網逐流」，被商業社會及其企業家創造的所謂潮流牽着鼻子走，沒法安靜下來思考人生的價值和意義。諷刺的是我們的經濟活動推動了潮流化，我們亦同時被潮流所吞噬！現代教育對這些現象不只袖手旁觀，而且助紂為虐。

　　「智慧」超越智能，「慧」出自佛家，是指人生自我修為的成果，代表我們的精神資源或「精神資本」的孕育與提升。「慧」不單指狹義的宗教信仰所產生的靈性資源，而是從個人生活體驗昇華、反思、沉澱後對生命、社會、歷史、環境及人際關係取得較成熟的感悟。這個精神資本壯大我們的心理，優化我們的素質，使我們明了人在宇宙及社會中的位置，使我們更容易掌握是非輕重、優先次序，以加強我們應付逆境的能力。

　　「精神資本」除了來自我們不斷反思生活經驗，亦來自歷史文化、偉人生平事跡給我們的啟示，某種程度亦源自我們後天對藝術和文學審美能力的培養。這些精神資本，基本上都不出現在現代功利教育之範疇，甚至可以說是被功利社會扼殺，奈何！

## 七、現代教育四宗罪之四 —— 偽個體化

　　現代教育配合個體化秩序的建立，利用個體化的能量為人類發展帶來更大的優勢，所以現代教育處處維護個體及以個體為中心的秩序是可以理解的。不過令人遺憾的是，現代教育除了在非常狹義的功利層面有所表現外，其他環節都交上白卷，甚至顛覆智能、慧能、群體等人類福祉的重要目標。

　　令人更意想不到的是，現代教育所培育的個體並不是我們所期望見到的有獨特個性，有個人思想、性格、價值觀、人生觀、品味或識見的自主個體，相反我們看到的都是千篇一律的「同質化」單元而已。

　　被市場、企業及科技發展牽着走的現代教育，所培養出來的是追求極大化收入、利益或權力的個體。「十年寒窗下」，一紙文憑只是為了博取高學歷、高學位及其帶來的高薪厚祿，「皓首窮經」為的是爭取進入金融業、高科技這些現代市場最眷戀的行業，所有學子都無意識地向這個「金字塔式」的事業途徑上爬，現代教育所投入的資源最後換來的是無數「失望者」和「失敗者」。

　　不單人生價值變成「同質化」，學子們的思維及思考水平也變得同質化，一個反智的教育制度，不可能培養出高水平的產出，除了在本身狹隘的專業範圍有較卓越的表現，絕大多數人都沒法冷靜和客觀地反省及批判社會上不同的觀點與聲音，絕大部分人都是隨波逐流、人云亦云地接受社會上各種不同類型但本質上都是反智的意識形態。

　　撇開價值及智性這個較高層次的維度，即使在品味層面，當代人也傾向高度「同質化」。如以上分析，大眾已失去了獨立的空間或有充足的時間去培養適合個人潛質和性格的生活品味。通訊科技空前發達，廣告及市場的滲透力無處不在，我們無法不跟上潮流及追逐「名牌」以避開別人向我們投射歧視的眼光。市場價值主導了我們對事物評審的標準，迎合市場是我們「唯一」理性的選擇，「潮流」的品味變

成我們各人的品味。

　　當我們的思想、價值觀與品味都變成同質化，那麼我們所歌頌的個體化秩序與一些人所「鄙視」的集體化秩序有何分別？唯一的分別恐怕是我們只是下意識地及自願地接受新的集體化擺佈，但仍以為生活在一個真正個體化的秩序裏而已。

## 八、世紀大幻象

　　現代教育不單達不到應有的目的，而且具有顛覆性的後果。除了消耗大量社會資源外，還製造大量失敗者。與其他市場經濟的產品必須由買家認同其品質比較，現代教育本身既沒有自我監控質量的能力，還硬生生強迫社會接受其濫竽充數的產出。但奇怪的是，大多數人竟然無動於衷，他們所持的論證是，只要教育促進社會經濟繁榮，可以刺激社會人士的上進心及掌握專門知識和能力，教育已經達到他們的要求了。

　　但問題仍是，以後者這狹隘的目標而言，現代教育的功勞到底有多大？我的看法是，它只是將社會其他驅動因素的功勞全歸己有。換言之，教育成功是個大幻象。

　　這個大幻覺是由四個因素形成。第一，不少人真正的技能是畢業後被競爭激烈的市場及企業磨煉出來的，企業為了競爭，自然對其所僱用的人才加以培訓、規範，強迫他們利用處境學習。市場是個優勝劣敗的平台，是汰弱留強的機制，所以真的「英雄」是企業及市場而不是教育本身，教育只是提供基礎性的門檻知識而已，真正使畢業生脫胎換骨的是市場與企業之間的互動，是它們掩蓋了現代教育的低水平及低效率而已。

　　第二，除了受市場及企業鞭策外，個體生產力的改善亦受惠於一日千里的科技進步。基礎教育當然是必須的，但現代生產力的提升離

不開我們身邊無數的硬件和軟件。換言之，社會只要有少數有才華的
人在尖端領域推動科研及將其研究成果變成可用的機器後，社會的進
步及繁榮就無可阻擋，其他絕大部分平庸的人在這光環的掩護下，似
乎都變得好像擁有同等的能量，而現代教育當然積極參與邀功。

　　第三，人類科技知識進步及技術創新，建基於集體性的知識累
積機制。千百年來，這些集體性機制聚焦在教會、大學、書院、政府
或民間團體等，一代一代相傳及跨地區傳播出去，教育體系就是將這
些精華轉化為學習課程。從這個角度看，教育表面功勞甚大，但它其
實只是扮演中介角色，教育辦得好與否，這些知識都會通過這些集體
性機制延續和傳遞下去。我這樣說，並不是否定教育功能，而是強調
現代教育並沒有扮演一個優秀的角色，真正的知識創造及貢獻者只屬
於極少數的尖端人才，而這些人才中不少不是通過正規教育培育出來
的，甚至可以說，正規教育的規範化和教條化，其實扼殺不少這些潛
在人才。

　　第四，人類的各項成就，包括經濟增長及物質改善，教育當然
擔任最基層的知識傳遞功能，但在不同文化氛圍及制度下，不同社會
的經濟表現可以有很大的差異，在一個激勵個人上進的制度下，就算
其教育體系的表現不太優秀，也可以使個體盡情發揮。另一方面，在
一個個體之間信任不足或合作困難的制度或文化下，就算教育如何優
良，其整體經濟的表現亦會有大障礙。換言之，現代教育對社會經濟
發展成績的邀功，是漠視了社會、制度、文化、群體或政府政策的貢
獻。事實上，就短中期而言，改變人類行為的是「機制設計」而不是
教育。

第三節：
# 數碼科技對人類智能的負面影響

## 一、當機器取代人力資本，教育功能何在？

　　雪上加霜，數碼科技的來臨，不單沒有改善現代教育，反而帶來深遠的負面影響。不少人認為，互聯網、電子教科書、線上課程等數碼工具組成的電子網絡教育，會如及時雨般將教育帶進科技化紀元，既可減低成本，更可增加大眾接受平等教育的機會，使在職者可以利用工餘時取得較高學歷，換言之一個新的教育黃金時代似乎來臨了。

　　暫且不說電子化及網絡化對智能的影響（這我留待下面分析）。如我在第一章指出，人工智能的出現及未來大規模的應用將使大量人力資源邊緣化。學而無工，學而無用，將會在未來二三十年間衝擊全球經濟社會，學歷高低者都將無一倖免。面對這個發展，我們不難想象教育將會面對的困境。社會一方面有責任給予公民基本教育，或者是較佳的高等教育，另一方面，畢業生將無法就業，十年寒窗下的期望通通落空，這種預期與現實之間的大落差對未來社會的衝擊實在難以想象。到了這田地，明知學子沒有前途，政府及社會是否會若無其事繼續義無反顧地培育下一代？到了那時候，社會經濟因為內需欠缺而陷於低迷，政府到底還可以有多少稅收及財政能力去承擔目前水平的教育？這殘酷的抉擇，將使未來教育政策進退失據。

## 二、數碼科技及「數碼人」

1996 年我在中國社會科學院研究生院的演講《信息科技是人類發展歧途》，分析了信息科技對人類的負面影響，我在本書不同章節亦已分析數碼科技對人類的衝擊。簡單而言，數碼科技催生了「數碼人」（the digital man）。在分析何謂數碼人之前，我先列出「數碼人」在三個不同階段出現的模式及特徵。

第一階段是「網絡人」，指的是在互聯網出現後個體的認知的變化。有了互聯網，我們可以任何時刻搜索及下載所需的信息，這樣一來我們便不必刻意記憶有用或有價值的東西。其次是互聯網不單可以傳遞文字，舉凡其他符號系統，例如聲音和影像都可以還原到數碼形式再統一傳遞。圖像及視頻的傳送催生了一個全面的視覺時代，但文字本身可以刺激我們無限的想象力，當文字被大量圖像取代，我們想象力可發揮的空間自然減少。

當記憶及想象功能減少後，我們大腦的內存及操作固然可以大大減低，但同時亦削弱了我們「知識內在化」的能力，須知我們對外在世界的認知和反應，其實很大程度依賴我們「內在化」了的知識。

我們內在的「分析和詮釋架構」需要長時間培育，才可累積大量有用的工具及有系統地貯存海量的知識。互聯網能夠提供實時信息當然可貴，但卻偏於碎片化及表面化，如果我們大腦內的內存、組織力及分析架構不足，我們吸收新的信息往往流於浮光掠影甚至有偏差。信息來得容易，我們亦往往會忽略它的價值，罕作反覆或有深度的鑽研。當然不是每人都犯同樣毛病，但這結構性的陷阱對我們人類整體認知的深度的確有很大的負面影響。

第二階段是由流動通訊網絡產生的「手機人」，智能手機給我們的方便不言而喻，但方便的背後卻改變了我們的生活習慣。「機不離

手」是現代「數碼人」的基本特徵，另外社交媒體的出現亦改變我們社會關係的安排，即時聯繫使我們習慣了即時反應。一機在手，填滿我們生活的空檔及零碎時間，但這優點的背後，卻掩蓋了我們逐漸形成對手機的心理依賴，隨時在社交網上找別人聊天，或尋找娛樂節目、參與集體遊戲，或無意識地瀏覽不同網站，使我們變成一個任性及耽於娛樂的消費者，又因為我們感覺要實時回應群組圈子互相傳遞的信息，容易養成不假思索的直覺回應。換言之，手機使我們趨於情緒化、直覺化及當下化，使我們變得更衝動、自我中心。

如果說網絡化不斷在弱化我們的認知能力，那麼手機化在削弱我們控制情緒的能力，使我們回到童年般那種任性心態。

第三階段是人工智能化，未來的「AI 人」，估計會變本加厲，不單智能上更依賴人工智能的分析力及判斷力，在生活上及感知上也逐漸依賴它所建議的安排。再進一階段，當人工智能硬件（例如晶片）鑲嵌入人的大腦，我們可能會變得異常聰明，對世界事物有較全面及深入的掌握，但情緒及感知上，我們可能失去了獨立自主。這些「人機混合體」未來實際發展情況如何，我真的不好作預測了。

## 三、信息爆炸與「後真相」時代的來臨

上文討論過，人作為生物體，其體能與腦力資源畢竟有限，符號系統的出現，一方面擴闊我們對外在環境的了解。另一方面亦通過認知操作，有效地篩選信息以達至節省腦力能源，協助我們高效地處理生活及其他事務，上文所提及的認知捷徑便應運而生，不少表面看來較粗疏的思維方式，其實在不知不覺間經已「優化」了不同的制約然後達致適度的選擇。

在一個較靜態的環境，這些捷徑的主動權操在個體手中，所以整體來說是相當有效的。但隨着經濟起飛、社會發展提速，信息通過互

聯網大幅繁殖及主動找上門來。面對海量的信息，如何在沙堆裏找黃金，如何分辨噪音和天籟，成為我們必須正視的問題。我們沿用的認知捷徑和策略明顯不足以理性地應付這突然襲來的信息大浪潮。

應對辦法一般有三，一是採取「認知投降主義」，接受我們無法處理「信息爆炸」，接受我們無法得知真相或難以分辨是非，這個策略相等於接受「知識相對主義」（epistemic relativism），即放棄分辨事情真偽，來之安之。其二是以不變應萬變，將自己認同的知識及思維轉化為一個通用的詮釋系統（general-purpose interpretive framework），將所有事物，不論新舊，都自圓其說，甚至不惜扭曲事實以維持本來的信念。三是「封關鎖己」，例如只接受同聲同氣的社交或政治族群的聲音。上述的情況促成了所謂「後真相時代」，真相在現代社會已漸漸變得不重要，除了我們再不容易找出真相外，真相已經大幅貶值，甚至比不上個人的主觀信念，如此延伸，追求真相及真理似乎已經不合時宜了，無論是哪一種情況，我們恐怕已踏入反智時代了！

## 四、時間扭曲對人性的衝擊

時間在我們生活中有極大的重要性及意義，不過研究時間的思想家（例如史蒂芬・霍金〔Stephen Hawking〕、Henri Bergs、J.M.E. McTaggart）多集中在物理學與天文學範疇，在哲學範疇，兩千多年來研究時間的思想家意見分歧很大，在人類演化角度及社會層面，更少有學者深入研究「時間集體化」、「時間技術化」、「時間商品化」、「時間金錢化」等觀念及其對人類生活的改變與影響。

假如我們同意認知能力的提升是「智」的來源，那麼妥善處理或管理時間可說是人類「慧」的來源。且不說「未來感」是人類演化的原始驅動力，在個體世界中，時間是生命重要的「養份」，它向我們

提供成長的空間及成熟的資源，它治療我們的身心，給我們反思和反省的機會，是我們靈修的元素，是使我們內心安逸的靈藥，「事有其時，物有其事」，它孕育我們的恆心和耐力，使我們學會等待，學習順時而行，它給機會糾正我們的錯誤，使我們不斷提升自己的境界，豐富我們的生命。

不過當時間商業化及金錢化後，當生活步伐不斷加速，當經濟生產擴大，當金融體系日以繼夜運作，當地球變成小村落，當數碼科技使信息排山倒海地襲來，當我們要實時回應客戶、合作者、朋友、群組，當我們要在金融市場當機立斷，當我們的借貸要按時付息，當項目要準時完成，我們哪裏還有空餘的時間去思考、冥想、治療、感悟？

值得我們進一步反思的是，當「智」在現代社會被「量化」，轉為以反應速度或辦事效率和成績作為衡量標準，真正的「智」便無從出現，原因是「智」是需要不斷思考、反覆評估、多方論證，「零時間」的世界哪裏有機會孕育真正的大智？數碼科技的高速運行可以產生不少犀利、實用甚至理論性的知識，但深層、高度及綜合性的智能仍需要「慢火煎魚」般培養出來。從這個角度看，改變人類時間觀的數碼科技不單扼殺了靈性的培育和慧性的發展，亦扼殺了高水平的智能。誇張一點說，儘管數碼科技為人類帶來千般的方便，它卻徹底地傷害了人類理性管理時間的能力以及真正管理知識和信息的能力。

當這兩種最基本的功能都被嚴重削弱後，數碼科技帶來的方便或物質的享受是否足以補償我們的損失，我們所付出的代價是否真的物有所值？

## 五、數碼人的本質與現代教育的無助

上文指出數碼人發展的幾個階段，即由「網絡人」到「手機人」

到「AI 人」或「人機混合人」，我採用「數碼人」這個概念有兩重作用，一是作為階段劃分的工具，另外亦指其特徵與數碼科技的基礎互相吻合。數碼的操作模式是將所有世間現象還原到 0 及 1 這兩個基本數值。異常有趣地，「數碼人」也有這「兩極化」特徵。一是數碼人將我與「非我」劃分為兩個鮮明和兩極的世界，即個體與個體之外是兩個截然不同的世界；一是數碼人的思維特徵是堅持黑白分明，不容許有灰色的中間地帶，不接受妥協、中庸。

在方法學角度看，數碼化是採用還原操作原理，將複雜世界平面化、簡易化，同樣地數碼人是沒有時間維度和歷史維度的平面人。

上面的詮釋，當然有巧合及武斷成分。姑勿論其武斷程度，面對數碼科技帶來的網絡化、手機化，及人工智能化對人類處理信息及時間的負面衝擊，現代教育不單無力應付，甚至可說是助紂為虐。因為教育界為了配合這個方面的發展，不假思索地大量引進數碼科技，例如網上教育、電子書等工具或媒體，縱然部分教育家對電子教育有較悲觀的看法，但也只能袖手旁觀。

第四節：
# 人腦智能與機器智能比較

## 一、教育的末日？

　　由於機器智能將取代人腦智能，所以教育體系未來培育出來的人才將無用武之地，我們將面對的困局是，教育體系一直作為培育人才及生產知識的角色會不會仍有積極的意義及功能？如果教育功能被邊緣化，那麼縱使我們如何努力改善教育的質量，教育亦將因為「武功被廢」而不再重要了！

　　在人工智能的領域內，我們常常碰到「奇點」（Singularity）概念，「奇點」指一個理論上的臨界點，即到了這一階段，機器智能將全面超越人腦智能。就算在目前，我們已深深體會到，計算速度、精準度、系統性或預測力等，人工智能在不少領域早已經超越了人腦智能。關鍵問題是，在認知世界裏我們是否仍可保留一些優越的空間，果是這樣，「奇點」便理論上不存在，延伸下來的話，未來的教育仍然可以保留重要和積極的意義。當然實際發展情況會是，人腦智能與人工智能在一段長時間內互相協作，只不過人腦智能角色是否逐漸減弱到有一天人工智能變成完全主導。

## 二、胡氏知識階梯論 —— 人工智能與人腦智能比較

　　簡單的答案是，人腦智能是不會完全被人工智能取代的。我以下採用「知識階梯」架構作為分析工具，作為比較人腦智能與機器智能

的區別。

胡氏知識階梯論（Woo's Theory of Epistemic Ladder）包含以下七個層面：

第一個層面，「關連模式」及優化。

這是人工智能最強的一層，相對來說也是人腦智能較弱的一環，可分兩個領域說明，一是功利領域，一是學術領域。在功利領域方面，人工智能的主要工具是偵察及比較事物之間的關連性、優化選擇。關連的發現和比較。最主要的「原料及養分」來自「大數據」。通過超級計算速度，從海量數據中發掘及篩選其中有關連的模式，再利用統計學方法作為預測具體情況的工具。計算以超級速度運行，信息又可以幾乎無限地擺放在雲端並實時取用，所以其對具體事物的預測有相當精確的統計基礎。

優化工具更是人工智能的拿手好戲，只要有可量化的目標及可量化的制約，人工智能便可以藉着其超越的數據計算模式，不費吹灰之力，找到不同目標之間的均衡點用作解決問題，上述這些能力人腦根本難望其背！

關連比較亦不局限於偵察及分辨事物之間的聯繫度，在科技研究方面，亦可以協助製造大量假設，方便學者進一步釐清這些表面聯繫可能隱含的因果規律。尋因找果定律是現代科學的核心活動，因此這對於科研有極大的催化作用，亦是未來科學知識生產提速一個極重要的驅動因素。

第二個層面，假設命題建立，測試、評審及提供因果解釋架構。

這個層面不單需要數據運算及管理，更要求某程度的創新，即是說，人工智能是否可以在沒有人腦協助下，主動及獨立提出因果假設命題，然後採取一系列步驟去測試它的準確性或有效性。理論上，當人工智能達到深度學習階段，應該可以將已經發現高度關連性的現象

主動作出較綜合的因果命題假設，然後再利用它的數據運算技術去測試這些假設命題中的因果關係，再提出因果規律以及解釋這些關連的因由，最後將解釋放在現存較大的解釋系統裏。

有趣的問題是，機械學習到了哪一個階段才會自動出現這種自我發掘假設命題的意識？就人腦而言，這種意識似乎不需要任何特殊能力，提出因果規律的假設幾乎是我們人類與生俱來的能力，只要我們直覺上感覺目前的知識不足以解釋一些現象，我們自然會追溯下去。就機器智能而言，它到底沒有這種幾近先天好奇心，又縱使人工智能有這個初端意識的萌芽，這種反省能力是否可以一直自動跟進？即是說，在什麼情況下它會覺得自己的知識不足，它又以什麼標準選擇需要處理的假設命題以及如何進一步建構因果解釋架構？抑或這種意識必須是事先安排在它的「程序」內？這樣的話，當它學習成熟到某階段，它有沒有修改程序的能力或空間？這種學術或「好問」意識，它可以學習到及全面正確掌握嗎？換言之，機器智能「答題」是「高手」，但它會懂得「出題」嗎？

第三個層面，概念創新、評審和測試。

因果假設命題的提出與概念創新的分別是，前者可以充分利用人工智能最善於處理的領域，即關連性的發現及審視，再進一步提出新的假設命題及測試這些新關連性所含的因果聯繫程度，再在這基礎上倡議新的因果定律及新的因果解釋架構。人工智能沿着這個方向發展完全符合現代科學精神，因為完全符合現代科學研究的標準步驟，只不過如上文所分析，提供新的因果解釋架構本身已進入是一個較高層面的認知活動，人工智能是否可以完全掌握這種研究意識？

當我們再提升到概念創新層面，對人工智能而言可能是一個難度相當高的挑戰。因為因果規律命題假設畢竟是以量化為基礎，但概念創新的早期必然牽涉質量的改變，是利用一個新的抽象概念去重新劃

分或涵蓋不同領域之間的現象，或將一些關連現象的特徵重新分類及組合。問題是什麼驅使人工智能採用這種劃分性或涵蓋性的重組和分類意識。

我們當然可以想象，當人工智能累積到相當份量的比喻性或類比性模式時，它擁有的學習能力會促使它在這些不同的模式中進一步找尋、發掘其相似或共通點，因而觸發新概念的形成，但因為概念創造是質量的改變並牽涉符號或語言的運用，那麼人工智能如何在人類語言中尋找一個合適的觀念或詞彙去配合它所發現的另類或較高層次的新組合？抑或它可以自我創造一些全新的詞彙？

縱使人工智能這方面都可以順利操作，那麼它又如何去評審新的概念的可行性、有效性及應用範圍？對於通過同樣方式所產生的類似概念，它以什麼機制和準則去作比較性的評核和篩選？

第四個層面，準則思維。

再推前一步，縱使人工智能可以創造新的概念，它將以什麼準測看待這些概念？這些準則可包括概念的精準度、涵蓋闊度、聯繫度、精簡度、可偽證度等，既然準則不可能單一，在眾多準則之間，人工智能如何選擇及評核其選擇？準則之間必有優先次序或互相矛盾地方，人工智能如何發展出一套合適的準則組合或超級準則以決定如何取捨或排列這些準則，然後將其優化，如果是後者，它應採用什麼標準建立合理的比例？

必須明白，只有部分準則可以量化，容易量化的準則，人工智能會比較容易處理，但對不能量化的準則，它該如何處理？假如準則之間同時出現可量化及不可量化的情況，那麼人工智能是否有能力識別，及保證它不偏向量化的標準？

一個構想是，機器學習到了某階段或可以採用雙軌制，即同時引入較高層面的準則思辯，以配合較低的操作層面的運行。我目前無法

估計這個安排的可行性，除非我們能先解決機器智能如何處理準則思維這個關鍵問題，即機器智能最終有沒有能力引進一項新的準則及在有需要的情況下補充時下沿用準則的不足？如果這樣，它如何領悟到時下準則的不足？亦即是說，機器智能如何得知它沿用的準則是否一個封閉體系，抑或容許改良、改進及更新？如果是後者，機器智能以什麼辦法處理更抽象、再高一個層次的操作？

概而論之，如果這雙軌制可行，它不再是平面而是立體的雙軌制了。機器學習可否達到相同層次嗎？

第五個層面，偶然性、必然性與規律性。

在哲學層面，宇宙的演化牽涉兩項推動力的交替、互動及牽制。一是事物傾向規律化的演化過程，一是偶然事件出現，支配、制約存在的規律及產生新的規律。有關這個方面特別是獨特事件的干預力量，我將會在本書的歷史篇再作較詳細討論，這兩個驅動因素，層層疊疊地構成五花八門的萬象動態世界，如果不能同時掌握這兩種特性，我們對由宇宙到人事等的了解和預測，根本無從說起。

人工智能的優點在其擁有高度發掘規律的能力，它可以準確預測不少有規律性的事物，但面對突發性的變化、事物的質變、重要獨特事件（當然一些獨特事件背後有其深層規律）的出現，恐怕未必有相應的預知能力。人工智能可以探測事件中的異質化情況，但一些不易受簡單規律規範的異化、偶然事件或質變就不易掌握。關鍵問題是，人腦的直覺在這個方面是否會比機器的計算來得較有效？換一個角度看，機器智能憑什麼可預測到重要的有異質或突破性的獨特事件，以及分辨一般異質事件和一些有支配力及可以誘生低層規律的獨特事件，或可以透視獨特事件背後支配性的規律？不要忘記，機器智能的能量主要來自其可以處理海量但相對「同質化」的信息而不是異質化及獨特突發的事物，這是人工智能結構方面的弱點。

第六個層面，輕重感（sense of significance）、優先感及目的感。

事實上，能夠洞察同質事件與獨特事件之區別，或評估不同準則的相對重要性，人腦智能依賴的是一種可能是與生俱來的「輕重感」。輕重不分，我們便沒有危機意識，會胡亂投放資源，要是這樣，我們這種生物品種早就被淘汰了。與人不一樣，機器並沒有長時間在現實的自然環境中演化及磨煉。更重要的是，機器缺乏先天性的自我生存及延續意識，所以難以培養出生物的生存本能。在人類社會中，生命力較強的個體往往有強烈的輕重感、強大的目的感，把有限的資源投放得頭頭是道，對危機有敏銳的觸覺。事實上，只要我們細心觀察，能夠掌握輕重比例的人成功機會往往較高，擁有輕重感比高智商更是生存的依賴。

輕重感雖然主要源於本能，但在認知世界是不可缺少的，能夠在芸芸萬象中洞察事件的獨特性及特殊性，或懂得衡量我們所用的準則的相對價值。我們生活領域中充斥着各式的行為規範，人文科學中重要的研究對象除了找尋客觀規律外，亦分析不同價值的相對優越性以及如何實現這些重要價值，輕重感的功能之一是引領我們如何衡量及達至我們所追求的價值和目標，所以價值與輕重感亦是分不開的。既然機器智能不容易演化及獲取這種與認知和價值息息相關的輕重意識，我們很難期望它在這些領域發揮重要的作用。且人類行為及規範世界裏充斥着無數灰色地帶，我們更必須倚靠輕重感作為判斷的指導。

輕重感來自生物生存及延續的本能。當人脫離了純本能而愈來愈依賴符號系統所衍生的認知能力，輕重感的培育便有必要以及有新的功能和意義。能否成功掌握輕重感，除了與其目標感有關外，更取決於個體是否擁有全盤視野這後天發展出來的認知能力。即是說，個人的輕重感除了出自本能外，亦同時體現在他是否能夠以鳥瞰角度看待

事物，判斷事物的價值在全局中所處的位置、其所含的重要性或其戰略意義，所以輕重感某程度可說是一種人生及人類的「宏觀優化能力」（macro-optimizing capability）。這種「立體性」的能力似乎與人工智能較「平面化」或「橫切面」的數據處理及「微觀優化能力」（micro-optimizing capability）有相當距離，甚至存在根本不能逾越的鴻溝。

第七個層面，方法學、知識論、辯証論及哲學。

從以上不同階梯的分析，我們可以察覺一個現象，即是在越低層面的階梯，人工智能可以發揮的空間和能量越大。原因是人工智能及機器學習主要依賴大量數據及經驗層面的分析，但當思維及學術逐漸提升至非量化領域，例如概念的創新，獨特突發事件的捕捉，準則之間的取捨，新準則的創造與介入，優先感、目標感及輕重感的掌握等，人工智能便力有不逮了，當我們的討論提升至以質而非量或先質後量的討論，或更上一層樓牽涉全盤性或最基礎性的討論時，我們可以預期人工智能會感到茫然不知所措，舉凡方法學、辯証論、知識論等這些哲學性討論，我們很難想象人工智能可以有意識地參與討論。

## 三、機器智能強？人腦智能強？

### （一）橫向性智能（horizontal intelligence）

上面的分析明確指出，機器智能逐步攀升智能階梯的空間有限，甚至可能越走越窄，所以很多人擔心的「奇點」我估計很難會出現。這裏我對大腦智能及機器智能作出一個初步總結。

目前機器學習方法大概可區分為以下範疇：

(1)　經驗性歸納學習；

(2)　分析性學習，主要策略是推理和演繹；

(3)　類比性學習或範例學習；

(4) 遺傳演算法，適用於非常複雜的環境，例如帶有大量「噪音」和無關數據，在事物不斷更新、目標不能明顯和精確定義，以及需要較長的執行過程才能確定的價值等情況；

(5) 連接學習（connectivity learning），模擬人腦微觀生理層面的學習過程，典型的模式實現是人工神經網絡，以人腦和神經科學原理為基礎，以人工神經網絡為函數結構模型，以數值數據為輸入，以數值運算為方法；

(6) 增強學習（reinforcement learning），以環境反饋為輸入，以統計和動態規劃技術為指導。

上述各範疇可以簡約為「歸納策略」及「演繹策略」兩種，經驗性歸納學習、遺傳演算法、連接學習及增強學習均屬於歸納學習。歸納策略的優點是，所學習的知識超過原有系統知識裏所蘊涵的範圍，亦可稱為「知識級學習」。

目前機器學習主要的應用領域包括：專家系統、認知模擬、規劃和問題求解、數據挖掘、網絡信息服務、圖像識別、故障診斷、自然語言理解、機器人及博弈等領域。我們當然不能以目前的機器學習發展情況以片蓋全地概括它今後發展的軌跡。從知識生產角度，目前它所生產的新知識主要是在實用、應用及經驗性的領域，我們可以稱之為橫向性的智能，或較為精確的說，是「橫向性優化智能」（horizontal optimization intelligence），這也明顯是機械智能最強的領域。

### （二）人腦智能的優越性

相對「橫向性優化型」的機器智能，人腦智能可以說是「垂直性優化型」，更為貼切的說，是綜合性垂直型模式。簡單來說，人腦有潛力實現這些智能特徵：跨層次；跨領域；跨時界；強彈性，特別是面對不同環境；有鳥瞰式的全盤認知；綜合性及高度聯繫性；抽象及

層疊性概念創新；開放式體系；有強烈的輕重感及優先感；有多元及不斷演化的目標。

人腦智能之所以可以擁有多元特徵，全憑在演化過程中受環境變化迫使其積極求存。符號系統是資產，但某程度亦可以說是負累。在弱肉強食的原始世界，一念之間可能決定生死，所以符號認知必須要達至本能化或接近本能化，即是說符號認知系統必須與直覺並行並存、互相依賴、互相照應，才可構成我們人類既可以深度思考，亦可以作出實時的直覺回應。但有得必有失，「認知本能化」某種程度要犧牲精確度，畢竟我們是生物體，大腦能量有限，有無數要解決的問題，不斷進行優化操作，但我們的記憶力、計算力不足以應付較複雜的情況。相對機器智能而言，這是我們的最大的弱點。歸根究底，我們的智能是符號認知系統與生物體系統結合及共同演化的產物，在結構或操作方面，特別是在微觀優化能力方面與機器智能相差很遠。所以縱使我們可以在人工智能的機器學習中加入「求存」的程序，對機器而言恐怕也只是空泛的虛構，與我們人類幾百萬年來實戰演化出來畢竟有異。

### （三）機器智能的困境

與人腦智能一樣，機械智能同樣是利用符號系統操作，但它不是演化的產物，所以要求兩者的智能完全相同不切實際。同樣地，期待機器智能完全優勝人腦智能，亦是不了解兩者不同的背景和結構，由此推斷機器智能可以徹底取代人腦智能亦同樣不切實際。要使機器智能完全超越人腦智能，必須將其橫向優化性的智性全面垂直優化。但我個人看不到實現的可能性。此外，完全自主獨立的機器智能，無論有多少能量仍然要面對幾個不易解決的問題：第一，機器智能極度橫向發展，會不會出現後遺症，例如沒有節制地一直向牛角尖鑽下去，

最終形成一個純橫向性的新「封閉」系統？第二，機器智能的自我調節力可以有多強？第三，機器智能本身沒有因為求生而演化出來的強烈目標感，當它自主獨立時，它的目標將如何發展？它有沒有能力建立新的目標或調節本身的目標？誠然，在微觀及靜態的目的層面，機器智能的優化能力超級優秀，但在動態及演化的目的層面，機器智能面對的是一個完全不同的世界。必須明白，自從人類以文化演化取代生物演化後，人類的目標變成多元化（包括意識維度〔特別是情緒維度〕、群體維度、個體維度等各領域）及層疊化，這些不斷在演化中的多元化及多層面的目標使人不再容易有清晰及統一性的視野，必需在不同目標之間作出優化的抉擇，這種認知情況恐怕是機器智能無法掌握甚至理解的，亦不可能仿效的。如果這樣，機器智能最終會獨立地演化什麼目標？或到底有沒有可能演化新的目標？

　　我個人雖然目前無法解答這些問題，但這些問題卻關乎未來人與機器的終極關係，絕不能掉以輕心，希望其他高明的學者在這方面多做研究。

第五節：
# 教育改革方案

　　上面的分析旨在釋除思想界不少人對人工智能會完全取代人腦智能的疑慮，假設上面的論據站得住腳，我們人類便有希望制衡及善用人工智能，那麼未來教育便有其真正的意義，在這個前提下提出改革教育方案，才有價值及成功的希望。總括來說，現代教育對個人的成長過遠大於功，要徹底改變這個現象，單靠課程改革辦不到，一定要以制度改革配合，不過學習內容改革亦是絕對必須的。

　　以下我建議的教育改革方案，共分為三部分，一是課程內容，一是教育體制，一是學習機制。

## 一、課程改革

　　這方面可分為四部分：智能教育、完人教育、道德教育及文化歷史教育。

### （一）智能教育（Intelligence Education）

　　當我們考慮到數碼科技正對人類認知能力逐步削弱，更考慮到人工智能會將使未來大部分人的依賴性提高到一個危險的程度，建構智能教育是重中之重！

　　我在上文闡明人腦智能可以達到最高層面的「知識階梯」，而智能教育便是攀上這個高峰不可或缺的工具。我所倡議的「高智能教育」（High Intelligence Education）由五個模塊建合而成：認知工具及思維模

式；知識階梯各層面的理念與方法；不同類型知識的特徵、組織和結構；由各學科最基本及必須掌握的命題建構成的「全方位知識定位系統」（global knowledge positioning system）；高效學習及創新力提升方法。

以上五個模組結合，我稱之為「大知識」（Big Knowledge），是人類走向真正智性化的基本工具。

高智能的效能包括：第一，有份量的「高智能教育」（High Intelligence Education）不單可以成就教育的基本目標，更可使目前高投入低產出的教育脫胎換骨，轉化為一個低投入高產出的體系，原因是高智能教育可以使學子全面了解知識結構，善用不同思維模式及工具，容易洞察不同學科的基本特性。故此，學子們可以在短時間掌握學習的焦點對症下藥，除了提升智能外，對以功利為目標的教育亦有革命性的影響，當今各國投放大量資源於教育，採用這種高效率的「高智能課程」可以節省不少教育資源，收事半功倍之效。

第二，高智能教育採用的「宏觀優化模式」除了可以提升整體的智能外，更可以配合人工智能的「微觀優化」能力，兩者相輔相成，達至「人腦合一」。此外，「宏觀優化模式」亦能協助善用有限的生命資源以成就適度的生命及生活管理，為我們進一步走上靈性和慧性鋪路。

第三，高智能教育除了提升人腦智能外，對其他方面的教育都有大貢獻，其中所採用的「多元角度」使我們了解其他人的想法，幫助我們改善人際關係；亦使我們更了解不同的價值觀，幫助我們建立較有理性的立場；亦使我們明白其他國家民族的歷史文化，促進國際間的和諧；亦因為涵蓋豐富的歷史角度，以古為鑒，可以減少犯前人的錯誤。

我上文分析，人類從個體化發展到自我化，已經走上大情緒的不歸路，所有理性及表面的偽智性，都化解不了自我面對茫茫世界的焦慮和恐懼，因而採取各式各樣的爭利爭權等機關算盡的自我保護措施。要真正治本，唯有依賴真正的智能，而高智能教育就是通往真正

智能之路。唯有這樣我們才可以有足夠有效的「抗體」面對社會泛濫的意識形態的「癌細胞」。目前的數碼科技已經開始削弱人的智能，而人工智能的來臨更帶來變本加厲的局面，高智能教育的高度與闊度，是唯一可以使我們維持清醒及駕馭機器智能的工具。

### （二）慧能教育

我上面提過智與慧的區別，完人教育是慧能培養一項重要的支柱，「慧」指的是高層次的精神和靈性的修為，但慧能教育並不是莫測高深，在較世俗的層面，它鼓勵我們多了解不同的價值取向，利用深度的反省及寧靜的心態思考人生，對物質主義保持適當的距離，發展一個理性的時間觀等。亦只有這樣，才可以解放很多人目光如豆的態度，對生命作出更理性的安排，「非寧靜無以致遠」，慧哉此言！

### （三）新道德教育

現代西方對道德教育普遍避諱，原因是道德規條蘊含強烈的集體意識，西方社會認為在以個體為尊的現代社會，只要符合法律及不侵犯他人權利，個人的選擇不應該容許他人干預，亦即是說，個人的選擇優先於任何群體賦予的道德規條，這當然有其歷史背景，但如我所分析，這個觀念帶來嚴重的惡果。

教育必須兼顧群體與個體之間的平衡，但關鍵問題是平衡點在哪裏？一個「尚德社會」可能踐踏一些個體，但只有法治沒有道德教育的社會，遠遠不足維護和諧。況且從經濟角度而言，在純粹依賴法治的社會，因為人與人之間衝突頻密，對經濟合作、產業發展及生產過程構成隱性的交易成本。兩害取其輕，我建議採用「輕度道德觀」，我們社會不必洋洋灑灑地傳遞禮義廉恥等繁複的道德教條，而是將道德教育簡化為三條最基本的原則。

　　秉承中國大農業社會衍生的知識分子高度責任感（詳細分析參閱本文第七章），我主張的第一條是責任主義教育，即責任先於權利、責任不應求取回報。這個角度並沒有違反個人主義的基本精神，甚至可以說是吻合個人主義的人文理想，通過自律、問責提升個人的公民高度。個人當然可以爭取權利，但爭取之前，撫心自問，自己有沒有完成社會一份子的責任？有沒有道德勇氣「對稱地」承擔守護社會的義務？「己欲立而立人，己欲達而達人」，要求這種責任感絕不是過分的。

　　問題是，過分強調責任可能會使一些個體覺得自己站在道德高地，感覺高人一等，再由此可能異化到什麼都看不順眼，對只求權利不講責任者打壓。所以我們必須有第二套道德概念去維持這個均衡，這就是「容忍教育」（tolerance education）。容忍當然是「自明」的善行，亦是西方個人主義及民主共和主義早期認同的道德觀，其三是容忍與責任加起來可能被人視為懦弱以及給人欺凌的機會。所以我們必須引入社會公義概念作為終極標準，即社會要劃出一條「比例規則」的底線以規範個體的行為，以免淪為人吃人的境地，但過分嚴謹的比例亦有後遺症，所以我們應該保持充分的空間，一方面使「黃金比例」不被扭曲，亦希望通過「容忍教育」使大多數人潛移默化，遵守規條，同時利用「容忍」的力量溶化社會不良份子，給他們回頭是岸的機會。

### （四）文化歷史教育

　　了解一個國家民族的歷史及文化淵源自然增加個人的歸屬感及鞏固民族的凝聚力。不過這裏有兩點應該特別注意，首先必須明白，我們目前生活在一個西方價值觀支配的世界，我們大多數人不自覺地認同西方倡議的所謂「普世核心價值」，即自由、民主、人權、平等、法治、共和等。不過由於先天性「文化基因」的缺陷，如日中天的西方文明已經逐步由興盛走向衰敗，其背後的支撐體制（包括民主、法

治等）弱點，一一顯露在我們眼前，但我們卻視而不見，反以為我們中華文明落後、保守，所以我們必須撥亂反正，在西方風暴未起前，警惕國人及下一代西方文化價值觀的「癌細胞」對我們社會的侵蝕，所以這必須是我們文化歷史教育的核心課題。

　　但我們亦不能因此固步自封和妄自尊大。在了解我們民族歷史之餘，亦必須多了解其他不同文化的歷史及其優劣，特別是對於西方文化的優點，我們不能視而不見而走向另一個極端。這樣我們才能放眼天下、以德服人，做到與別人共存共榮，建立真正的「人類命運共同體」。為了保持客觀性，教育當局必須投放大量資源，不論是研究和編寫教材，或在教學方面都應切實地下大量苦功，因為我們的目標不只在我們這一代，是要做到「功在千秋」！

## 二、體制改革

　　上述的課程改革，如果沒有體制的配合，效果會大打折扣。我建議的體制改革方案有三，一是採用 NPV 模式，一是將目前的教育體系一分為二，一是建議有限度及有條件地引入票券制。

### （一）NPV 模式

　　引入 NPV 模式對教育體系會有極大的影響，這體現在三方面，一是化解人工智能未來帶來的各種衝擊，二是真正實現個體的終極教育目標，三是改善目前的教育制度，減少製造失敗者。不過就算我們不刻意將 NPV 模式具體地引入教育領域，在經濟社會採用 NPV 模式，亦會不知不覺間對教育有上述的正面影響。

　　現代教育極度浪費人才，原因是它以服務企業及市場為本位，兩者的基調是競爭，競爭的正面結果是刺激學子力求上進，但負面是製造大量失敗者，使不少學子學無所用。除了製造失敗者外，現代教育

體系的特徵是同質化，由市場價值主導的教育，不單發揮不了因人而異的「因材施教」原則，更主動壓抑個人獨特的長處，完全違反個人主義的理想。NPV 模式打破了狹隘的市場觀，容許不同人士百花齊放，使學子可以順其興趣而選科，就其才能而擇業，這樣一個多元價值觀的社會便有機會夢想成真。

展望未來，人工智能及機械人等超級數碼科技對社會的就業將有前所未見的衝擊，而 NPV 模式是最有效甚至可能是終極的防線。維持一個充分就業的社會，是教育存在最大的意義之一，所以 NPV 模式絕對不可或缺。一箭三鵰，NPV 在未來教育體制可說是扮演一個「英雄救美」的角色。

### （二）教育體系雙軌制

西方一向對「自由教育」（liberal education）引以為傲，自由教育早期亦稱為「自由科目教育」，指的是「值得自由人學習的科目」，「自由人」是指希臘城邦的公民及統治者，所以自由教育亦可說是早期的管治教育，其後再擴大指「全人教育」，教育不必受生活所需或職業所束縛。這個概念後來演化為「自由公民」教育，目標是使學生具有心靈自由。現代教育出現後，自由教育結合了經典名著與現代科學，曾經被視為主流的「大眾教育」外的一股清流，不過在中等教育層面，自由教育雖然陳義甚高，但因為功利教育及謀生教育抬頭，漸漸失去過往的吸引力。

時下的所謂自由教育，除了因為社會走向專業化及向科技知識傾斜而不受重視，它所提倡的價值觀及道德觀亦有商榷的餘地，它倡議的價值觀基本上是西方文化價值觀，它倡議的道德教育亦因為現代人避諱討論道德而被忽視，現今的自由教育可以說是苟延殘喘，對社會起不了積極作用。

不過自由教育的本意仍是值得稱許的，原因是它主張「完人教育」，

完人教育正正被現代教育如「七寶樓台」般「拆到不成片段」。如果我們同意完人教育包括智能教育、精神（慧能）教育、道德教育、文化歷史教育，那麼自由教育的基本概念是站得住腳的。事實上我上面提出的課程改革大綱，大致上亦與自由教育吻合，甚至可說是一種「新自由教育」。

　　但問題是，目下由市場及企業控制的教育如何重新吸引學子和家長回歸自由教育？在社會現實大潮流下，試問家長哪會讓其子弟放棄科技及專業教育而轉讀「不着邊際」的自由教育。要解決這個問題，一定要從最基本的制度進行改革。

　　我的建議是將教育劃分為兩個部門，舉例以三七或二八劃分，將政府十分之七的教育資源撥發給目前的正規教育，將餘下的十分之三撥與自由教育。學生上課時間及考試科目也三七分賬。這個強迫性的劃分使家長及學子沒有選擇的空間，不能不接受指定的安排。反對者當然批評這是專制，完全違反家長及學生的意願，但如果我們認同文化教育絕不應純為企業與市場服務，市場價值不應該代表社會整體的價值，那麼這種安排其實是較符合社會長遠的利益及人性的發展。

### （三）教育票券制（Education Voucher）

　　這個觀念由經濟學者米爾頓・佛利民（Milton Friedman）提出，至今全球有一些地區採用，亦有部分成效。指政府將本來直接給予學校的財政資助，轉為標準金額的票券（standard voucher）撥給家長，然後由家長代其子女選擇參與這項計劃的學校。票券學校可自由決定學費水平，不足的由家長自行補貼，換言之，這些學校可按商業模式操作。

　　這個制度的優點是，因為注入市場競爭元素，學校有誘因改善教育質量，但弊端是它汰弱留強，以及可能帶來惡性競爭（例如誇張成效及進行誇大的自我宣傳），不過如果這個制度與下面介紹的中央老師團隊制同時並行，兩個系統進行競爭，亦可給家長更多選擇，通過

比較及互相制衡帶來良性的結果。

## 三、教學機制改革的一些建議

　　教學機制牽涉範圍甚廣，礙於篇幅，這裏不作詳細研討。只選擇在中等教育層面兩項建議作簡單的介紹。

　　第一是建立中央老師團隊（Central Teaching Team），由於師資良莠不齊，優質老師普遍短缺，加上成長期間青少年學生對心儀的長輩有角色模仿（role model）的傾向，一些有風采的老師會引領學子的成長，甚至影響他們一生。所以為了達至「平等優質教育機會」（equality of quality education opportunity），我建議教育當局選出一批社會上最有感染力的老師，建立一個中央團隊，到不同學校作輪迴教學，使學生可以「雨露均沾」。此外這些中央教師團隊亦可以與各學校老師交流，互相提升教學質量，教育當局亦可設立多個中央團隊，使彼此之間良性競爭，甚至邀請社會知名人士客串參與，使學子有機會一睹有識之士的風采。

　　第二是建立同輩導修制（Peer Tutoring System），將成績較佳的一群高班的同學，安排下課後每人負責指導一至兩位成績不佳的低班同學。這制度源於十九世紀的英國，曾經在英格蘭及威爾斯實驗，亦曾推廣到歐洲部分地區，甚至印度。這個制度衰落是當時它被視為臨時應急辦法以應付教師不足，到後來英國教師走上全職業化，它便被遺忘了。

　　這個制度的優點是，成績較差的同學可以有導師指導他們學習，既可分擔他們在學習上的憂慮，修補他們的不足，更可視這些成績較佳的同學為榜樣。而學生扮演導師角色更賦與這群優秀的學生一種責任感及光榮感，這對他們的自我形象會有大的提升，使他們除了有意識地要提高自己的水平外，更通過「教學相長」和「溫故知新」，使自己變成受益者，而成績較差的同學改善後，亦可能會無私地奉獻給其他同學。這種行為及意識正正就是「責任教育」最希望達致的效果。

「夫兵者，不祥之器，
物或惡之，故有道者不處……
兵者不祥之器，非君子之器，
不得已而用之，恬淡為上。」

　　　　　──老子《道德經》（第三十一章）

「確保台灣入版圖。」

　　　　　──張學良詩

第五章

外交

第一節：
# 民族主義的崛起

## 一、群體規模及「陌生人」社會

　　和其他生物一樣，人類是群體動物，只不過比其他生物更群體化或「社會化」。生存與延續是個體同時亦是群體的目標。受外在環境變化的支配，群體的屬性例如血緣、文字、語言、習俗、社會組織、權力分配及物質水平，一直在演化中，而群體與群體之間的關係則受彼此之間的利益、意識形態及相對武裝力量影響。

　　在歷史演化過程中，一項重要的規律是，在正常情況下群體的規模會逐漸擴大。群體規模的大小當然與其生產力及生產模式有關，在狩獵時代，群體不斷移向資源較豐盛的地區，小群體的優勢在其機動性強、移動速度快，但亦因為規模小、自我保護能力弱，容易被野獸或其他群體欺凌，兩者利害的考慮和制約會衍生自然的均衡性規模，當然何為「適度」規模，視乎時、地、物質條件等各因素！

　　隨着農業開展，群體定居、生產力增加，人口自然較快速增長。由於農作物需較長時間培育，農業社會必須擴大其組織力以保護其產出免被掠奪。撇除地理環境制約因素，農業社會一般會演化出較大的社群，不過雖然社群規模較大，但出於合作的必要，其內部凝聚力不會減弱。

　　在農業社會時代，雖然不同地區的生產條件有異，群體逐漸擴大是正常發展的規律，除了人口自然膨脹，互通有無的貿易、武力侵

略、通婚等其他因素都會加強群體之間交往或進一步磨合為一體。問題是當群體擴大，愈來愈多「陌生」個體出現在群體時，群體內部的凝聚方式便會改變，新的遊戲規則必須出台了。

## 二、民族主義的演化及優勢探討

　　大社群的優點甚多，它除了有較大的保護力，也方便分工及衍生市場，對民生改善有積極功能，當社群對個體有足夠保護力及使更多人有信心過較穩定的日子，大眾的集體未來感及預期便湧現，大眾對未來開始放心規劃對財富累積有正面的推動作用。此外大社群更可以給予一些個體更大的表演舞台，對個人的利他心理亦有積極發揮的空間。

　　但大社群的出現卻對原來小社群原有的凝聚力有稀釋作用，由小社群的文字、語言、血緣、歷史淵源、習俗等構成的黏力逐漸被稀釋了。在大社群內，我們身邊出現很多陌生人，他們可能與我們同種同族但卻操不同的語言，可能文化相同但卻屬於不同的宗族，所祭祀的神祇可能相同但卻有不同的次文化，在這種情況下，傳統的凝聚方法與管治工具可能不再合時宜，新的凝聚工具自然應運而生，簡單來說，社會的演化與其如何適應一個不斷變化的「陌生人社會」息息相關。

　　西方一個大規模的實驗是基督教這個單神教的出現，單神教的力量部分源自宗教本身對個人原有的靈性領導力量，一方面利用神祕主義即人們對宇宙無形力量的敬畏意識，一方面利用個體脆弱的心理，宣揚「來世」救贖的誘惑。此外，單神教的統一性及排他性加上其大宇宙觀容易取代原來的地區性或分工性的神祇，因而有力統一其他較小社群的信仰。上面兩組因素匯合構成基督教的大黏力，再加上儀式化、教條化、組織化及階層化，民眾便有了一個服從及禮拜的平台及

基礎。而擁有這個「利器」的神職階層可以逐步輸出其教條，進一步吞併其他族群，邁向一個更大的陌生人社會。

但畢竟宗教凝聚力不能永續，宗教力量及作用在民智未開時自然巨大，但當單神教孕育了個人主義，個人主義開始釋放個體的智能，宗教的吸引力及凝聚力便慢慢退潮，剩下來的「碎片式」的「陌生人社會」必須採用較世俗化的整合及凝聚工具。除了經濟關係外，凝聚工具來自兩個源頭，其一是族群原有及所剩下來的文化遺產，其二是意識形態。由於前者多半與宗教混合，所以民族主義作為一種較自然的意識形態便是頗佳的選擇。

相對其他凝聚群體意識的工具，民族主義能夠應運而生，原因是它本質是一個「利益及多元集體意識匯聚的共同體」，擁有高度的演化優勢。除了共同利益外，民族主義可以包涵多類型的意識，這包括：地域或鄉土意識；宗族或種族血緣意識；可追溯源頭的歷史意識；語言文字及其衍生的文化意識；一個統一性的中央權威，即國家意識；富有驅動力的「大我意識」。

多種意識的交織衍生一種強烈的社群內在凝聚力，對外而言，則體現在生存的競爭力，兩者並行，可以為群體的演化帶來催化和指導作用。

與其他意識形態一樣，民族主義構建的「利益及多元集中意識共同體」，既含有自然演化的因素，也有後天社會工程塑造的因素。與其他意識形態一樣，民族主義有理性論據、道德訴求及情緒驅動力三大元素，所以擁有強大的呼喚力量，除了宗教外，恐怕沒有其他意識形態可以擁有如此龐大的精神驅動力。

歷史告訴我們，當一個民族被迫害時，它所發揮的危機意識及精神力量往往比想象中大，原因是其個體清楚明白，民族滅亡等於家庭家族滅忙，是生與死的大事，所以不少人為了民族生存，願意置生死

於度外！

　　論者或指出，民族主義與宗教都含有大量想象性的元素，國家的劃分或民族的概念都是我們思維創造出來的產物，並不一定符合真實世界。這批評無疑有其道理，但批評者忘記，如果純按這個邏輯推理，金錢的價值也不外是眾人集體想象的產物，整個金融世界也不外乎是我們的集體想象，甚至我們的人生理想、未來規劃，那一樣不是人對未來想象的產物？所以概念的真實與否不是關鍵，關鍵是它對人的信仰及行為到底有多少實質的影響。

　　利用生物史觀作為支持民族主義的理論基礎，即國家是一個「生物有機體」，是站不住腳的，因為這只是一個譬喻性的推想而不是科學或哲學推論。反之我們可以以近代思想家賽亞‧伯林（Isaiah Berlin）的自由論作為支持民族主義的論據。他將自由概念劃分為「消極性自由」（negative freedom）與「積極性自由」（positive freedom），他認為個體是有絕對權利要求免受迫害以及免被侵犯，但我們卻不能因此而容許無節制、無限任性或侵略性的自由。同樣道理，民族與個體一樣也需要有獨立、自主及生存的自由空間，但卻不容許有侵犯其他群體的自由。如果我們同意個體是人類終極價值之源，要使個體獲得應有的自由，先決條件是他所屬的群體必須同樣擁有自決及被其他群體尊重的空間，在這個保護傘下，個體才有真正機會奢言自由，所以保護「大我」是「小我」生存的必須條件。人類社會中各類群體覆蓋範圍最大的是民族，所以這是支持民族主義以謀求個人最大的保護及福祉的有力論據。

## 三、民族主義

　　群體意識結合了血緣、地域及經濟合作等元素，自然產生原始的民族意識，所以早期人類擁有民族意識是正常不過的事，有說法認為

民族主義起源於凱爾特人團結英勇抵抗尤利烏斯‧凱撒的羅馬軍團，並視之為古代雛型的民族主義，但從民族意識演化為民族主義，再由此而衍生国家本位的民族意識卻經歷頗漫長的過程。

　　有關民族主義及民族國家興起的時期眾說紛紜，有論者認為，現代國家的創立始自 1648 年《威斯特伐里亞條約》（該條約開創威斯特伐里亞系統式國家，即彼此承認主權與領土），但反對者認為 1648 年，多數歐洲強權並非民族國家，他們認為民族主義應該開端於 1815 年至 1870 年間，這段期間，各獨立公國逐漸統一為義大利國。不過有論者卻認為是拿破崙啟動了民族主義，亦有論者認為民族國家最主要的轉變始於 18 世紀末與 19 世紀的浪漫式的民族主義的宣揚，當中有反對大帝國的分離主義者，也有尋求統一領土的言論。綜合而言，最普遍被接受的觀點是，十九世紀前，人們有鄉土性、區域性或宗教性的效忠，但仍沒有國家觀念，民族主義運動決定了 19 世紀歐洲政治，也衍生了民族國家的觀念與實體（但亦有人指出南美州人的獨立奮鬥及美國獨立革命先於歐洲民族主義運動）。

　　伯林（Berlin）認為民族主義作為一個成熟、一致性的意識形態體系，應始於 18 世紀後期的德國，當時德國思想家約翰‧哥德弗雷德‧赫爾德（Johann Gottfried Herder）認為每一個國家是由其本身獨特的歷史塑造，它的本質來自歷史文化及種族特徵，所以他認為法國人不可能將自己所堅信的看法硬加於德國頭上。雖然民族主義及民族國家源頭的說法莫衷一是，但當民族主義中最重要的指導思想，即「獨立自決」成為主流時，民族主義便似燎原的火，成為四處燃點反建制、反帝國主義的大力量。

　　19 世紀末，民族主義擴至亞洲，開啟英國在亞洲的殖民統治終結的開端。在中國，民族主義始創現代國家概念，遠離以往「天下一家」的觀念。日本方面，民族主義與「卓異論」（exceptionalism）結合形

成極端的日本帝國。第一次世界大戰後，多民族的奧匈帝國（Austro-Hungarian Empire）解體，民族自決論席捲全球，民族國家紛紛成立，大部分歐洲地區分解成為多個民族國家。第二次世界大戰後，新一輪的民族國家浪潮出現，「去殖民化」成為非洲解放的主流思想和行動，到了 1990 年左右，蘇聯解體引發新一波的民族主義運動。

　　值得注意的是，在民族主義發展的同時，歐美正流行三個重要的意識形態：以個人為主體的自由主義，以經濟活動為重心的市場資本主義，以階級為本的集體主義（包括社會主義及共產主義）。連民族主義在內，這四種意識形態的互補及競爭支配了近代西方的信仰及思維，標誌「後宗教期」思想界的混戰局面。到了二十世紀末，隨着蘇聯解體及東歐社會主義陣營倒戈，形成了「天下三分」的意識形態（自由主義、民族主義及資本主義）局面。

## 四、為什麼民族主義適合中國國情？

　　梁啟超可能是中國揭示和宣傳近代民族主義的第一人，1902 年他發表《論民族競爭優勢》明確指出「今日欲救中國無他術焉，亦先建設一民族主義國家而已」。孫中山亦在差不多時期提出三民主義（民族、民權、民生）。兩位的看法十分有見地，因為在舉世芸芸國家中，中國是最有條件推動及成就民族主義的社群。原因是民族主義所蘊含的多元意識中國都具備：

(1)　以農立國，以鄉土為根基，鄉土之情深深印入我們絕大部分中國人的心底；

(2)　家族及血緣意識強，我們對同姓的重視、對氏族的忠誠及承傳十分強烈，我們全球分佈同姓宗親會；

(3)　中國沒有經歷西方那種由單神宗教衍生的個人主義思想，儘管國人早已有濃厚的個體意識（《詩經》中大量作品反映這

種情況），但卻沒有排斥群體意識，反之，我們對各類群體有自然的歸屬感，所以對民族這概念我們會毫不猶豫地認同；

(4) 中國歷史源遠流長，加上對歷史事件記載特別嚴謹、細緻及尊重，所以保留大量珍貴史料，而國人以中國悠長的歷史為榮，亦是不爭的事實；

(5) 中國文字組織的優美和音韻之鏗鏘冠絕全球，由此衍生的文學更滲透國人的心靈，大大加深我們對國族的認同感。事實上，在不同的凝聚群體的工具中，最強而有力的是潛移默化的文化力量。部分學者更認為，文化是國家的終極黏力，一些歷史學者甚至認為中國本質上就是「文化中國」，我們的歷史發展見證我們通過文化的魅力，將千千萬萬異族人溶入在我們的文化大溶爐裏；

(6) 中國國民嚮往大統一局面，雖然我們有時無奈地感覺天下「久合必分」，但總覺得大一統的政府或王朝應是常態。況且「大同世界」及「為萬世開太平」亦是儒家的軸心思想，這種思維與中央集權國家概念非常吻合，亦與民族主義不相悖；

(7) 中國以農立國，農業需要時間及土地培育，所以國人思維傾向保守、內向、保衛性及愛好和平，自給自足一直是我們勞動人民的信念，這種心態與西方的侵略性、擴張性、排他性及外向性迥然不同，所以我們民族主義的性質是平和、溫柔、敦厚、傾向中庸之道、尋求共存共榮，除非受到外敵欺凌，才會全力反擊，所以我們所服膺的不會是極端的民族主義；

所以作為社群凝聚工具，沒有意識形態比（溫和性的）民族主義更適合中國的國情了。

第二節：
# 當前國際形勢及政治生態

## 一、良性民族主義與惡性民族主義

　　第二次世界大戰後，民族國家正式成為國際政治舞台的主角，聯合國順時而興，訂下一系列「遊戲規則」，國際局勢總算安穩地延續至今，但局世變化引致未來可能出現的危機是我們是絕對不應忽視的。

　　聯合國的建構及現代國家的確立，使民族主義變成不可抵擋的主流，與自由主義及資本主義鼎足三分。鑒於人類高度的社會性，個體無論表面如何獨立，下意識也要追尋一個可依賴的「大我」。宗教式微及階級主義崩潰後，剩下來較理性的群體組合便是在聯合國框架下互相承認的現代的主權國家，而民族主義就是主權國家背後的意識形態。

　　儘管民族主義與其他意識形態同樣有其感性及非理性的一面，但兩害取其輕，仍然是人類最佳的選擇。民族主義在擁有不少優點外，亦隱含着大的殺傷力。原因是它涵蓋了人類不同的原始情緒及動力，「水能載舟，亦能覆舟」。基於這情況，我們可以將民族主義概念一分為二，即「良性民族主義」及「惡性民族主義」，個人的看法是，二次大戰後，國際關係大概由良性民族主義主導（階級及集體主義插曲是例外），但近期由於國際形勢的改變，惡性民族主義逐漸抬頭。

## 二、良性民族主義的積極意義

前文提過，民族主義與自由主義及資本主義並不相悖，民族主義某程度可以輔助後二者的發展。這裏有兩個層面，一是有了國家堅定的保護傘以及較肯定本國不會受其他國家無理欺凌或壓榨，個體可以在安全的環境下計劃及投資未來，進一步鞏固國內個體秩序的運作。一是現代國家的主要任務之一是發展經濟、製造昌盛繁榮、為人民謀福祉，大多數人民愈來愈明白，國家之間的經濟合作是非常有效的發展途徑，除了可以互通有無，更可吸收其他國家的經驗、資金和技術。

第二次世界大戰後國際間的合作促成了「全球化」的浪潮，並由此形成了一個良性循環。「全球化」領域由早期一般的貿易發展到跨國製造，再到建立跨國產業鏈及供應鏈，以及達到全球實時同步操作的一體化金融體系。值得注意的是，因為資本無國界，民族國家與資本主義表面看似有矛盾的制度實質上並沒有大衝突，不少民族國家亦推動國家資本主義、民族資本主義或民族經濟主義，亦取得部分可觀的成果。另外民主制度某種程度上也壯大民族國家對主權及自決的訴求，在民主制度下，當民眾認同自己是國家的「持份者」，他們會傾全力保護這個群體的完整性及自決地位。

## 三、國際生態惡化及惡性民族主義興起

不少現代主權國家是在獨特環境或形勢下產生出來的，其內部的黏力不是來自長期演化出來的文化、歷史、宗教或種族等元素。例如不少國家是第二次世界大戰後列強「去殖民化」的武斷性政治決定或利益妥協的產物。在同一國界內，包含着多元的種族或宗教群體。換言之，這些民族國家在誕生時，已經隱含「先天性」的矛盾因素以及

不穩定甚至動亂的基因，例如南斯拉夫、捷克、蘇聯、剛果等。

　　當然社會凝聚力是可以通過政治、文化工程改造，但這是一個漫長的過程以及需要有智慧的策略。令人擔憂的是當今世界不少新的元素正在湧現，而這些元素對維持良性民族主義是十分不利的，當世界逐漸由含高情緒量的惡性民族主義支配，人類未來的危機便大大增加了。這些元素部分源於國內，亦有來自國外，互為因果及互相影響。

### （一）大國顛覆力量及活動

　　後殖民主義時代並不意味着西方大國從此洗心革面，尤其是美國，其侵略方式只不過由硬改為軟，由明改為暗，由軍事介入改為經濟和金融干預。可怕的是，如果當權者不合作，它們會設法顛覆其政權，標準程序是先培養反對勢力，然後伺機而動。如果兩個鄰國不和，那就鼓勵其互相衝突，更一箭雙鵰，售賣軍火，再不然就破壞其金融秩序，使其人民大眾對當權者不信任，如果該國天然資源豐富，則更是理想的掠奪物件，在什麼保衞人權民主等口號下，製造事端進行顛覆，縱觀近幾十年來美國對外的行為都同出一轍。

　　這些大國的行為主要是由其背後的大利益集團及政客所操控，包括軍火商、金融巨子、跨國大企業及彼等操控的智囊及顛覆性組織等。他們表面仁義道德，實則無惡不作，更恐怖的是這些集團因為過往的經營累積了大量資源，其擁有的金融資產及政治力量亦有增無減。根據國際慈善組織樂施會（Oxfam）最新的調查資料，2019 年全球最富有的 2153 人擁有的資產超過最貧窮的 46 億人的總和。而一些企業的市值比不少國家的生產總值還高。換言之，這些富可敵國集團的操控能力可說是超乎一般人的想象，他們在全球不斷培植其目標國家的反對派勢力，這些黑手所到之處，幾乎可說是「予取予攜」。

### （二）新興國家精英階層的貪腐行為

不少新興國家的管治階層都是由上述的國際大集團所扶植，當中不少政客亦在這些「先進」國家受教育。可以預料的是，這些管治者未必盡心竭力為自己的國家及人民謀福祉，反而與這些大集團同流合污。在這種情況下，不少發展中國家管治腐敗自是意料中事，由於缺乏安全感，不少這些管治者將私謀貪腐取得的財產轉移海外，根據非正式統計，過去幾十年來這些資金流入「先進」國家的數字，比後者對發展中國家給予的官方外援還多幾倍！（參閱傑森・希克爾〔Jason Hickel〕的《大分割》〔*The Big Divide*，2017〕）我們可以想象，當人民對政府持續不滿，國內的分離主義力量自然增強，如果這些國家本身是由多種族和多宗教群體組成，惡性民族主義的力量自然與時俱增。

### （三）貧富差距愈演愈烈及民粹主義升溫

過去二三十年來發達國家的貧富差距在惡化中。其所產生的民怨催生了近年來席捲不少西方國家的「民粹主義」。「民粹主義」其實並不是一種主義，只是對社會現狀不滿的情緒發洩和要求改變的訴求，「民粹主義」沒有政治理想，沒有理論基礎，只是一種空洞的求變心理的表達，所以是異常短視及危險的。貧富差距更可怕的是，受害者除了普羅大眾外，最嚴重的是弱勢社群，特別在一些多種族及多宗教國家，傷害最深的是弱勢種族及少數非主流的宗教族群。到了極端情況，執政階層無法不施以鎮壓，亦由此引起反彈及衝突，換言之，民粹主義升溫與惡性民族主義的發展關連密切。

### （四）文化衝突、宗教國族混合體及代理人戰爭

在中東，由於不少地區石油量蘊藏豐富，往往受到國際大集團的

垂涎，加上中東地區歷史上傳統宗教力量深厚，政治組織方面也趨於政教合一。而伊斯蘭教本身有不同派別，民族國家的出現再結合了宗教力量往往異化為極端的惡性民族主義。再者，這些國家中不少經濟發展落後，更容易淪為大國的「代理人」，事實上，這些國家之間的衝突不少是「代理人」戰爭。

### （五）從經濟保護主義到經濟民族主義

上文指出，良性民族主義本是經濟發展驅動力的一環，但當一些大國特別是美國，由於其國內產業金融化和空洞化，借貸度日出現大規模赤字後又不思進取，特朗普上台後為了迎合民粹主義更採取單邊主義的徵稅行為及其他貿易保護主義政策。當然其深層原因是害怕其科技水平被中國迎頭趕上，所以逐漸走上「科技保護主義」之路。目前情況尚未嚴重，特朗普所傾向的「經濟民族主義」未必成氣候，但這種趨勢卻不能不令人擔憂，因為經濟單邊主義一旦成為風氣，「去全球化」開始蔓延，良性民族主義的正能量便會大大被削弱，其空隙便會被惡性民族主義填補。

### （六）軍備競賽與惡性民族主義

在良性民族主義影響下，雖然各國為了自身安全會擴充軍備，以捍衛領土完整或保護經濟及貿易利益不受侵犯，但整體而言適可而止，接受國際共識或條約，除了個別國家外，其軍備發展主要目的是防衛，而不是為了盲目擴張以滿足霸主心態或受軍火商利益所左右，亦了解軍備競賽會佔用經濟發展資源，所以總會某程度自我克制。但目前的趨勢似乎逐漸由惡性民族主義支配，特朗普極力要求北大西洋公約組織（NATO）成員國大增軍費開支，是一個明顯的例子。

### （七）氣候變化的負面影響

人類過往沒節制的經濟發展，所引起的溫室效應已經開始體現在地球氣溫上升、兩極融解、海洋水位上升、農作物遷移、細菌繁殖生態變化等情況，這些挑戰將為人類未來生活帶來很大的負面影響（最極端的情況是地球愈來愈多地區不再適宜人類定居），不少規模較小的國家將難以適應，自然災難（包括疫症）大增，資源必須重新配置。這情況將破壞不少國家內部的穩定，亦會催化分離主義及惡性民族主義。國與國之間為了爭奪消失的自然資源，特別是水資源，亦將引起不少地區性的衝突甚至戰爭！

### （八）人口變化

全球人口正在經歷一場重大的變化，最突出的情況是發達國家的人口因老年化逐漸減少，估計到本世紀末，中美歐日的人口會大幅收縮。相反地，較貧窮落後國家的人口卻在膨脹，這意味着到了本世紀下半葉，目下經濟動力最高的地區的生產值及內需將下跌，寄望這些國家作為出口市場將大失所望。沒有了發達國家作為重要的出口市場，未來發展中國家將難以保持一定程度的經濟增長，這種情況下內部矛盾便更加凸顯，惡性民族主義將火上加油。

### （九）人工智能的超級顛覆效應

本書第一章預測，未來數十年間人工智能的破壞力將排山倒海而來，不論經濟生產、知識生產都將會由人工智能主導，人力作為生產要素將全軍覆沒。這種情況下，不論發達國家或發展中國家，其所擁有的最主要的資源即人力資源將被邊緣化，就算天然資源較豐富的國家，其天然資源亦將被快速發展的「新物料」取代。換言之，這些國家將沒遼闊的發展空間，一個沒有發展前景國家的人民，將變得更情

緒化和政治化，惡性民族主義難免冒出頭來。

### （十）全球債務，貧富差距及惡性民族主義

　　表面看來，全球債務攀升與民族主義拉不上關係，但當全球經濟愈來愈由債務推動，當全球債務達到一個高水平的臨界點，問題就會出現。2018 年，全球債務接近 250 萬億美元，為 GDP 的 294%（全球 GDP 共為 85 萬億美元），幾乎是二十年前的三倍。全球債務上漲原因之一是美國 2008 年的引發的國際金融危機，導致全球大國的中央銀行都陸續推出了「量化寬鬆政策」，利用廉價的資金推動經濟復蘇，這種復蘇的基礎非常脆弱，到了實體經濟難以負荷巨大的利息支出，政府下一輪應對衰退能力會進一步削弱。2020 年的疫情使全球的中央銀行不得不大量利用寬鬆貨幣政策救市，全球債務更上一層樓。

　　不單這樣，廉價資金使利益嚴重向富有階層傾斜，加劇了貧富差距，下一次大規模金融風暴若來臨，其財富破壞力除了加深衰退外，更製造大量失業，進一步加劇社會貧富懸殊。屆時，惡性民族主義會變本加厲了。

　　大部分國家由於內部政治、經濟穩定以及國際之間的合作，加上全球化帶來的繁榮與良性民族主義互為因果，建構成第二次世界大戰後人類社會空前的和平與繁榮。但由於上述因素的出現（有外來的、有內部衍生的、有先天性），良性循環正逐漸被一個惡性循環取代。正在衍生中的惡性民族主義由各種不穩定、不可預測及顛覆性的力量結合，在越不穩定的社會，惡性民族主義發展空間越多，國家內部的不穩定因素（多元宗教、多元種族）越多，惡性民族主義滋長越速。這樣看來，未來的國際格局絕對不容樂觀！

第三節：

# 從韜光養晦到大國崛起

## 一、從韜光養晦期的和平外交政策到積極維持國際秩序

　　眾所周知，中國一貫堅持和平共處的外交政策。這是 1953 年首次由周恩來向印度代表團提出。1955 年萬隆會議上，中國與印度、緬甸共同倡儀和平共處五項原則，包括：互相尊重主權和領土完整；互不侵犯；互不干涉內政；平等互利；和平共處。

　　1957 年，毛澤東在莫斯科向世界宣告，中國堅決主張所有國家實行和平共處五項原則，宣稱奉行獨立自主的和平外交，反對帝國主義、殖民主義、霸權主義和強權政治。1988 年鄧小平明確提出以這五項原則建立國際政治經濟新秩序。2007 年江澤民在土庫曼斯坦就有關建立國際新秩序闡述了中國一貫堅持的立場。在進入「新時代大國外交」之際，習近平重申四項主張：維護和平，反對武力；相互尊重，主權平等；自主選擇，求同有異；互利合作，共同發展。目標是繼續推動世界「多極化」，宣導國際關係民主化和發展模式多樣化，促進經濟全球化，積極宣導多邊主義，反對霸權主義和強權政治，堅持與鄰為善，與鄰為伴，深化與發展中國家互利合作，進一步發展與不同國家的伙伴關係，反對一切形式的恐怖主義，推動國際秩序邁向更公正合理的方向發展。

　　新中國成立初期實力有限，韜光養晦的防守性外交是邏輯的選擇，那段時間呼籲國際出現一個和平的秩序是中國理性的冀望。但當

我們高速發展成為超級大國時，我們的利益遍佈全球，不得不積極參與國際事務，責任與權利、問責與權力既然成正比，我們無法不主動建立及維持一個既公平合理亦適合我們發展的國際秩序，「新大國外交」是自然產物。

## 二、西方的傲慢與偏見

從啟蒙運動到科學革命，西方文化釋放了個體的智能，科技高速發展帶動了工業革命，資本家為了爭取天然資源、開拓市場，開啟了殖民主義及帝國主義時代，物質繁榮與軍事力量成就了西方的優越感，一時間殖民變成了「白種人的責任」。長期的優越感使西方掌控了「文化話語權」，西方的價值觀變為所謂人類普世價值觀，一切視角都必須從西方出發，這種根深蒂固的觀念更因為蘇聯解體而加深。但物極必反，當西方發展如日中天之際，全球局勢開始變化了，不過可惜，局勢的改變卻沒有立即改變西方國家及大部分西方人士以西方為中心的觀念。

「西方中心主義」（Western centrism）的謬誤包括三方面：價值觀方面的扭曲、認知偏見及錯誤觀念、外交策略之誤判。

### （一）價值觀方面的扭曲

西方的優越感造成它下意識地視其他文化為次等文化，所以不管西方價值觀本身有多大缺點，它亦自稱是「開放社會」，其背後隱含的「排他性」及「一元化」觀念其實與其本源的基督教無異，對其他文化價值的扼殺可說是人類文明發展的障礙。

這會出現兩個嚴重後果，一是不少西方國家仍堅持將自身價值觀強加於別人頭上，不少西方人甚至覺得自己有責任改造別的國家人民的價值觀。二是以本身價值觀為中心的國家自然不會視人類為一個

「命運共同體」。美國特朗普總統便是表表者，特朗普不承認全球氣候在變化中，單方面退出 2016 件聯合國 195 個成員國簽署的《巴黎協定》，又為了保持軍事優勢退出 1987 年簽訂的美蘇《中程導彈條約》，更要大力加強軍力及提高軍費佔 GDP 的比例，這些行為出自一種以我為主、敵我分明、妄自尊大的心態，絕不是共贏共榮、胸懷寬大及和諧共存的心態。大衛‧哈維（David Harvey）稱之為「新帝國主義」。採用亞歷西斯‧托克維爾（Alexis Tocqueville）的「美國例外主義（論）」或「美國卓異主義」（American Exceptionalism）描繪美國當前的心態更是非常恰當，甚至可以說，「美國例外論」已成為美國凌駕於國際法，推行全球霸權主義及干涉其他國家施政的藉口和根源。

### （二）認知偏見及錯誤觀念

　　西方中心主義者懷着高高在上的優越感，緬懷過往不可一世的驕橫，自然採用直線思維，不會接受新的變化，不肯輕易承認錯誤（這方面從彼等面對 2020 全球疫情的反應表露無遺）。這種「認知凝固」本是個人普遍的失誤，但擴大到集體層面，便容易引發衝突或戰爭了。

　　「西方中心主義」者的偏見和錯誤觀念有：他們認為，科學及科技發展具有累積性，純研發比應用研究重要，擁有純研發能力及核心技術的國家會自動一直領先下去；他們認為，落後國家受多元因素制約，包括人才、設備、科研能力、文化，所以不可能超越發達國家。後進者的優勢不外是引進西方先進設備及應用西方研究成果，但因為其自身的研發能力仍然遠遜，超越西方是不可能的；他們認為，人才是國家發展之本，西方的教育蓬勃，科研人才豐盛，自主創新能力強，科研產業鏈完整，發展中國家哪裏是它的對手？

　　這些先入為主的根深蒂固觀念，使「西方中心主義」者漠視新

趨勢、新發展，甚至新的資料。舉些例子：2015 年，全球經濟增長貢獻比例，G7（即西方大國加日本）已經被 E7（七大崛起國家〔the Emerging Seven〕，即中國、印度、巴西、墨西哥、俄羅斯、印尼及土耳其）超越，前者佔 31.5%，後者佔 36.3%；羅兵咸會計司事務所（Pricewaterhouse Coopers）預測，到 2050 年，G7 只佔全球 GDP20%，而 E7 將會上升至差不多 50%（以購買力水平計算）；1950 年，全球四分之三人口生活在貧窮線下，到 1981 年仍有 44%，但到 2016 年已降至低於 10%；以購買力水平方法（purchasing power parity，PPP）計算，2014 年印度已取代日本成為全球第三經濟體系。

### （三）外交策略之誤判

先入為主的優越感，忽視本身相對實力的下降，加上由少數利益集團（如軍火商）所操控，造成過往數十年來，西方國家特別是美國出現不少外交誤判：

最嚴重的領域是回教世界，西方遠遠低估回教的力量，他們只看到表面現象，即回教國家經濟普遍落後、社會脆弱、管治失當或內部分裂（例如阿富汗、索馬里、伊拉克、敍利亞、利比亞等等），他們看不到（或看到但不承認）的是，回教作為宗教力量與時俱增。預測回教人口在 2015 年至 2060 年期間的增長率會比其他世界各地高兩倍（2015 年回教人口佔全球 24.1%，到 2060 年估計升至 31.1%），與此同時，回教的宗教凝聚力亦有增無減。可悲的是，西方國家一直沒有好好地反省過去兩個世紀以來，他們對回教世界的傷害！

另一個重要例子是對俄羅斯，冷戰結束後，俄羅斯雖未走上民主之路，但起碼不具前期蘇聯的威脅性，但以美國為首的北大西洋公約組織卻繼續擴軍，吸納前蘇聯分裂出來的國家為成員。這些舉動迫使俄羅斯採取強硬措施，包括 2014 年取回克里米亞（Crimea）。西方這

種傲慢驕橫的態度，不必要地製造國際緊張和衝突，不過這也可能是
有關軍火商樂意見到的。

　　最錯誤的當然是以美國為首的西方國家直接以軍事力量介入別國
事務，特別是以捍衛自由民主的名義，在不同國家製造所謂「顏色革
命」，例如 2000 年南斯拉夫（Bulldozer）、2003 年格魯吉亞（Rose）、
2005 年烏克蘭（Orange）、2005 年伊拉克（Purple）、2005 年吉爾吉
斯（Tulip）、2010 年突尼西亞（Jasmine）、2011 年埃及（Lotus），這
與趁火打劫有何分別？據統計，在 1824 年至 1994 年這段期間，美國
在拉丁美州的顛覆行為高達 73 次！

## 三、中美博弈

　　從中美建交到今天，新中國與美國的關係，既有尖銳的對立，也
有真誠的合作，未曾破裂。從歷史看，影響中美關係的因素是多維度
的，包括國際格局、意識形態、地緣政治與國家利益等。中美之間在
許多全球性及地域性的重要問題上具有共同利益，也存在廣泛的合作
基礎，但具爭議性的因素也不少，例如人權問題、貿易問題、知識財
產權問題、軍事問題和台灣問題等。到了今日雙方關係實質已經發展
到「你中有我，我中有你」的地步，與美國保持穩定的關係是中國外
交關鍵重點之一。中國近期快速崛起，在美方看來是我方在破壞均衡
局面，加上「美國例外主義」心理作祟，因此美國的焦慮與不安，我
們是可以理解的。

　　「修昔斯德陷阱」（Thucydides Trap）由美國哈佛大學國際問題學者
格雷厄姆、艾利森（Graham Allison）在 2012 年提出，源於古希臘雅
典人修昔斯德（Thucydides），他既是將軍亦是歷史學家，他所著的
《伯羅奔尼薩斯戰爭史》（*History of the Peloponnesian War*）記載有關公
元前 5 世紀前期至公元前 411 年斯巴達與雅典之間的戰爭。艾利森以

史為鑒，指出「新興大國」挑戰「守成大國」導致戰爭幾乎是不可避免的，他所研究的 16 個個案中，只有四個沒有爆發戰爭，其餘的都以戰爭收場。對他的看法批評者不少，特別是指其理論膚淺及所引用的例子牽強附會，他也聲言只是提供警惕作用，但是在今天中美關係何去何從之際，他的看法是值得我們注意的。

在此之前，美國學者奧根斯基（A. F. Kenneth Organski）於 1980 年與古格勒（Jacek Kugler）合著的《戰爭總賬》（*The War Ledger*）一書中，提出了著名的「權力轉移理論」。他認為國力增速的新挑戰國往往會威脅現存的主導國或企圖改變原有的秩序與規則。根據根基奧斯的分析，大國角力導致國際局勢不穩甚至引起戰爭會在三種情況之下爆發：一是主導國出於保衛本身利益向挑戰國發動「預防性」戰爭，二是原有的國際體系滿足不了崛起者即挑戰國的利益，所以採用武力改變局面，三是在權力轉移臨界點上，雙方各不讓步。

上述的兩種分析架構，誠然值得我們參考，但卻不大適用於當前中美的國情與關係，因為第一，中國不會是主動挑戰者，中國過往的外交策略是融入美國主導下的國際體系，中國是這個體系最大的得益者。第二，中美之間合作的密切及互相依賴程度，與古希臘的雅典、斯巴達的情況迥然不同。第三，從歷史發展角度看，中國的壯大決定於內部因素而不在對外侵略。新中國立國及發展的基本目標是經濟增長、科技興國以及改善人民生活，與爭權稱霸沾不上關係。第四，儘管美國對外欺凌稱霸，但並不是鐵板一塊的極權國家，雖然總統權力相當大，但仍有不少制衡機制，其大企業、大財團的影響力也不少小。所以若美國向中國發動一場大規模或生死存亡的戰爭，並不符合它不同持份者的利益。換言之，對中美關係而言，「修昔斯德陷阱」應該是一個偽命題，但這不意味美國會坐視不理中國崛起，姑勿論其所採取對策的成功程度，「美國例外主義」陰魂不散，總會付出一定的代

價去維持它所緬懷的霸權地位的。第五，當今全球的國際秩序已走向多極化，整體文明程度亦比歷史上任何時間高，大國發動戰爭不可能不考慮國際間的反應。

## 四、荒謬絕淪的「中國威脅論」

　　面對中國的崛起，一個極端和煽動性的看法是「中國威脅論」。這個立場源於 19 世紀西方帝國主義為其殖民侵略「護航」，利用「黃禍」為藉口，挑起世人對中國的恐懼及仇恨。蘇聯解體後，唯恐天下不亂的一些西方政客及軍火商，為了製造新的假想敵，開始炮製及宣傳反華言論。1992—1993 年間美國外交政策所發表的《正在覺醒的巨龍——亞洲真正的威脅來自中國》，渲染中美軍事衝突不可避免。文化學者亨廷頓的名著《文明的衝突》（ *The Clash of Civilizations* ），亦火上加油地指出儒教文明與伊斯蘭教文明將是西方文明的對手。

　　換言之，這些歷久不衰不同版本的「中國威脅論」，不論來自美國、日本、澳大利亞、韓國或印度，不論其所強調的是軍事威脅、糧食威脅、經濟威脅、網絡威脅、環境威脅、地緣政治威脅或新殖民主義威脅等言論，都在炒作中國是個高度危險及不負責任的國家。

## 五、重奪道德高地

　　無論是惡毒的「中國威脅論」也好，容易誤導人的「修昔斯德陷阱」也好，抑或較中立的「權力轉移論」也好，現實的情況是，中國一直受到不同程度的懷疑與批判，儘管新中國已經非常克制，儘管我們的行為正大光明，儘管我們慷慨，儘管我們的政策正確，我們總會覺得有點力不從心，事倍而功不得其半，「懷柔政策」本來絕對正確，但為何那麼多國家特別是親西方的國家仍不領情？

　　最深層的原因是，就算對手壞事做盡，但他們的說話非常動聽，

他們所宣揚的所謂「全球核心價值」，不只表面振振有詞，更重要的是佔據了「道德高地」，他們利用口號性的概念，如自由、人權、平等，使其他人戴着有色眼鏡看我們，以他們先入為主但粗糙的標準審視、量度中國。從這個角度，中國是個背着「原罪」的國家，我們蓄意違反人類普世價值，我們的「罪行」包括：不尊重人權；打壓個人、新聞及網絡自由；在不同領域監控人民生活；利用補貼資助國有企業進行的不公平的國際貿易，顛覆自由市場運作；利用低工資以廉價產品奪取外國市場；盜用知識產權。

以 2020 年疫情為例，我們可以看到中國不單做好自己本分，而且不惜工本援助其他國家，雖然這個契機加上對手的誤判在短時間內提升我們的道德高地，但考慮到人善忘，疫症後不少人會故態復萌，必須明白對中國的偏見是根深蒂固，不是一朝一夕可以改變的，所以我們絕不可以掉以輕心。除了要長時期進行大規模及有系統的宣傳工作外，最重要是攻克對方的核心價值觀。要達到這個目標，必須依賴一個強有力的理論基礎，鍥而不捨地逐一攻破及溶解對手的皇牌觀念，由此全面奪回「道德高地」及「文化話語權」。這是一個極為艱巨的文化及政治工程。不過「千里之行，始於足下」，事不容緩，乘勝追擊，我們必須分秒必爭啟動一場「道德戰爭」、「認知戰爭」或「文明戰爭」。這項「軟工程」包括以下三大部分：

首先，從歷史角度出發，方法之一是採用比較角度分析歷史上不同國家或民族的行為記錄，判斷到底誰才是侵略者？到底西方抑或中國才是真正愛好和平者？我建議我們詳細深入研究這個課題，以取得更有力的論證：

傳統中國是大農業社會，農業特性是土地不能移動，農作物需時培育，所以心態上我們必然是保衛性及防禦性，我們愛鄉土（因為是農作物來源）、愛宗族（農業生產必需有群體之間密切的合作），這種

心態與侵略心態簡直南轅北轍（有關這方面我會在本書第七章再詳細分析）。反觀西方，由排他性的單神教孕育的國家，通過智性發展、科技掌控、資本累積、市場擴展然後，向全球展示他們的軍力，殖民及掠奪利益，才是真正的侵略者。至於所謂「黃禍」是來自蒙古族，蒙古當時征服歐洲，但也同時消滅了中國宋朝，換言之，當時歐洲是被蒙古這個遊牧民族征服，而不是被中國漢人征服，所以不能因此推論中國人擁有「侵略基因」。

試比較西方哥倫布（Colombo）在北美的殖民行為與我們明朝鄭和七次下西洋的活動，敢問一個連別的國家半寸土地也沒有拿取如何算得是侵略者？不少人亦指出，一個建造長城的民族如何可能外向侵略？

必須指出，歷史上我們中土也有不少王朝更換的戰爭（主要出於糧食不足及天災等因素），但內部一旦統一後，除了為了防衛，我們罕有向外圍地區發動戰爭，並長期攻佔別人的領土。在古代商周時代，我們甚至有「興滅國，繼絕世」這種觀念，這充分反映華夏文化奠基者的寬宏氣度和高尚情操。

與一些西方思想家的看法不同，我們商周時代因為農業生產自足，沒有像西方希臘、羅馬等要征服外族人及利用戰俘的經濟價值，事實上中國從遠古開始已不是奴隸社會（別忘記美國立國期仍是奴隸社會）。這與西方帝國主義及殖民主義的行為有天壤之別，過去百多年我們受盡外國欺凌及用血淚寫成的歷史，難道不是鐵證如山？

其次，從理論角度出發，中國儒家思想建築在仁義觀念上，主張「己所不欲，勿施於人」的公義觀念，懷着「四海之內，皆兄弟也」的精神，試問一個以克己和平為依歸的文化，何來侵略元素？中國的釋、道兩教，以出世為主，以慈悲為懷，以和為貴，沒有半點侵略欺凌元素。

反之，西方所崇尚的核心價值，無一不存着陷阱或矛盾，以及

「侵略性元素」，例如：自由引至放任和極端的自我主義和利己主義，社會不公及貧富差距；西方社會只講權利，不講責任，間接鼓吹不對稱、不負責任的態度及行為；個體罔視其根植於群體作為發展平台，反而「忘恩負義」地不尊重群體，既不顧群體的利益，亦不願受群體約束；西方民主助長政黨鬥爭及縱容利益集團的操控和掠奪行為，最終導致社會撕裂，但卻無助於權力的公平分配，反之卻賦與貪婪政客及其背後利益集團的認受性；市場分配不符合社會公義，長期導致富者越富，貧者越貧。

上述的情況部分我已詳細分析，另外的我會在本書後兩篇再交待，簡單而言，西方的所謂普世核心價值，雖然陳義甚高，但卻經不起仔細推敲及時間考驗，只要我們細心思考及研究其歷史，不難發現這些價值觀其實是片面、脆弱及自相予盾的。

第三，從人類「大道德」角度出發，當然我們不可以完全抹殺西方價值觀的優點，正確的策略是以中國文化道德觀為主體，結合一部分合理可行的西方價值觀，參考其他一些文明的思想，另外再審視傳統及現代道德觀的優劣，最終整合成為一個新的「大道德觀」，然後向全球作出新的外交宣言，我初步的「外交大道德」構想有兩條支柱，即「重建公義秩序，圓夢世界大同」。

從現代倫理學角度看，「公義」與「大同」均屬於全人類最普遍性以及終極的道德概念。在「道德階梯」上，公義能夠辯證地處理個體與群體之間的矛盾，遠遠超越西方目前所崇尚的價值觀，即平等、自由等。原因是公義包含最基本的「對稱性」，是人類社會正常操作及持續發展的必須條件。從公義角度分析，西方的自由、市場、人權，都不能完全符合公義的指標，有關這方面我在下一章談談。「大同」亦是人類終極的追求的境界。習近平主張的「人類命運共同體」本質上符合上述兩個大道德概念（詳細分析可參閱拙作《二次啟蒙》一文）

第四節：
# 從「中國夢」到「大同夢」

## 一、謀略與實力的「反比例原則」

　　眾所周知辯論時往往公有公理，婆有婆理，結果雙方各執一詞，眾口難評。遇上這種「認知落差」或「認知失和」（cognitive dissonance），人類一籌莫展。這當然也是民主制度最大的弱點，所以當我們遇上強詞奪理的對手時，只能用其他方法一較高下，爭取「認受性」及佔據「道德高地」是其中效的策略。

　　現實畢竟是殘酷的，所以自古兵不厭詐，國際政治遵守的基本上是森林定律，優勝劣敗，適者生存，歷史上外交方面的詭詐例子真是多不勝數。

　　春秋戰國、三國及民國，是我們政治謀略博弈百花齊放的年代，縱觀我們的歷史，經典的謀略五花八門，例如戰國時的合縱連橫、遠交近攻、圍魏救趙，諸葛亮的空城計，清初的懷柔政策，近代蔣介石的攘外必先安內，或新中國早期的一面倒政策，不論其成敗，都是值得借鏡及反思的。

　　兵家的經典著作繁多，包括《孫子兵法》、《孫臏兵法》、《吳子》、《六韜》、《尉繚子》、《司馬法》、《太白陰經》等，而前者更是家傳戶曉的典籍。因時制宜、軟硬兼施、錦裏藏針、虛實兼用、不戰而屈人之兵等更是政治謀略家津津樂道的策略。

　　儘管我們沉醉於巧妙計謀的運用，但大多數情況下，計謀不一定達

至雙贏。雖然謀略可以取一時之勝，甚至滿足我們以弱可以制強的好勝心，但以德服人才是終極的理想，不過無論是仁政或謀略，最終仍以實力為依歸，以外交角度而言，先安內然後攘外始終是較穩健的策略，雖然培養實力談何容易，但它是外交的根基。有關謀略的運用，我建議可考慮「反比例規則」（The Principle of Inverse Proportion）。當我們實力不足時，我們要多用計謀以補不足，當我們實力增長後，應該主動減少計謀，儘量代之以王道。計謀及霸道或可使我們得一時之逞，滿足一時之快，但這種贏家獨攬的情況不會真正持久的。

國家實力不外乎來自經濟實力、科技實力、軍事實力、文化實力（或「軟實力」，指相對相經濟實力、科技實力、軍事實力的「硬實力」）。中國的經濟實力與時俱增，科技實力也隨着 5G、北斗及人工智能等領域高速發展。隨着 5G 及北斗將廣泛應用到軍事上，我們應該在不久的將來，擁有高度的軍事威懾力。我們當然要準備好戰爭，但目的不是為了戰爭，而是為了保衛和平，使我們立於不敗之地，使對手不敢輕舉妄動。再加上我們的文化實力舉世無雙，相信不出三十年間，我們可以重新顯示我們有能力為國際製造共贏局面的王道。

## 二、「人類命運共同體」的實現——「第二聯合國」的倡議

國際政治畢竟與國家內政不同，不可能有中央集權的統領及執行一體化的法律，特別在當今國際權力多極化局面下，只能靠互相制衡、互相威懾，及最後互相妥協。所以要推行國際公義有極大的先天性限制，強者仍然可以專橫無理，枉顧其他國家看法，推動以自己利益為優先的「單邊主義」。目前聯合國的角色雖然非常重要，但在大事情上也只能依靠道德呼籲及國際輿論的壓力。換言之，「由上而下」這模式，在當代國際是不可能出現的，退而思其次，要在制約下取得最大及長期的國際公義，我們必須依賴「由下而上」循序漸進的機制設計。

　　我的建議是，由現在主權國家所組成的聯合國（United Nations）協助建立由世界各地公民參與組成的「第二聯合國」。「第二聯合國」的成員是不同國家的公民，成員數目根據階段不同有計劃地擴大，並有秩序地接受全球國家人民申請，所有申請人可以完全保留他原有的國籍，首批成員可以先由目前聯合國指引下願意主動作出不同貢獻的自願者組成，這新的第二聯合國將以民主方式操作。

　　第二聯合國成立的主要目標主要有三：第一，研調全球不同文化，加強世人對各地文化的理解和包容，保護人類文化的多元性。第二，研究人類共同面對的困難、問題與挑戰，例如氣候變化、人工智能、農業生產、疫症、水資源等，並提出多數持份者可接受的方案以供第一聯合國或有關的國際機構參考及推動。第三，對不同國家之間的糾紛，儘量以客觀的態度分析及研究，並通過大量溝通和協商化解彼此之間的誤會，雖然這些「和事佬」行為特別是在初期未必有影響力，但起碼可以擴闊不同持份者的眼界，從而增加全球互相信任和包容的氣量。

　　為了達到上述三大目標，第二聯合國可在全球各地建立「世界文化大學」，組織研究中心及團隊，大量宣傳跨國跨種族之間合作的重要性，希望通過在擴大中的成員量發揮愈來愈多的影響力，包括他們自身的政府。這些活動本身的影響力在早期當然有限，但假以時日，我們可預期逐漸在全球培養出一種相容、開放、理性及和諧的風氣，以及孕育一大批以解決國際問題為己任的跨國知識分子及精神領袖。長此下去，在第二聯合國及第一聯合國之間的互動下，通過第二聯合國在全球各國成立的使館及文化研究中心加上其成員每年不斷擴充，估計其影響力會逐步擴大，成為處理世界文化事務及解決全球共同面對的挑戰的一股主要力量與清流。

## 三、雙翼齊飛的策略 ——「第二聯合國」與「一帶一路」

中國的外交實力充分體現在一帶一路的倡儀。一帶一路既有其歷史淵源與背景，亦有其獨特的地緣優勢。中國向西邊發展是符合邏輯的選擇。無論是為了處理國內貧富差距或善用國家土地資源，或因為東北方面「強鄰」太多，發展空間頗為有限，還因為高鐵的發展可以改變自公元 1500 年以來海洋運輸路線獨大的局面，所以一帶一路發展方向是理性的選擇。事實上亞投行的成功一方面反映中國經濟實力逐漸強大，一方面亦反映「一帶一路」理念本身的吸引力。

要達至未來「人類命運共同體」，一帶一路是從經濟利益角度出發，那麼第二聯合國的倡議便是從文化角度出發，兩者相輔相成，能量自然倍增。不過論資源投放的收益回報，第二聯合國的範圍比較廣泛，影響力可能較為深遠，所以其優勢亦明顯。因為第二聯合國影響的不單是我們鄰國的利益，而是全球國家及全球有識之士，總的目標是目標是凝聚全球最理性的一群，群策群力地解決人類共同面對的危機及挑戰，為人類建立一個和諧公義的多元文化社會，這個正義的道德使命，其力量會隨着第二聯合國的運作如雪球般越滾越大。

第二聯合國對中國有不少積極作用，前面說過，我們必須重奪道德高地，這項計劃不只可以將我們的道德高地升格，不僅有動聽的理想外，還有實際的行動及事功，並不單純靠口號式的宣傳。

儒家的理想是「國治而後天下平」以及「天下為公」，以「大同」為終級境界，第二聯合國不單符合這個理想，而且對中國的長治久安亦會有一定的貢獻。

既然我們以「為萬世開太平」為己任，作為中華民族的一份子，我們若同時擔當世界公民的角色，接受世界公民的任務，不單可以實現「四海之內，皆兄弟也」的理想，更可以達到「保我中華萬萬年」

的目標。因為我們的文化凝聚力在世界首屈一指，兼任世界公民角色完全不妨礙我們愛國的基因與初心，以及以中國為優先的基本原則，我們所奉行的良性民族主義，亦與世界公民概念不相悖，後者使我們更加堅定地成就良性民族主義優良的一面。

但推動成立第二聯合國會遇到不少的困難。要得到全球的認受，世界公民這個概念一定要獲得目前聯合國的支持，且必須嚴謹聲明，世界公民與國民身份絕對沒有予盾，當任何人覺得其國家利益與第二聯合國支持的立場有矛盾而不可接受，完全可以自由作出選擇，包括放棄其世界公民的身份。

要實現這個計劃，牽頭組織是第一步，中國可以先說服一些聯合國成員國一起提交方案，並在早期給予必須的援助。得道者多助，可以預料的是，部分西方大國會反對、干預，或不容許其公民參與，不過當第二聯合國成立及操作後，全球有獨立思考能力的人士、思想界、學界等會給與不同程度的支持及鼓勵。

經過多輪成員擴充後，只要第二聯合國做的事是從人類整體利益出發，雖然仍有極端民族主義者及單邊主義者的阻力，它的力量終會播散全球，逐漸無遠弗屆成為一個穩定世界和平的力量。

我們當然明白單靠智性討論和協商效用不會太大，亦會出現不同人士各執己見及互不退讓的解果，所以第二聯合國的重要性不在智性討論，是去培育播散一種有感染力的「多元」和「多角度」的相容。使愈來愈多人同意其他人的角度亦具參考價值。久而久之，這種「相容文化」便成為世界公民的意識及共識。此外，採用世界公民這個角度會使我們覺得人類必須放棄成見，除了以國家民族為優先外，亦應以人類為主體，共同合作建立一個和諧的未來，所以相容和多元角度的推廣加上以人類整體利益為依歸，將會是第二聯合國最大的貢獻。

## 四、統一大業──讓台灣主動回歸祖國懷抱

「兵者，不祥之器也」，兵家從來不主張單用武力解決問題，上上之策永遠是「不戰而屈人之兵」。「得人心者得天下」是我們自古認同的不易之理，為了蒼生福祉，為了避免生靈塗炭，我們要盡最大的努力通過其他方法使台灣回歸，不只不費一兵一卒，而且讓台灣同胞「夾道歡迎」，這才是謀略的最高境界。

台灣本來是中國內部事務，但由於美國插手，所以多多少少也變成中美之間的矛盾，亦因為外國勢力插手和島內一些黨派挾洋自重，所以軍事統一會引起不必要的大國軍事對峙，況且亦沒有此必要。

另一個方法是經濟制裁，利用中國經濟力量施壓，甚至封鎖台灣海峽，以切斷台灣資源運送，但這也只是沒有辦法中的辦法，因為後果之一是引起部分台灣同胞的負面反感，縱使統一後也會有一長段時間不滿，所以亦非上策。

事實上，不出二三十載，一個大機遇便會來臨，這就是人工智能全面來臨的時刻。個人預測，台灣這方面的發展能力雖然不低但不夠全面，既難取得人工智能早期帶來的利益，也無法抵擋後期帶來的傷害，屆時其勞工將被邊緣化，產品沒有市場，失業情況將極其嚴重，引發經濟蕭條及長期通縮。相反，對岸的祖國大陸卻執人工智能的牛耳，雖然後期同樣會面對失業及貧富差距問題，但如果有中央的計劃和指令，以及執行我建議的 NPV 計劃，應該可以大大疏解人工智能的衝擊。

面對水深火熱的環境，台灣同胞唯一的指望是祖國大陸給予援助，幾乎可以肯定，大部分台灣人不是選擇離台就是要求統一，只要我們加以援助，將 NPV 模式延伸到台灣，那時統一大業便水到渠成了！張學良的詩句「確保台灣入版圖」，在不久的將來，不再是夢想了！

「政之所興，在順民心，政之所廢，在逆民心。」

「有法不正，有度不直，則治辟，治辟，則國亂。」

「不為一人枉其法。」

　　　　　　　　　　　　　　　——管仲《管子》


「天下為主，君為客。」

「為天下，非為君也；為萬民，非為一姓也。」

「一家之法，而非天下之法也。」

　　　　　　　　　　　　——黃宗羲《明夷待訪錄》


「共和黨與民主黨的唯一分別是，

當大公司找他們時，誰屈膝得最快。」

　　　　　　　　——拉爾夫·納德（Ralph Nader）

# 第 六 章

# 政治

第一節：
# 近代西方思想史兩大懸念

　　近代西方思想史一直存着兩大懸念。其一是如何維持整體經濟增長與較公平的分配之間的平衡，原因是經濟增長與貧富差距處於對立面，要提升經濟整體增長速度，最有效的方法是利用西方資本主義體系的機制，包括市場、有限責任公司、知識產權制等，但長期的後果是引致愈來愈嚴重的貧富差距。如何解決這個懸念是經濟學界數百年來的大課題，而這個課題關乎人類的福祉與社會的穩定。我所建議的 NPV 模式基本上可以處理這個矛盾，這裏不再重複了。

　　另外一個懸念是，什麼樣的政治制度可以同時符合下面兩項標準？

(1) 達致理想社會的標準，既可使個人盡情發揮其潛力，從而促進社會經濟發展，同時維持人與人之間合理的平等以及分配上的公義；

(2) 可行及可長期操作。

　　上面這兩個目標構成一個兩難的局面，亦形成近代西方思想中兩個截然對立的思想陣營，其一是自由主義（及其自由民主制），其二是社會主義（其極端版本為烏托邦式社會主義、共產主義，其溫和版本則為社群主義）。

　　單以「道德階梯」的高低而言，烏托邦社會主義陳義自然比自由主義高，因為除了尊重個人自由外，更照顧平等，所以理想主義者一

般都屬意於社會主義，事實上中國的大同主義亦可說較接近烏托邦社會主義，不過我們祖先早就明白「今大道既隱，天下為家」，考慮到人性自私及親疏有別，烏托邦社會主義實在是不容易維持的。

但自由主義最難自辯的是，它很難避免社會出現嚴重的不平等及違反公義的局面，所以在道德階梯上它不容易獲得理想主義者的認同，不過從操作及執行方面的標準看，自由主義採用的市場機制享有絕對優勢，除了可以釋放個人潛力而改變生活水平外，亦使其所屬的經濟體系取得較高增長，因而使有關國家建立經濟、科技及軍事優勢。

中國四十年的經濟奇跡顛覆了上述的「二分法」，中國靈活地利用市場機制全面發揮全民的生產潛力，但卻保持社會主義中政府的角色。在這個設計下，政府既可以扮演市場外另一個驅動經濟的火車頭，亦不妨礙市場發揮其效能，這設計讓全西方思想界耳目一新，中國稱之為「中國特色的社會主義」。

問題是這個雙軌制可以維持多久？中國貧富差距隨着經濟高速起飛已經凸顯出來，只不過因為中國特殊的社會組織、文化因素以及經濟仍然保持高水平增長，這差距未如西方一樣轉化為有殺傷力的政治力量，但居安思危，我們必須考慮慎重。

中國的社會主義制度，其大理想與中國傳統儒家的大同觀念（某程度亦是墨子的理想）是異常吻合的，這個制度結合了現代資本市場制度後，使我們成功取得高經濟增長，但處理社會主義要求較高的平等理想以及應付未來人工智能的大挑戰，我們必須引入新的機制，使「中國特色的社會主義」內容更豐富、概念更完善、操作性更強、持久力更遠，這個制度就是本書所建議的核心機制，即 NPV 模式。

　　不過在作出這個結論之前，我們必須全面審視西方的政治制度，特別是其民主制度的發展，我們必須全面了解這個制度的優勢及缺點，從這檢討中，我們希望可以構思一個更適合中國國情的政治制度，既可以提升我們的道德階梯，亦可以長遠維持有效的操作，從而破解西方思想史一直以來解決不了的懸念。

第二節：
# 西方核心政治概念的缺失

　　人類社會演化到現在，衍生了三大公認的「目標及價值取向」，這包括：以個體為中心的社會秩序，個體成為人類價值的主要泉源；個體與群體必須維持一個合理的平衡，使群體可以有效地繼續成為個體發展的平台；多元文化的世界。

　　這三大取向及架構有其理性的操作原則、評審準則或道德規範。這些規範我們可稱為「大道德原則」（Big Moral Principle），當中包含兩大概念：

　　其一是公義，這裏包含兩個二合為一的理念，從鳥瞰式的社會宏觀的角度看，公義是一種對稱原則，例如法律面前人人平等。從個體與個體之間的角度，公義同樣是對稱關係，但在操作方面則體現在正比原則，即所謂的「己所不欲，勿施於人」。這個原則廣泛地應用在不同的社會經濟及政治領域，例如工作與酬勞、風險與回報、投入與生產、責任與權利、權力與問責。維持一個合理的正比是保證社會的操作可以順暢及持續的必須條件。

　　其二是寬容，純粹堅守嚴謹的比例，雖然公義上說得過去，但畢竟「以牙還牙，以眼還眼」、「有仇必報」並不符合人類長遠利益。當然寬容不等於縱容，寬容必須要有紅線或底線作為保障。但對行為不檢的個體寬容，給予彼等有「回頭是岸」的機會，最後或可以達到雙贏的局面，「以德服人者王」，信哉此言。

　　所以上面兩個理念缺一不可，沒有公義底線，寬容便成為縱容，

對不知悔過的個體過分仁慈，相等於對其他奉公守法者殘忍，但另一方面沒有寬容的社會也會出現戾氣，使雙方各走極端，造成社會長期不穩定。

頗為意外的是，西方視為金科玉律的價值觀，即人權、自由、平等及民主等都不符合上述原則。

關於人權原則，人權概念在近代逐漸演化成為「與生俱來」和「不容侵犯」的權利。

人權形式化發展的里程碑包括英國 1215 年的《大憲章》、1628 年的《權利請願書》、美國 1776 年的《美國獨立宣言》、法國 1789 年的《人權和公民權宣言》及 1948 年聯合國大會通過的《世界人權宣言》。不過這個發展過程漠視了一項重要的對稱原則，即權利與責任或義務本應成正比，單談權利而不談義務和責任，就算說得多麼動聽，也是一種放縱與自私的行為。當然我們同意個體生存必須有基本保障，歷史上不少人確實連最基本保障也沒有，但當現代社會過分強調權利而幾乎不考慮得益者應盡的義務，就轉化成另一種極端。

一些較尖銳的批評者指出「人權主義」實際上是一種「文化帝國主義」，是文化霸權的產物，或是階級性偽道德的體現。不過在古代社會，統治者與平民之間權力嚴重不對稱，個體之間出現極度不公的權力不對稱亦是不爭的事實，所以當社會邁向個體化秩序時，糾正由不對稱引起的不公義情況是必須及正常的發展。

我們這裏可以採用以賽亞・伯林（Isaiah Berlin）將自由概念一分為二的辦法，即消極自由及積極自由，同樣地將權利劃分為「消極權利」及「積極權利」。我們同意一些「消極權利」對個體之間的不對稱有重要的糾正作用，所以是必須的。但一旦逾越這個範疇的「積極權利」，就必須與義務掛鈎和匹配。目前西方國家不少人民將基本人權延伸及異化為個人權利，對福利貪得無厭，他們或許忘記這個世界

是沒有太多「免費午餐」的，當然在貧富差距日益嚴重情況下，這種訴求亦是無可厚非。但諷刺的是，這些個體一方面要求群體給予更多權利，另一方面卻視群體如無物，甚至是認為群體本質是壓迫，完全漠視個體與群體之間的互相依賴，究其原因，就是忘記了社會公義必須建立在付出及收益的合理天秤上。

關於自由原則，同樣地，西方式的個人自由表面上受法律限制，或受人與人之間互相默認不侵犯對方自由空間所約束，但一些擁有大量資源的個體卻無時不在擴展他們的空間，例如本來屬於大眾可享用的土地往往被私有化或被對大企業及大財團有利的基建所佔用。反之缺乏資源的大眾，表面上似擁有同等自由，但彼等的自由空間卻不斷被前者侵蝕。令人遺憾的是，市場機制及資本主義本身卻「合法」及「理直氣壯」地協助擁有資源及有權勢者製造更多侵佔其他人自由空間的機會。可以預料的是，愈來愈多人不滿足於「消極自由」的現狀或感到自由空間被侵蝕，所以組織起來爭取更多自由及權益。換言之，在自由的旗幟下，社會不同階層都在進行不同程度的傾軋，不少極端者甚至只容許自身的自由而罔顧其他人應平等地享有的自由。

關於平等原則，大多數人的意願是希望社會上人人平等，但從客觀現實而言，各人的背景及條件不同，所以完全的平等是不切實際的，如何處理兩者之間的鴻溝一直以來是政治哲學上的大課題。西方社會因為早期單神教的出現而「碎片化」，所以西方人對這種冀望顯得特別強烈，但部分理想化人士罔顧現實世界中存在的矛盾，有意無意間忘記了自由與平等兩者某種程度上站在對立面，殘酷的現實是，個體可以自由地發揮其潛質及善用其資源、優勢，但最終的局面是個體之間實質上變得愈來愈不平等，大眾的平等訴求只能轉為形式化，變成空洞的口號或程序用來掩飾現實的制約，虛應故事一番而已。

關於民主原則，民主制度的一人一票模式是政治平等訴求最形式

化的表現，表面符合公義比例的要求，但實際上只是形式上的平等，它掩蓋了背後不平等的大現實，特別是智愚之別與貧富之別。理想主義的民主支持者以為通過形式化硬生生的平等投票權，一切政治問題自然迎刃而解，但實際情況卻相反，況且民主制度並不一定導致寬容的政治，反之政黨之間的衝突更將社會問題政治化，將鬥爭更尖銳化。要求輸的一方坦然接受輸的事實談何容易，有關這些方面我將在下面詳細分析。

　　從以上的分析，我們可以看到西方吹噓的所謂「普世核心價值」，其實都是口號大於實質、片面多於全面，充滿矛盾，經不起仔細的反思和推敲。亦因為這些缺失，造成西方的自大、傲慢和偏見。再加上西方智性發展的優勢，更使西方人自以為是全球的中心與典範，歷史真的給他們開了個大玩笑！

第三節：
# 西方民主制度的得失

　　在人類政治思想史中，相信沒有一個概念比民主更複雜、更具爭議性。民主的特徵是，一些優點很明顯，另外一些優點不容易被察覺，同樣地，其缺點雖然明顯，但一些致命的缺點不易被發現，需要經過實踐才會暴露出來。另外，民主概念為何對現代人那麼有吸引力？民主到底是目的抑或是工具？是我們人類社會的終極政治制度抑或只是其中一種算是合理的制度？要真正了解民主，談何容易。

## 一、民主是目標性或工具性？
　　事實上，這兩種元素同時存在，工具主義論者例如約瑟・熊彼特（Joseph Schumpeter）認為民主是一種政治競爭機制，其價值也止於此。而目標主義者則認為民主是一種理想，是個人價值的體現，特別是政治主權平等化，將政治最終權力即主權交予人民。一些理想主義（idealist）者例如約翰・杜威（John Dewey）更進一步推論，認為民主可以提升為一種理想生活方式。

## 二、民主的終極優點
　　一人一票的民主制，最大的優點之一是其認受性（legitimacy）不容易被其他方式取代，從認知角度看，一人一票最清晰、最簡單及易明，所以最不具爭議性，故被多數票選出來的政府其合法性是不容置疑的，亦因為這樣，所以政權轉移普遍是和平的。

在政權可以和平更替下，社會的穩定自然可以預期。當社會穩定，個人容易規劃未來，甚至可以有「生涯規劃」的想法。有了規劃及目標，個人可以盡情發揮其潛力及所長，當個人及企業都願意投資未來，個人才能又得以盡情發揮，經濟穩定發展便可以預期，這解釋了為何不少學者認為民主是經濟發展的先決條件。

此外民主既將主權轉至個體手中，人民成為真正的「持份者」，那麼個人的自由自然得到更大的保障，當人民嚐到自由得到保障，會更自覺地珍惜及捍衛民主，兩者相輔相成，緊扣成一個強而有力的混合體，即我們所謂的「自由民主制」，民主保衛了個人自由，而自由的人民會竭力保衛民主。

## 三、民主制度的深層管治矛盾

上述優點看起來無懈可擊，但實際上是否如此？從歷史角度看，民主的發展並不源於政治平等這個大理想，而是由於各種經濟、政治等客觀環境的誘發。當然民主如何出現與民主制度的優點還是兩回事，上文說過，民主制度的政治平等觀本身是一種抽離了現實的價值建構，漠視社會大眾本來不平等這基本現實，民主這種脫離現實的假設，不可能沒有後遺症。問題是面對現實上的不平等，單採用形式上的政治平等作補償是否有足夠的糾正能力？或從另外一個角度看，這種漠視現實的不平等會有什麼後果？

必須明白，管治是多維度的，管治牽涉多個領域，良好的管治必須考慮群體內眾人不同的需要、實際情況和價值觀，所以群體管治的目標也是多方面的，由此推論，用來檢視其成效的標準也是多元的。管治是一門複雜和深奧的學問，需要不同類型的知識及技術，其品質亦取決於知識和技術水平，但自古至今社會上知識與技術的分佈是極其不均的，與人頭計算的票數絕對不構成任何比例，莫說管治技術一

般人都欠缺，就算擁有這方面的知識也難以簡單評其優劣。

綜合來說，有兩個問題值得我們注意，一是，一人一票民主制背後的政治平等觀念，能否解決社會上重要的管治問題？二是，遷就這種形式化的政治平等會帶來什麼惡果？

換言之，當我們歡呼民主的優越時，我們應該如何評估上述兩大問題。要解答這問題，先讓我們看看西方民主發展的歷史過程。

第四節：
# 古希臘直接民主

　　公元前六至四世紀，古希臘地區兩百多個城邦出現人類最早期的民主政治。新體制的出現意味着它取代了古代自然孕育的集權政體（包括統一社會生活的皇權、統一血親關係的族權及統一精神世界的神權）。學者一般認為，上述的神權、皇權及族權三者的解破與古希臘獨特的社會地理環境有很大關係，特別是其自然地理條件、城邦社會形式及公民素質這些因素。古希臘沒有國家觀念，地區山多地小，80%是山地，耕地很少，人民依照地理條件出產經濟作物（如種植葡萄、橄欖，發展製陶等手工藝），通過貿易換取周邊西亞地區的糧食，又因為三面環海，港灣眾多，發展了一種外向性的「海洋文化」。這種「走出去」、開放，甚至殖民掠奪的精神，再配上商業發展的以物換物，自然較易形成對等交易觀念及換位思維的思考模式，為民主思想製造有利條件。

　　希臘地區山嶺縱橫，各地之間交通不便，有利於城邦的建立。城邦的特色是小國寡民，各城邦長期獨立自主，避免了一邦獨大及被族權和王權的長期控制，亦有利於分散式的公民政治發展。大約從公元前200年開始，北方遊牧民族長期伺機南下爭奪這些地區，但因為民族多、地型狹，始終無法建成強而有力的統一力量，加上古希臘屬於外向型經濟，沒有內在統一的驅動力，最後各族維持各自為政，此外古希臘處於西亞兩河流域文明及古埃及文明的交匯處，有不少交流碰撞。這種環境自然孕育多元及較包容的思想文化，有利於民主制度的產生。

　　總而言之，由於地理、民族、經濟、文化等因素，古希臘公民形成了勇敢、冒險、重視個人自由、不服從權威的性格，某種程度來說，自由主義及分離主義順理成章地成為希臘人的主流思想模式。

　　最具代表性的古希臘民主是雅典民主，其基本特徵是全體「公民」都是主權擁有者，亦是統治者及政治參與者。重視公民的自由和責任，在牽涉大多數人關心的管治課題上，由全體成員或少數被合法授權者間接進行決策，其制度特點包括：平民政體、權力制約、法律至上、公民意識。在組織及執行方面，則採用公民大會、500 人會議、將軍委員會、執行官。

　　上述的制度幾乎涵蓋了現代西方民主制度的特色，幾乎可說是接近一種「無懈可擊」的制度，所以令人不解的是，為什麼一個表面看起來那麼「完美」的制度，竟然被當時的主流思想家例如蘇格拉底、柏拉圖等唾棄，而最終在公元前四世紀後半期被北部崛起的馬其頓王國所滅，直到近代一沉不起。

　　研究這方面的學者指出幾點：

　　其一是希臘制度本身的局限性。希臘民主制度下，公民權利實際上只限於部分人民（古希臘本質上仍是奴隸社會，奴隸的數量與公民差不多相若），部分貴族仍擁有最高權利，由於時間及經濟等條件制約，參與公民大會者素質參差，議事效率低，又因為限制多，一般公民參與競選公職人員的意慾低。另外法治及制度上也存着不少局限，例如提案負責制嚴重妨礙其監察制度，「陶片放逐法」剝奪不少公民的辯護權甚至公民資格，法庭審判亦只有一審等。

　　其二是內部互相傾軋情況嚴重，造成政治腐敗及社會動亂，釀成柏拉圖（Plato）所描述的「暴民政治」。

　　其三是這種直接民主制只適宜小國寡民和狹隘的城邦，無法驅動內部經濟擴張及營造大規模的管治。

　　除了上述一般研究者的共識外，我認為有幾點希臘經驗值得我們思考其現代意義：

　　其一，管治知識與技術分佈不均是直接民主制施行最大的障礙，在個這制度下，不同類型的「偽知識」大行其道，當「偽知識」驅走「真知識」，其後果可想而知，這種困局當然亦不限於直接民主。

　　其二，因為眾口多詞，往往出現不協調、不一致、互相矛盾的意見，更因為大眾情緒容易被意識形態及群眾心理驅使，此一時，彼一時，長此以往，政策前後矛盾的情況一定會相繼出現，使社會無法適從。當然這種政策上的前後矛盾亦某種程度體現在現代的代議民主制。

　　其三，雖然制度的重要性不容爭議，但制度不能一成不變，必須配合社會客觀環境的變遷，不能墨守成規。在歷史、地理、經濟及其他因素制約下，就算最理想的制度也未必可以發揮其初心和本意。古希臘城邦受制於地理環境，城邦內外的山頭主義情況嚴重，直接民主使共識不易達至，不過就算這個制度在當時勉強可行，但沒有長期演化優勢的驅動，先天的缺失自然使其逐漸陷入「低均衡陷阱」，所以最終受唾棄亦是意料中事。

第五節：
# 代議民主制及自由民主制

　　有趣的是，希臘被征服後消聲匿跡的民主竟然千多年後捲土重來，不過這一次卻以另外一個形式出現，學者約翰‧鄧恩（John Dunn）稱之為民主「第二次重臨」（這有別於亨廷頓〔Huntington〕的「民主第二波」）。新的模式是由脆弱的「直接民主制」版本，脫胎換骨成為一個強而有力的「代議民主制」版本或「自由民主」版本。

　　我下面採用需求供應模式分析這個發展過程，需求方面共有三個驅動因素，供應方面也有三個。新的民主制核心的變化是通過三個「制度基礎建設」，將其推至一個穩定和成熟階段，以及通過主權與治權的分割，處理了民眾與精英之間的管治知識及技術分佈不均的困局。

## 一、需求方面

　　對民主制的需求，西方社會隨着客觀環境變遷而趨於強烈，簡單來說因素有三：

　　其一，基督教成為羅馬國教後，成為後期凝聚這個大帝國的核心力量，基督教的教義是在天主面前，人人有同等機會達致救贖，這不單催化了個體的自我意識，亦同時加強了平等意識。不過當民智提升，宗教信仰逐漸被科學觀挑戰及取代，西方社會必須有另一種世俗化的黏力去重新凝聚個體化或單元化了的社會。民主背後的政治平等觀完全符合基督教的個人平等觀，最宜重組碎片化了的社會，重新發

揮其能量。換言之，民主制度在一個世俗化的個體秩序中無形中變成一種新的「世俗宗教」。

其二，歐洲中世紀「黑暗時代」結束，經歷了「文藝復興」、「啟蒙運動」以及「科學革命」，民智大開，秉承了古希臘的智性文化，廣大民眾對民主制表面的「權力平等主義」自然嚮往。

其三，隨着科學革命、圈地運動、工業革命、海外市場拓展、殖民擴張等驅動因素，管治特別是經濟管治轉化為一門複雜的學問與技術，這與小國寡民的城邦時代不可同日而語。精英的專業知識已無可取代，西方人亦明白接受精英管制有其必要性，辦法是如何將管治權交給精英，但保留選擇精英的主權，在這個前提下，代議制是最符合邏輯的選擇。換言之，代議制的基礎是政治主權最終屬於人民，人民是構成「社會共同體」的基本元素，但管治權則可以交予精英。為了保障關係和諧，精英與大眾需要達成新的社會契約，因此這段期間的政治思想家包括湯瑪斯・霍布斯（Thomas Hobbes）、約翰・洛克（John Locke）、尚・雅克・盧梭（Jean Jacques Rousseau）都集中焦點研究這課題。

## 二、供應方面

順應時勢需求之外，民主制的成熟亦有賴於一系列的制度基礎建設，這包括代議制度、共和體制、法治、政黨、人權五大支柱：

### （一）代議制

代議制民主思想是在中世紀漫長的歷史過程中逐漸形成的，它的基本內容是「社會共同體」（societal community）是政治權力的終極來源，王權只源於人民權利的轉讓，但人民卻保留着對它的所有權（主權）和終極控制權。即是說，公共權力的使用應以「社會共同體」的

意願為基礎。

十三世紀英國出現著名的「大會議」和「模範會議」的代議制形式，中世紀一些歐洲封建城市亦相繼採用代議制的內容和形式，例如法國的「三級會議」、德國的「帝國議會」等，但都是形式大於內容，本質上還是封建的。近代意義的代議制度起源於英國 1688 年的「光榮革命」（The Glorious Revolution），根據亞瑟‧莫納漢（A.P. Monahan）的說法，兩個源於羅馬的概念促成了代議觀念，其一是「法人」（legal person），法人作為集合的團體被視為擁有自然人同等的責任與權益，法人概念在十二世紀末逐漸發展起來。另一個是「代理人」，當事人在法律允許的範圍內可委託及授權代理人執行所指定的事務和責任。除此之外，中世紀後期「王權神授」概念的衰落，以及「王權民授」概念相對興起，對代議概念亦有催生作用。當上述兩組概念匯合及充分成熟後，選舉產生擁有立法權的現代議會，便順理成章成為代議民主不可或缺的核心元素了。

「光榮革命」後，英國的封建等級代表會議與內閣制相結合，正式確立凌駕於國王之上的最高立法機關，議會最初只討論國王徵收賦稅問題，後來範圍擴大至立法問題，這種議會制逐漸被其他國家認可，並被廣泛傳播及仿效。

### （二）共和制

共和一詞起源羅馬，指屬於公眾之物及眾人之事，需要眾人承認參與，羅馬法學家雖然秉承古希臘思想家如柏拉圖（Plato）、亞里士多德（Aristotle）等思想，但卻認為無論君主制、貴族制或希臘民主制都各有不足，唯一能真正保障個人自由的政治體制是一種相容三者的「混合制政體」，而其操作原則是分權與制衡。

公元前 509 年，羅馬廢除了「王政」，改行共和制度。共和時代

掌握國家最高權力的是執政官，由百人議會每年從貴族中選出兩名，權力相等，任期一年，可以指揮軍隊、召集元老院會議和公民大會，遇到緊急事故可以選出「狄克推多」意思是「獨裁者」來應對危機，由元老院提名一名執政官正式任命，任期半年。

共和主義的價值在中世紀和文藝復興時期的歐洲重新彰顯，為了抵制君主及教會所宣稱的「神授統治權力」，自治成為文藝復興時期共和主義者的重要主張，在十七世紀英國政治變革時代，共和主義與英國自身的憲法傳統結合，後來在北美革命和制憲時代演變成為美國式的共和體制。

共和制與民主制理念上最大的區別是，共和制從制衡權力及分權出發，民主制是從政治平等概念出發。某種程度上共和概念可補充民主的不足，因為民主制的一人一票不足以完全保障所有個體的自由，在某些情況下，群眾可以以大多數人的名義，壓迫不服從的少數，即所謂「多數人暴政」或「群體暴政」。即是說民主既不一定保障所有人的權利和自由，亦不能防止暴民的出現，所以權力制衡仍是必須的。

值得注意的是，「公民美德」亦是共和主義者倡議的道德觀，較傳統和保守的古典共和體制（classical republicanism）最顯著的特點之一，在其主張將公民美德融入政治體系。相對而言，現代共和主義（modern republicanism）或公民共和主義（civic republicanism）則比較強調公民權利與自由及社會進步。總而言之，共和制既強調公共權力的制約與平衡，亦同時鼓吹公民美德、自我問責、政治參與、理性與相容等。

無論從什麼角度看，現代共和主義的分權制衡概念與代議制及法治等憲政（constitutional rule）原則結合後，對過往粗疏的直接民主制是一項非常重要的補充和貢獻。

### （三）法治

在民主背後的制度基建中，一項重要的支柱是法治（rule of law）的建立。法治一詞可追溯到 1617 年蘇格蘭神學家撒母爾·盧瑟福（Samuel Rutherford）反對「君權神授」的論述中。一些學者認為法治的基本概念最早出現是公元前 682 年雅典廢止王政和進入貴族政治時期，這代表西方法治的開端。到了公元前八世紀，城邦的出現為公民對公共事務的思考及法律思維提供了空間，公元前 621 年雅典在平民壓力下，頒佈了成文法，正式進入法治期。到了羅馬帝國，由於統治地域擴大，社會上糾紛相應增多，法律漸趨成熟，所以到了帝國時期，羅馬法律已經相當完善，出現了五大著名法學家協作整理及解釋舊羅馬法。

上述的發展符合古希臘及古羅馬的國情。但令人疑惑的是，為何在歐洲中古黑暗時期，當時基督教席捲歐洲，神權及教會當道，法治觀念反而有增無減，原因是基督教雖然有巨大的精神凝聚力，但畢竟在世俗事務上仍然需要有效的管治，特別是其意識形態主張的眾人平等，所以教會及王權仍必須以上帝之名推行法律，而普遍性和對稱性的法律符合理性的管治原則。換言之，中世紀的宗教觀不自覺地促進了人民對法治的認同，法律至上的觀念深入民間，這解釋了為何在十二十三世紀，歐洲已經有相當高水平的法律意識和複雜性的法律支持，以至理論上管治必須通過法律這個「載體」運行，就算教皇與國王也不例外，國王處於「上帝和法律之下」的原則體現了西方法治的基本精神，即法律面前，人人平等，正如哈樂德·J·伯爾曼（Harold J. Berman）說，「教會是一個法治國（Rechtsstaat）」。

近代啟蒙思想家豐富了法治理論，具體一點說，法治思想與實踐源於英國的約翰·洛克（John Locke）及其他代表人物如詹姆斯·哈林頓（James Harrington），這時期資本主義開始萌芽，逐漸形成近代

經濟體系的雛型，其關聯理念市場機制、平等競爭、商品流通、產權保障、限制政府權力，都需要較成熟的法治觀念扶持。

法治的重要功能就是保障這些社會及經濟操作原則的基礎，1885年中期英國憲法家阿爾伯特‧韋恩‧戴雪（Albert Venn Dicey）在其《英憲精義》（*Introduction to the Study of the Law of the Constitution*）一書中，提出一套完整的「法律主治」體系，申述了法律的普遍性、客觀性及對稱性。戴雪指出，英國憲法的三個要素構成「法治」：普通法佔優越地位；法律之前人人平等；憲制法不是個人權利的來源，而是個人權利的結果。

後來法治研究的發展，由追求法治的實用價值轉到法治的理想和目標。

隨着形式和程序兩者相輔相承，近代法治思想提升到「法治主義」的高度，其範圍除了包括下列各項原則：自然公正原則（principle of natural justice）、人權原則、自由原則、平等原則、民主原則。亦涵蓋下列兩項基礎性的原則：

第一，法律至上原則，即法律先於權力，這亦是中世紀神學重視法律延伸的結果，亦是近代憲法憲政的基礎。正如戴雪指出，法律與宗教分享許多共性，如普遍性、傳統性、權威性、儀式性，法律不僅包含人的理性和意志，更涵蓋他的情感、直覺和信仰。所有憲法都強調法律具有凌駕於包括政府在內一切行為的必要性。法律優先於行政，行政受制於法律，政府受法律支配，所以沒有法治也就沒有憲政。

第二，法律普遍性原則，其意義是立法、司法，執法、行政必須建立在形式法治的基礎上。

到此，我們大概了解法治與民主之間的有機性及互動關係。法治使民主的程序及執行有法可依，使民主不容易淪為暴民的工具，使選出來的政府有充分的合法化和認受性，使政權交移可以通過形式化而

達到和諧。另一方面，按民主程序選出來的政府亦保證少數人的權力不至無限延續，使不合時宜的法律不受舊勢力一直保護下去，使新政府可以在法律規管下，引進與時並進的法律等。

### （四）政黨

主權與治權的分割處理了大眾與精英之間的矛盾，但卻未能處理治權到底屬誰，社會精英階層的群體不止一組，到底誰應擁有管治權，這就是代議民主最關鍵的課題，政黨政治亦由此而起。

政黨政治起源於英國，早在 1278 年，英國議會內出現托利黨（Tory Party）和輝格黨（Whig Party）兩大政治派系。到了 19 世紀 30 年代，英國議會通過《選舉改革法》後，托利黨演變為保守黨，輝格黨演變為自由黨，開啟了英國議會的兩黨政治。美國及其他歐洲國家也先後跟隨發展政黨政治，其中比較典型的是兩黨制。

政黨是代議民主制度的自然產物，社會上的既得利益階層為了鞏固其利益，自然找代理人企圖通過選舉而取得管治權。另外熱衷政治的精英亦尋求財政資源以協助其組黨及爭取選民支持，兩者利益互補，各取所需，自然一拍即合。

政黨的出現，對民主制度發展當然有其積極的功能，原因是政黨往往為社會提供指導性的管治理念，而政黨之間的競爭亦會促使不同理念的碰撞，一方面對選民有教育作用，另外一方面是讓選民有較多選擇。基於這些原因，約瑟・熊彼特（Joseph Schumpeter）視民主為一種工具性程序，他認為與商業市場競爭一樣，社會通過公開「政治市場」的競爭，可達到更優質的管治。

### （五）人權

我在上一節已詳細介紹，這裏不再重複，簡略而言，人權的確

認、深化及形式化，與民主制度發展互相呼應，對民主的訴求已經成為人權的一部分，而人權的保障亦因為民主政治發展而變得更鞏固。

### （六）總結

有了上述的五項制度基建，代議民主制的發展達到成熟的水平，解決了群眾與精英之間管治知識不對稱的結構性問題，通過二元模式，將治權與主權分開，群眾保留了終極主權，可以放心將管治權交給精英階層不同的政黨。

共和制的出現使精英不易濫權，政黨制使精英之間出現競爭，法治使精英不能凌駕於法律，亦使民眾不能任意藉人多欺凌人小，這些制度基建使各方的權利都受到一定的保障，精英與群眾均可放心。當自由受到保障，產權及投資受到保護，各方胡作非為的可能性大減，這樣社會人士可以專心處理自家事務，選擇自己喜愛的生活方式了。

第六節：

# 西方民主的衰敗及民粹主義的興起

　　有了上述五項制度基建的支撐，代議民主制看似無懈可擊，先是席捲西方世界，再在第二次世界大戰後廣泛傳播至全球各地區，特別是它們的前殖民地。到了上世紀末，代議民主佔據了全球大部分的政治版圖，掌控了政治上的道德高地，成為現代主流的「自由民主制」。

　　一時之間，一小撮政治思想家例如法蘭西・福山，得意忘形地宣稱市場資本主義及民主制度是人類終極的管治楷模，代表「人類歷史的終結」，即最高峰的成就。不過好景不常，短短十餘年間，到了 21 世紀初，特別是 2007 — 2008 年金融風暴後，代議民主制的弱點暴露無遺，民粹主義開始衝擊傳統精英和既得利益階層的管治，西方思想界訝然發覺主流民主正面臨前所未有的危機，紛紛作出反思及檢討。

　　其實自由民主制出現危機是意料中事，我以下從兩個不同理論架構去分析這現象的前因後果。

## 一、從代議民主的基礎制度分析

### （一）法治的變質

　　隨着西方資本主義從高舉自由競爭的旗幟發展到近期市場出現嚴重壟斷情況，社會上反對這不公義的聲音愈來愈多，西方的法治主

義原則亦受到了挑戰，一些學者認為西方法律制度出現了危機，對大財閥及富人偏幫及有利，首先是法治逐漸僵化為一種極端的「形式主義」，一方面愈來愈重視法律條文而罔顧背後的法律精神，另一方面是法例累積繁多，大量不合時宜的法律規條使法律的詮釋陷入必須依賴專業律師的情況。

　　但另外一個相反的發展方向卻是，在民主制度下，人民對權利及福利的訴求越來越強烈，為了紓緩矛盾，法律推理日漸從以規則和形式的法治轉為以目的和政策為中心，由重視「形式公正」轉為「結果公正」。當行政權力擴張和自由裁量權擴大，立法、行政及審判的領域迅速使用大量無固定內容的標準和一般性的條款，導致一些學者驚呼「後自由主義社會」的法治已經走向解體，換言之，西方法治受到兩股立場對立的力量衝擊，「順得哥情失嫂意」。

　　西方法治基本的操作概念是「程序主義」（proceduralism），由於法律並不能保障必然達至公義的結果，所以退而求其次，追求次一級的客觀公義標準，即所有當事人都面對一致性的法定程序及審判過程，即是說所有人都受到但亦只受到形式上的保障。在法律規條仍是較為簡約的時代，程序主義本身不失為理性的設計，但當法律條文大增、訴訟成本高漲，在社會貧富落差加劇情況下，資源充足的當事人可以充分利用程序優勢，而資源不足者只能望門輕歎，換言之，法律程序不知不覺間異化成為可以顛覆公義的工具。


### （二）代議制的流弊

　　作為解決管治知識分佈不均，代議民主制是有效的工具，但可惜擺脫不了「委託人」與「代理人」之間存在的缺失與矛盾，特別是代理人會利用他們的特殊位置逃避委託人的監管而取得特殊利益，現代

社會其中一個典型例子是股份公司。特別是企業管理人「剝削」或「騎劫」股東的情況（參閱邁克爾‧詹森〔Michael C. Jensen〕、威廉‧麥克林〔William Meckling〕）。在公共政策領域，我們則可以引用「公共選擇學派」（public choice school）的研究作為分析架構，採用市場操作詮釋政治行為，把官僚和政治人物視為代理人及博弈者，並視政治行為本質是利益的交換。由於權力分佈存在結構上的不對稱，政客作為代理人往往佔有較大優勢，所以各方面達成公義的均衡是不容易的。

　　另外，多數主義（majoritarianism）有利於有強大組織能力的團體掠奪公共資源或影響公共資源的配置，這些多數屬短視行為，對經濟和社會會有不少負面效應。

　　總言之，因為結構上的緣故，多數票規則間接導致以下缺陷：難以取得各方權力的均衡；導致大財團爭奪公共決策控制權；導致不少選民對公共事務冷漠。

### （三）政黨政治

　　在熊彼特（Schumpeter）眼中，民主體制是「政治市場」的競爭平台及工具。但「權力市場」與「商品市場」畢竟有品質的區別，商品市場透明，產品絕多是「現貨」，買家容易審視其價值，但「權力市場」推銷的多是理念、意識形態及承諾，比較類似「期貨」市場，「虛」的成分高而「實」的成分少，所以行銷推廣及宣傳依賴意識形態的包裝，如上文指出，意識形態主要訴諸情緒及信仰，本質是反智的。

　　由於政黨背後的「金主」即利益集團源源不絕提供財政支援，所以民主的競爭其實是利益集團之間的傾軋。表面堂皇的口號，自圓其

說的意識形態，揭穿了不外是利益掠奪，這亦是公共選擇學派的真知灼見。

可以預料的是，「權力市場」中政黨的行為會導致社會長期政治化、兩極化、情緒化及對立化，最後撕裂社會，這種情況下民主的優點反而變成弱點，競爭變成惡性，你死我活的鬥爭。

為了爭取選票，政黨一定竭力爭取政治籌碼，對執政黨而言，最佳的辦法莫如動用大量公共資源以滿足選民的要求，在這個情況下，大灑金錢、卯食寅糧、舉債度日變成例行公事，結果是西方各國無不走上大規模負債這條不歸路。得天獨厚的美國更濫發美元，使全球經濟建築在脆弱的債務上，從這個角度詮釋，國際金融危機某程度可說是拜民主政治結合政黨政治所賜。

### （四）共和制

共和制是五個民主基制中唯一對民主沒有造成負面影響的機制，主因是它針對權力的限制與制衡，無論對民眾或精英，它都是以約束權力為目標，所以可說是針對民主實踐中權力出現偏差或泛濫的一種清涼劑。新的共和主義更進一步強調政治參與及公共精神，即倡議以個人美德為本位的政治，所以亦被視為「公民人文主義」（civic humanism）。但畢竟共和主義以整體權力、公共利益及傳統道德為先，所以與現代自由主義堅持的個人主導及民主背後的個體化精神有點格格不入，所以其理想化一面總難盡情發揮，但整體而言，其制衡原則對民主仍有相輔相成的作用。

可惜的是，現代民主制因為受其他四大機制（即法治、代議制、政黨、人權）的負面影響太深，所以不能發揮共和美德的精神，共和主義亦無法以其優點獨撐民主制。

　　從上述的分析可以看到，代議民主制表面成熟，但幾乎每一個支撐它的基礎機制都經不起時間的考驗，使民主制無法維持精英與民眾兩者之間權力的均衡。下面我們利用一個動態分析架構看民主如何走上衰敗的局面。

## 二、從動態角度看民主衰敗過程

### （一）西方政制的「原罪」

　　西方政制的原罪是它無法找到群眾與精英之間的均衡點，它的個體化秩序越走越遠，個體愈來愈自我化及情緒化的意識不易受其理性元素所制衡。自由主義所蘊含的逐利意識既沒有考慮其所屬的群體是否有能力承載個體無節制的擴張，亦不考慮「個體優先」對群體制衡力的弱化。雖然自由主義所繼承的基督教平等主義思想似乎對個體有一定的制衡作用，但歸根究底「魚與熊掌不可得兼」，其處於進退維谷的兩難局面並非偶然。

　　換言之，西方的自由主義及其資本主義伙伴與平等主義（無論是早期的基督教式的精神平等主義或後期的制度式的社會主義）之間的張力沒有可能簡單地解決。既要誘使個體在自由市場的框架下盡情發揮其生產力及創造力（因而以個體貢獻衡量其報酬），又要從人道立場及平等主義角度出發，維持較平均的分配，使個體之間的貧富落差不致走向失控，以保持弱勢個體的獨立與尊嚴。具體一點說，西方這種幾近「人格失衡」的情況，其死穴在其對產出的分配沒有妥善的解決辦法。換言之，分配的失衡支配了西方政治的走向。

### （二）經濟發展及社會分配的黃金時期

　　第二次世界大戰後，大多數國家大力發展經濟，對人力培育投放

不少資源，促使全球人力資本成為經濟發展的重要驅動力量，知識工作者概念，成為管理學鼻祖彼得・德魯克（Peter Drucker）的灼見。這段時期，社會產出的分配大致上出現平衡穩定的情況，經濟學者西蒙・庫茲涅茨（Simon Kuznets）更認為愈來愈公平的分配會隨着社會經濟繁榮而出現。

可惜他們都沒有看到資本主義發展所依賴的部分機制結構上是不對稱及向強者傾斜的。資本主義表面中立的市場機制，如我所分析，實質是向企業家及資本家傾斜，另外，有限責任公司，即現代資本主義最基本的參與者和支柱，因為風險設了上限但回報卻沒上限而向資本及投資者傾斜，又資本市場可以利用槓桿機制但勞工市場卻沒有這個可能，此外知識產權的安排亦有利於大企業多於發明者本身。簡單來說，現代經濟模式是強者愈強，大者愈大，特別是組織能力強的企業亦因經濟規模提升而得益，但這些經濟得益卻不平均地惠及工人、勞動者，甚至是知識工作者以及中小企業。

換言之，貧富差距的擴大是現行資本主義某些機制結構性的不公所引起，但因為這些機制頗為隱蔽，所以不容易引起思想界及管治者的察覺或警惕。更重要的是，資本主義經濟的蓬勃某程度上亦是拜這些機制所賜，這就是我指出的「增長悖論」，即經濟增長提速受益於這些傾向分配不均的機制。既然在這些機制下我們能夠取得較可觀的經濟增長，我們更不會輕易改變這些機制，後果自然是貧富差距會愈來愈擴大（Woo，2017）。

當企業壯大，他們自然會擴大其尋租活動（rent-seeking activities）及加強壟斷市場的行為。為了達到這目的，他們自然遊說政府給予更多政策優惠，而資助政黨也變成他們的常態行為，另一方面政黨亦樂於接受彼等的捐贈以增強其政治實力及影響力，雙方一拍即合，一個

惡性循環就此不斷運行。

### （三）貧富差距擴大及社會公義的危機

在民主制度下，各政黨要爭取選票，而政府亦不可能不順從民意，所以必然推出不同的福利計劃，以舒緩貧富差距，大勢所趨，西方國家無法不走上福利國家之路。在福利主義出現的早期，這混合體系構成各方仍可接受的社會平衡，一方面有能力的個人可以在資本主義體制內一展所長，這完全符合自由主義及個人主義的原則，另一方面，政府通過福利可以保護在競爭中的落後者或其他的弱勢社群。換言之，這種安排既可享有市場競爭的優點，亦有合理的社會安全網，所以在這個階段，不失為一個多方可接受的安排。

但隨着市場逐漸扭曲，經濟發展到了自然減速階段，社會上貧富差距凸顯，政黨們為了爭取選票，對選民千依百順，執政黨亦不例外，寧願四處舉債，卯食寅糧，後果是後期的經濟發展很大程度上建築在愈來愈高的債台及公共財政赤字上。

諷刺的是，代議民主制雖然表面帶來「政治公義」，但實際上無法處理愈來愈嚴重的「經濟不公義」，西方社會陷入一種社會精神分裂狀態。面對經濟劣勢，群眾自然利用他們擁有的政治權力，迫使政府在福利上作更大的讓步，但長遠效果卻適得其反，原因是民眾要求更多福利，但更多福利使經濟社會更依賴債務及陷入不穩定性局面，這不穩定及對經濟發展不利的局面使民眾更依賴政府接濟。2007—2008 年的國際金融危機更是一個時代的分水嶺，使西方經濟走上一條「不歸路」，西方政府為了挽救經濟，一直扭曲金融市場，製造龐大的貨幣供應及低成本資金，後果是大企業的借貸成本長期偏低，有利於彼等擴充其活動規模，企業規模擴大使彼等受益於規模效應及有利彼

等進行尋租活動，雖然背後的黑手是資本主義其中一些機制及政黨政治，但代議民主制卻成為代罪羔羊。

### （四）民粹主義興起

民粹主義是社會科學中最不容易有精確定義的概念之一，早期源於古羅馬一些擁有公民權的公民，特別指羅馬共和時期一群被稱為平民派的政治人士。一直以來民粹主義被視為一個貶義、較極端的概念，針對缺乏獨立思考能力、情緒化、藐視精英、抗拒建制的草根人士，其中有左翼及右翼民粹主義之分。概括來說，民粹主義反精英、反建制，且反多元的「身份政治」，民粹主義者聲稱代表大眾及人民，但卻排斥異見及對反商議，擁有鮮明的「敵我意識」，核心的政治活動是採取不同形式的政治暴力打倒敵人。

民粹主義者只有立場沒有政治理想，他們有鬥爭觀念但沒有一致性的意識形態，他們的目的是為了奪權或為了反對而反對。由於缺乏有指導性的思想，所以他們逐漸發展成為各式各樣的「政治族群」（political tribe）。

換言之，民粹主義只是政治情緒（political emotion）的體現，而不是一種主義化的系統思想，它主要表達對社會現狀不滿。這種情緒的泛濫一般可追溯到社會大眾因為感到前景悲觀、社會不公，或精英統治者漠視他們的訴求，所以作「群體本能」式的反應。從演化角度看，這是人類退化的一種表現。

2007—2008 年金融海嘯後，民粹主義在歐美抬頭，撇開道德角度，它對民主有實質的負面衝擊，除了徹底傷害民主文化中的互相包容及承認失敗的氣量，更衍生「後真理」時代荒誕的認知態度及行為。當西方社會政治受到反智的民粹主義吞噬時，西方的核心

價值觀，尤其是自由主義，其淪亡亦不遠矣。（參閱拙作《自由主義會在本世紀淪亡嗎？》*Can Liberalism Survive the 21st Century？* 2018）

### （五）柔弱無力的保守主義

自由主義在西方崛起及興盛亦並非一帆風順，雖然是西方思想的主流，但仍然有不少反對者，特別是當自由主義傾向極端化，西方一些保守主義（conservatism）者，在接受個人價值的同時並沒有忘記自由主義的弱點，保守主義者較強調個人的社會性、群體性和道德性，重視傳統、家庭、社區、宗教等價值，企圖維護一個較合理平衡的社會秩序，他們重視社會穩定，反對激進的革命，支持妥協手段以調和社會不同群體之間的利益衝突。

保守主義者如羅傑・斯克魯頓（Roger Scruton）認為自由主義被三大曲解的人性論錯誤所引領，其一的科學主義（scientism）過分重視人的生物性及演化特徵，其二的自由意志主義（libertarianism）過分宣揚個體的絕對價值，其三的交易主義（transactionism）誤以為市場價值等同社會價值，他指出這三者使自由主義走上了歪路。尼克・蒂莫西（Nick Timothy）則認為，自從法國大革命時代開始，保守主義的角色及功能一直在修補及糾正自由主義的極端傾向，而當今自由主義的極端傾向（即視市場為萬能及視權利為絕對）更遠離古典自由主義的理想。

問題是，保守主義者既然某種程度上比極端自由主義者清醒，為什麼抗衡不了極端自由主義的發展及民粹主義的興起？部分原因是保守主義並沒有一個一致性的思想形態，而是因時制宜、就地取材，所以存在不少內部矛盾。譬如部分保守主義者偏向堅持市場主義，偏

祖精英，其強調的傳統價值或宗教價值更使它缺乏「普遍性」的吸引力。換言之，其修補的功能始終擋不住極端自由主義及民粹主義的大潮流。

### （六）不自由的民主制度

第二次世界大戰結束被視是西方民主制度發展的新一波，大批前殖民地成為主權國家，選擇了選舉民主制。1970 年及 1980 年代，一個新的民主浪潮席捲歐洲，不少南歐、中歐等國家逐漸採用代議制政府，1990 年代，大部分拉丁美洲、東南亞及一些非洲國家都朝向民主制發展。「自由之家」（Freedom House）組織的調查顯示，全世界在 1900 年時仍沒有任何「普遍」選舉權的主權國家，到了 2000 年 192 個中已增至 120 個。

現在全球約有 200 個國家、193 個是聯合國成員，其中有 174 個稱為民主國家，不過有透明選舉（狹義的民主）的只有 116 個。

「不自由的民主」（Illiberal Democracy）概念，是 1987 年法里德・扎卡利亞（Fareed Zakaria）發表的一篇文章所採用的，他認為如果民主沒有憲法及自由主義支持，會產生中央集權政府，後果是破壞自由和國內種族之間的良性競爭，以及傾向形式上的多數主義和反對權力制衡等，這種情況會帶來很大的後果。

事實上，不少新興國家所採用的民主制，一方面沒有古希臘民主的議政及公民參與優點，卻有其暴民政治的缺點。另一方面，因為沒有西方代議民主的制度基建，特別是法治及共和等機制，全面承受了政黨惡性競爭的惡果。

換言之，相對於成熟的西方民主國家的漸進模式，不少新興國家所奉行的是入口模式，將民主形式硬生生地強加於沒有分權基礎

和法治基礎的社會，後果可想而知，再加上外國勢力干預，所以其
破壞力亦陸續凸顯，社會撕裂、極權管治及階級紛爭正在不同地區
上演了。

第七節：
# 西方政黨政治下協商民主的謬誤與缺失

　　針對直接民主及代議民主的弱點，一些民主思想家提出一個第三條路，希望加入直接民主的參與精神，藉以豐富純以選舉為主的代議民主制，這就是所謂「協商民主」（deliberative democracy）。

　　協商民主理論創始人之一是尤爾根‧哈貝馬斯（Jürgen Habermas），他是馬克思主義「法蘭克福學派」（Frankfurt School）第二代的中堅人物，他為西方的「啟蒙運動」進行了辯護，並提出「溝通理性論」（communication rationality）及交往行為理論（theory of communicative action），對「後現代主義」思潮進行了深刻的對話及有力的批判，他提出「重構科學」，試圖通過闡明人類各種基本能力如語言、理解、判斷、行動等結構，建立一種關於人類理性及合理性的交往理論，他的「交往行為」包括四種功能：理解性的功能、合作性的功能、社會化功能、社會轉型功能。其目的是避免人的「異化」，實現人的解放，通過發揮交往理性作用，重新回到生活世界，以實現社會的進化。一旦有了這些條件，協商民主便有了發展的機會。

　　在個這基礎上，協商民主強調不同的主體應該通過平等的對話、充分的溝通及理性的討論，一起參與公共決策及公共治理。通過這個模式，我們可以有充分條件去面對複雜的現代多元化社會以及高速變化的經濟所帶來的挑戰。核心理念是以公共利益為目標，通過公民的普遍參與，就決策和立法等公共事務達成「共識」。

　　沿着這個方向，我們可以從「協商民主」達至「共識民主」的境地，既可以解決「選舉民主」的疏離與無力，亦避免了「多數民主」可能對少數人或少數族群的迫害。

　　可惜的是，太理想化的哈貝馬斯看不到溝通的局限性。無可否認，人與人之間若然多點溝通，特別是冷靜理性和平等的溝通可以化解紛爭或異見，最終達成雙贏的共識，但可惜這個現象一般只出現在「私人領域」（private sphere）。政治到底不同經濟關係或普通社會關係，政治不單是人際關係中權力的分配和掠奪（爭取權力及控制別人是我們深層的本能，某種程度反映人類自我化過程中安全感的缺乏），其最大的特質是參與者儘量擴大其在公共領域的影響力，在公共領域中，爭奪權力最有效的工具莫過於利用意識形態的控制力，一旦群眾墮入意識形態的陷阱，其所挑起的情緒絕不是多些交流可以妥善處理的，相反地，交流越多可能會刺激雙方更多的情緒反應，更容易各走極端。

　　上文分析，民主最大的敵人是政黨。為了選票，為了控權，所有的論據、辯論都變成工具和藉口，什麼真相真理一概都拋諸腦後，一切都訴諸包裝、情緒、本能、策略，就算達成表面或暫時的妥協，其深層思維仍是楚河漢界，敵我分明，難以有真正妥協的空間。在這種情況下，溝通只會適得其反。換言之，在政黨政治肆虐下，尋求理性溝通可以說是「緣木求魚」，委實太天真了！

第八節：
# 西方民主改革的倡議

## 一、代議民主的敵人

　　到此，我們大概清楚為何代議民主雖然經歷輝煌，但目前到了一蹶不振的境地。近幾年西方思想界訝然驚覺民主出現危機了！特別是美國特朗普當政及歐洲民粹主義抬頭後，「民主已死論」、「民主衰敗論」等開始充斥政治思想市場，二十年前歌頌民主是人類終極制度的福山，也改口說民主無能了。

　　綜合來說，代議民主制最大敵人有二：一是政黨；二是資本主義的一些操作機制（即市場、法人等）。前者之所以可怕，是因為它結合了三大元素：第一個是委託人的財力，特別是大財閥及大企業包括軍火商等向政黨提供的財政資助。第二個是組織力，曼瑟爾·奧爾森（Mancur Olson）在他的《集體行動的邏輯》（*The Logic of Collective Action*）一書中指出，相對於個體，有組織力量的群體擁有完全不對稱的政治力量。第三個是意識形態，如果說組織能力是政黨的「經」，意識形態便是其「緯」。意識形態擁有龐大的凝聚力，既有無可置疑的情緒煽動力，亦可以通過組織及有系的文宣收潛移默化之功，在數碼時代甚至可以大規模地製造假新聞。今時今日，西方政治已經進入了「後真相時代」，當真相已普遍被漠視及唾棄時，西方文化的核心價值觀又被下一城，逐步走向破產邊緣了。

　　財政資源、組織力及意識形態這三個元素構成政黨無懈可擊的能量，徹底左右西方民主的政局，表面是開放自由，實質是撕裂社會和破壞和諧。諷刺地說，這是一種「有組織的混亂政治」（organized anarchy），是先製造「混水」，然後在「混水中摸魚」！

　　源源不絕向政黨提供爭議性的話題及意識形態的養料，正正是愈來愈嚴重的貧富懸殊，有了這個「永恆」的議題，政黨不愁寂寞，可以大造文章，各司各法，提出不同的方案及承諾，四處煽動群眾，簡單來說，這就是當前西方政局的縮影及困局。

## 二、解決方案：NPV 模式加功能性民主

### （一）NPV 模式

　　基於上述的分析，解決方法已是呼之欲出，方法就是「去政黨化」。這並不是說在法理上取締政黨，而是將政黨的負面元素逐一連根拔起，或最低限度將它的負面影響一一抵消。釜底抽薪的解決方案中，第一支柱當然是採用 NPV 模式及其解決社會貧富差距的能量。

　　撮要地說，NPV 模式在政治領域的主要功能在：

(1)　NPV 模式的雙軌制不會破壞或干預目前市場資本主義的操作，所以不會衝擊既得利益集團；

(2)　社會大眾有了希望，有了寄託，有了追求目標，民粹主義便失去滋生的土壤；

(3)　政黨一向炒作貧富差距，原因是這關乎公義感及生活福祉的話題滲透人心，是最容易被政治化的藉口，當這問題大致解決後，社會上意識形態的紛爭可以大大減少。況且這模式一旦推行後，不會因為政府政權更替而改變，成為穩定社會一大力量。

### （二）功能民主

　　另一個解決方案是「去意識形態化」，除了採用 NPV 模式以減少意識形態的養分外，另外一個有效的辦法是重新分配政治權力，以社會大眾最關心及最切身的經濟課題作為政治權力分配的根據，這方法可稱為「功能性民主」（functional democracy）。

　　具體辦法是將大部分立法議會的議席按照社會主要的群組及經濟功能重新分配，以反映社會的基本現實。經濟部門可以按其佔全國生產總值的比例（當下或預測）分配議席。除了經濟功能外，部分議席分配則按照社群性質，例如資本家、工人、工會、學生、移民、少數民族，甚至無業的家庭主婦、殘疾人士都可以各有席位代表其權益。此外還預留一些社會管治功能主議席給予專業人士擔任，例如有關政府稅收、財政支出、經濟發展、社會產出分配、國際貿易等，換言之，所有立法議會議席由新的「三駕馬車」，即產業性、群組性及管治功能性的代表組成。

　　操作辦法是，先將全國選民按以上功能組別分類，每位選民只能選擇參與其中一個組別，然後由每一個組別的選民選出一個議會（約20 至 30 人），再由這些議會代表選出全國立法議會代表。除了由各全國議會代表選出首相或行政首長外，每個組別的選舉時間都不同，以避免全國性選舉出現白熱化高潮。每五年選出的新首相可以自由組閣（但亦可以規定部分閣員必須來自立法議會的全國代表），並提名政府最高層的部門首長，但閣員及部長必須通過立法議會認可。

## 三、「功能民主模式」的優點

　　「功能民主模式」的優點有四：

　　其一，這個模式基本上仿效經濟市場的競爭模式，但與一般「政

治市場」的政黨競爭迥然有異。在一般民主代議制下，大眾是不容易分辨及透視政黨代表們所提出的各項方案，特別是一些較為模糊的長遠方案，況且選舉過後政黨亦不會立刻將承諾兌現，往往不了了之。

相對而言，功能民主模式，除了表面仿效政治市場的競爭模式外，更是高效地利用經濟原則，眾所周知，一般選民比較熟悉的只是他個人所屬的產業或企業範圍內的知識或技術，功能民主模式正正就是針對普羅大眾最有生活體驗和理解的範圍，換言之，由產業內部人士選出來的代表，哪怕投票者是較低層，也與他們的工作、生活及前途息息相關，正如消費者一樣，因為關注的是直接與自身有關的貨品或服務，所以眼睛都是「雪亮」的。在新的安排下，有直接體驗及知識的選民不會輕易被空泛的意識形態所影響或瞞騙，可以發揮本身最大的優勢及作出最理性的判斷，政黨空有動聽的「故事」，也逃不過他們「雪亮」的眼睛了。

其二，被選出來各功能組別的代表，對本身產業當然了如指掌，他們的產業知識不會低於政府內閣中的成員或政府部門的官員。事實上，政府官員實踐機會可能比較少，其專業知識不一定比得上代表這些組別的專業人士，這樣社會上專業管治權力之間的對稱及制衡，就可以達到了。

其三，一個政黨擁有的凝聚力，主要來自其意識形態及其金主源源不斷的資金投入，不過無論一個政黨多大，也不可能涵蓋不同專業及功能組別的精英。在這個模式下，一個政黨操控選舉成果的能力會大受限制。況且各產業的功能組別所選出來的代表自然將他們產業內部選民的利益視為優先，而不會盲目效忠他們所屬的政黨，所以在這個模式下，政黨的弱化可以預期。換言之，當選民擴散在不同功能組別，政黨的組織力將起不了大作用，它的能量必然鞭長莫及。

其四，委託人（即政黨背後的金主）之所以支持政黨，是因為後

者有機會執政及選出國家首相或行政首長，但當權力擴散到沒有關聯的不同產業部門及社群，政黨執政的機會會大大減低。金主們自然會將資源轉而支持本身所屬的產業部門的專業人士，他們的對象不再是政黨了。屆時就算這些金主仍有影響力，但其範圍已經大大縮窄了，況且其所屬的經濟或產業部門，由於權力分散在專業選民，這些專業代表亦未必買金主賬了。

當金主半離席，意識形態效能減弱，政黨組織力有所不遞，政黨背後的支持力量自然瓦解。縱使政黨表面仍然存在，但已經被弱化了。當政治出現「去意識形態化」，當議會代表都實事求事地去解決社會及產業內部的實際問題，當金主們轉移目標支援專業功能組別代表，當社會貧富差距受到控制，當民粹主義退潮，社會上的政治氣氛自然緩和，「去政治化」指日可待了。

換言之，解決目前西方民主危機的辦法不是利用共和主義粗略的權力制衡，而是在根源下手，從源頭做起，去政黨化、去政治化，使社會管治走向經濟發展、專業化及理性化之路，使貧富懸殊不再成為社會「永恆」的毒瘤，這樣那民主政治便可以撥開雲霧見青天了！

屆此，哈貝馬斯等的交往民主所主張的溝通理性化便可以安然着陸了。

第九節：
# 西方政黨民主完全不適合中國

## 一、對中國未來政制的倡議

　　國家有幸，沒有陷入西方民主模式的困局，特別是政黨主導的代議制民主。事實上，西方式的民主對中國是絕對不適宜，這裏我重複幾個要點：

　　第一，政黨主導的民主政治有長期撕裂社會的作用，採用這個制度會徹底破壞我們民族的根基，溶解我們比西方文化佔盡上風的社會凝聚力。

　　第二，社會政治化會障礙我們的經濟動力，中國人民目前都集中在努力工作、投資未來，爭取合理回報，改善生活素質，規劃生涯，建立健康和諧的社會，我們決不能允許社會政治化破壞我們正確的發展方向。

　　第三，西方民主制度會使我們社會進一步向個體化傾斜，正如我上文分析，這是一個極端危險的情況。不採用西方民主，並不等於我們不尊重個體，或剝奪其實現理想及發展潛質的自由，而是我們要同時兼顧群體與個體之間的均衡，要避開由個人主義異化為自我主義、自戀主義或逃避主義。換言之，無節制地引入西方民主制度及其背後價值觀，標誌着我們幾千年文化將趨向淪陷。

　　第四，政黨政治使大商業及利益集團變成實際操控國家的主人，

將大部分人民還原至二等經濟族群。

　　一言以蔽之，儘管西方民主可以為社會帶來一些穩定力量，但作全盤考慮，我們實在不需要西方那種形式化、僵化、偽社會公義以及撕裂社會的一人一票選舉及政黨主導的民主。

## 二、中國需要什麼樣的政制？

　　與其他國家一樣，我們需要社會穩定、經濟發展、保障個體自由、政治權力制衡，政府需要有高度透明度和認受性，以及維持合理水平的貧富差距，但這並不等於我們需要接受會破壞我們文化根基、削弱我們民族凝聚力以及我們濃厚的社會性的西方民主制度，尤其是我們必須將會撕裂社會的多黨制摒諸於門外。

　　基於中國立國的獨特情況及後期的發展途徑，以下的四項制度足以使中國未來政治長期處於合理穩定的狀態，亦可稱為中國政治的「新的四維」：

　　維度一：繼續全面發揮目前強而有力的中央政府領導，處理全國性及長遠性的事務及社會投資，但在地區事務管治方面，不妨多鼓勵良性競爭，特別是有創新思維的公民管治。

　　維度二：採用 NPV 模式，一方面處理貧富差距、失業，及化解人工智能的潛在的威脅及其他社會民怨，另一方面支持文化及教育創新，以及為少數民族取得平等福祉等。

　　維度三：全面發揮法治及其背後平等的精神，為了使西方法治更適宜中國傳統道德觀，國家可考慮建立一個龐大的司法和解或調停機制，培育大量有關人才，使大部分民間的法律訴訟得以在庭外和解以和氣收場，這除了減少人與人之間的戾氣外，亦減低法律的複雜性和法治的成本，對和諧社會的建立有積極作用。為了加強法律的透明及

簡易，國家應不斷審視過時及過於復雜的法律，使法治不至流於「形式化」。

考慮到司法獨立是約束及制衡武斷權力的重要概念，不妨考慮設立一個時間表，在中國發展比較成熟時，再檢討研究和設計可接受及有較高獨立性的司法新制。

維度四：設計輔助性的功能民主制。必須說明我下面建議的功能制與我前文建議西方國家採用的不同。考慮到國家的特殊情況，我這裏建議的功能民主只會是一個輔助性機制，我建議將立法權一小部分的議席留給功能組別，比方四分之一或五分之一。立法機構按目前模式完全不變，但增加額外席位給予各個重要產業、經濟部門、社群代表，並容許通過間接或直接選舉產生代表，投票者數目可以按年逐步擴大。整體目標是在政府建制以外引入不同組別的精英，利用他們的專業知識，既提升亦制約政府內部管治的功能，補充後者專業技術上的不足。具體辦法與我提出的第四模式的功能組別大同小異，但這些代表在政府架構中只佔少數，亦不會被授權可以選國家領導人，他們主要的功能是顧問性，利用他們豐富的專業知識，改良及制約政府的管治行為。

我相信，上述四項機制或「新四維」將使中國管治更專業、更靈活、權力較分散、更有朝氣，使貧富差距不構成社會毒瘤，以保證中國文化的根基不被搖動。

這樣，「保我中華萬萬年」，應該不再是夢想了！

確保中國的歷史文化與現代文化能夠「有機地結合」，我們可以考慮推動一個符合人類大道德的以「中學為體」的全國性文化政治教育，特別是處理人權（權利與責任）等課題，這方面我將在下章探討！

「滅人之國，必先去其史，隳人之枋，
敗人之綱紀，必先去其史；絕人之才，
湮塞人之教，必先去其史。」

——龔自珍

《定庵續集》卷二《古史鈎沉二》

「扶持自是神明力，正直原因造化功。
大廈如傾要樑棟，萬牛回首丘山重。」

——杜甫《古柏行》

「雪壓霜欺，果擠出，真賢本色！
國難前，匹夫有責，揮刀持戟。
慷慨悲歌臣子淚，去留肝膽鬼神泣。
待明夷，聖主訪神州，留青冊。
經世用，從來急！成與敗，憑天力。
著詩文百卷，移風樹極。
書劍平生儒者事，死而後已何須戚？
代天公，敲喪帝皇鐘，清民側。」

——詞牌《滿江紅》

《讀明史。明末三大家：黃宗羲、王夫之、顧炎武》

# 第 七 章

# 歷史

第一節：
# 大歷史觀及「事律相對論」

## 一、大歷史

　　英國前首相丘吉爾（Winston Churchill）曾說過「越退後看，我們看得越遠」，這的確是真知灼見，我們若不回顧歷史，恐怕難以透視未來。古人早已有「以古為鑒，可知興替」的至理名言，但傳統歷史學者，因為缺乏分析工具，只能依賴碎片式的考證，每每目光如豆。這當然不是否定他們在微觀領域中的學術貢獻，但對於試圖將歷史作為一面鏡子以參透未來，這些貢獻恐怕是微不足道了。

　　「大歷史」（Big History）的出現，改變了這種情況。「大歷史」的開拓者為大衛‧克利斯汀（David Christian），這個新興的學術領域探索從宇宙大爆炸到現代歷史，利用跨學科的角度檢視長遠的時間框架，整合宇宙、地球、生命和人類的研究，並在這個大背景下探討文明的起源甚至思考人類存在的意義。這個新興領域將人類歷史（約一千八百萬年前）放在宇宙歷史（約一百三十億年前）的架構下解讀。中國最早研究「大歷史」是黃仁宇，他採用「山中方一日，世上已百年」的角度，詮釋中國數千年歷史，覆蓋氣候、地理、文化、經濟結構及不同種族交往等因素，使我們對中國歷史有一個較嶄新及全方位的視角。

　　雖然用心良苦，概念新穎及方法獨特，目下的「大歷史」的研究仍然存在一些缺陷，這包括：

(1)　架構粗疏，這其實避不了，亦是需要付出的代價；

(2)　以描述為主，對事件因果規律研究不夠深入；

(3)　欠缺一個全面的歷史哲學，目前的大歷史並沒有提供深層的理論架構，沒有提供一套有深度的歷史哲學，例如處理事件的偶然性及必然性的關係；

(4)　所採用的模式沒有充足的預測力，容易陷入宿命主義。

## 二、「事律相對論」

事律相對論 "（theory of law-fact relativity）是我 1989 年發表的一篇論文提出的，它對歷史哲學具有指導性作用，亦可為大歷史提供一個雛型的理論架構。它的核心概念是事件與背後的規律是由上而下重疊組織及互相影響的。當一件特殊事件發生後（例如宇宙大爆炸或彗星撞擊地球），其所產生的衝擊在穩定下來後，可能衍生一個層面較低但擁有新的因果規律的狀態，新的事件會按照這一套新規律產生及自我運行，直到新系統運行一段時期後，它又受到新的衝擊或由累積作用演化以至產生另一項有支配能力的獨特事件。事件所造成的衝擊穩定下來之後又會建構再下一層的凝固狀態和體系，而新建的結構會再衍生另一套較下層面的操作規律。如此重重疊疊的關係，便構成宇宙間由上面支配下面不同層面的體系（system of ontological layers），而這種層疊性的體系中每個層面主要按上一層的支配性的規律運行，且不斷演化新的下一個層面，當然當上層結構消失，下層的結構亦會隨之崩潰。

每一個新的層面形成後，便與當時存在的結構建立新的生態，通過新的因果規律，逐漸形成一個運行的「或然區」（probability zone），區內事件運行的機率便可以計算出來。使「或然區」改變有兩個可能，一是是外在事件的干預，一是規律運行的累積作用，兩者

都可能塑造一個新的但較低層次的或然區。其整體累積後果是一種演化性的「途徑依賴現象」出現。簡單來說，事件發生後會引致新的演化途徑出現，不過有關的主宰性因素「選擇」了一條途徑後就不可能重新回頭選擇另一條，就算回頭再選的，也不是同一「彼岸」了。

換言之，有催化力的特殊事件產生的機率受兩個因素影響，一是內在因素，即本身規律延續運行所產生的累積性作用，即其「由量變質」的機率。其二是「外在」力量（包括上層或附近區域的操作）的干預，這種因素的機率表面看來不可以計算，但是如果我們追溯上邊的層面，較全面考慮較高層面的或然區及其支配性運行規律，我們可能有機會計算出其綜合或然區的邊界（integrated probability zone boundary），從而計算其機率。

如此延伸，再高層次結構運作規律的潛在影響還是有跡可尋，或可以推測其機率，我們之所以驚訝一些事物「由量變轉為質變」，是因為我們掌握不了較高層支配性的結構因素及其衍生下層面的機率。另外附近區域的操作情況亦可能觸發其他區域質的改變。這樣的話，預測當然會變得十分困難，但理論上仍可能是有跡可尋。這種討論將我們帶到哲學本體論的偶然及必然之間的關係，即到底什麼是偶然，何者是必然。從上面的機率區概念延伸，我們或可以說，當我們跨越不同層面，基本上是沒有絕對的必然，亦沒有絕對的偶然，一切可能只是事物在發展過程中不斷擴大的出現機率而已。

地球大歷史中的關鍵獨特事件之一是，大約在六千五百萬年前的白堊紀晚期，曾支配全球陸地生態超過一億六千萬年之久的恐龍滅絕。雖然專家對滅絕的原因看法不相同，但彗星撞擊地球引致其滅亡卻是比較多學者認同的（一部分科學家認為氣候變化是導致滅亡原因之一，另外一些學者猜測是由於德干暗色岩火山爆發）。另外一件影響地球大歷史的關鍵事件是不同歷史文化都有記載的史前大洪水。英

國埃克塞特大學和澳大利亞伍倫貢大學的科學家指出，大洪水應在距今 8740 — 8160 年間由北美勞倫太德冰蓋融化所引起，造成近十萬年來地球上最大規模的淡水增加。此外，在生物演化大歷史中，兩性（bisexuality）的出現亦是一個影響深遠的大突變。

研究顯示，人類大約在距今 500 萬到 700 萬年之間，從與黑猩猩的共同祖先分支出來。最早人類大約 250 萬年前在東非出現，祖先是「南方古猿」，然後「能人」、「直立人」和「智人」相繼出現。直立人的出現，標誌着工具智能的開始，而火的運用進一步增強人類適應自然的能力以及其演化的優勢。從這些例子，我們應該可以感受到，每一個關鍵事件是演化途徑的大轉折點，標誌着不可逆轉的新規律的出現與操作。

第二節：
# 「大管治」理論的重要性

## 一、中國歷史研究傳統的「版圖」

研究中國歷史主線之一當然是人口增長與生產力，在工業生產成為經濟體系主流之前，中國歷代王朝都被農業、生產力、土地、人口這個「怪圈」主宰。受制於這個怪圈，歷代王朝自主命運的能力是相當有限、柔弱的，其人口量受制於農作物品種的生產力（小麥、水稻、土豆等的引進對人口增長的影響便是明顯的例子），所以歷代的人口增長、土地兼併、天災、民變所構成的惡性循環可以視為中國頭頂上的金剛箍。這方面現代學者有不少仔細的研究，我這裏不重複了。

這一章的目的，不是從大歷史角度討論中國歷史的趨向，而是利用大歷史的制高點，思考及研討中國歷史上的管治思維的基因及所其衍生的管治文化，並追溯基因的源頭及演化，目的是評審這種管治文化的得失、價值與缺陷，其是否符合人類的基本道德標準，然後在這個基礎上，看看如何整合一個最適合中國及整體人類未來的管治文化。

在討論這個問題之前，我們先回顧歷史學者如何處理中國歷史。這個研究「版圖」，可劃分為三個層面。

第一層面：描述及分析歷代興亡的支配性人物及事件。前者包括開國皇帝、功臣、中興的人物及亡國者，後者則包括關鍵大事件（如秦統一六國、楚漢之爭、赤壁之戰、淝水之戰、清兵入關）或大型基

礎建設（如修築長城、開鑿運河等）。

第二層面：分析典章制度、社會組織、政府結構、軍事編排、道德規範、思想教育、民間文化等的淵源、變革及傳承，這大概屬於馬克思泛指的「上層建築」。

第三層面：研究及分析與生產要素及生產力有關的因素，例如人口、氣候、地理、交通、運輸、農作物品種、天災及稅收等（即馬克思指的「下層建築」）。一些比較特殊的研究課題例如秦引入小麥、宋朝的「農業革命」及水稻的引進、隋的運河、明清引入土豆等對人口及帝國力量的影響。其他課題包括工商業的發展、城市的變遷、建築的改革、科技的發明及手工藝的改良等。

## 二、中層建築及大管治理論的重要性

上述的第二層面（上層建築）與第三層面（下層建築）有極密切的關係，這當然不是普通單線的因果關係，是下層建築如何主宰上層建築。必須指出下層建築的影響力是最基本但是是有限的，所以我們不可忽略上層建築對下層建築反方向的影響，雙方其實是一種對流及互動的關係。不過兩者之間實際上存着另外一個「仲介階層」，即管治思維、管治哲學與管治文化，下層建築因素催生管治思維而管治思維催生了管治模式，這些管治模式不單影響上層的組織，其管治效能亦影響了下層的生產要素的關係及其他生產力，即是說上下兩層的互動，離不開仲介階層的管治理念與模式。

換言之，管治思維及管治文化可視為「中層建築」（mid-structure），下文我試圖採用大歷史角度，審視中國過去的管治思維與文化。鑒古知今，再從這個角度看中層建築該如何適應未來世界的變化。即是說，未來的「大管治」（Big Governance），到底應該是什麼樣的型態？

第三節：
# 大農業社會與中國主流管治思想的形成

## 一、大農業社會的特徵

　　黃土高原是中華民族古代文明的主要發源地，是全球最大面積的黃土區，長一百餘公里，南北貫七十五公里，亦是全球水土流失最嚴重和生態環境最脆弱地區之一。學者對其形成有不同看法，有「風成說」、「水成說」、「殘積說」等多種學說。比較為學術界接受的是「風成說」，有學者認為，由於地殼變動，印度次大陸撞擊而形成的青藏高原，氣候乾燥及溫差大，岩石被風化變成粉塵加上強勁西北季候風長期輸送，逐形成今日的黃土高原。而在黃河下游黃土不斷累積成為今日黃河出口的山東省。

　　撇開其終極成因，這一塊大面積土地上的河流系統逐漸構成可耕作的土地，使中國最終成為古文明中規模最大的農業社會，而大農業社會的經濟特色與生產條件支配了中國幾千年來的管治思維與模式。

(1)　農作物生長時間長，屬於一種「中期」的投資；

(2)　農忙時需要大量勞動力，特別是收割期；

(3)　生產量受土地面積、土壤養份及水份支配，如果沒有天災、農作物品種沒有變化，生產量會徘徊在一個可預測的範圍內；

(4)　大規模天災包括旱災、雨災、河水泛濫、害蟲傳播等因素出現，可以使長時間的辛勞變得一無所有；

(5) 農業生產需要集體合作，不單需要家庭成員或親屬互相配
合，更需要有一個統領的階層處理公共設施，例如水利工
程、防洪築堤，以及救災等；

(6) 農業生產期較長，且農作物不能移動，所以需要一個強而有
力的軍事保護集團；

(7) 土地必須有相對穩定的分配、控制或協調，使生產者有合法
性，安心投入勞力。

後四者即意味着農業社會必須有一個中央集權機制，而大眾為了
生存，就算百般艱辛和不願，亦要儘量維持生產系統的運作。這裏必
須強調，與一些帶有色眼鏡看中國的西方思想家的看法不同，中國黃
土高原的土壤有充分營養素，有自我加肥能力，所以相對容易執行穩
定的三年輪流耕作制，而不需要像其他不少古代農業群體不斷遷移。
換言之，中國古代農業不是「遊耕農業」，而是世世代代、結結實實
紮根於黃土地，所以不可能形成奴隸社會。

## 二、產出分配主導中國歷史上的管治哲學

如果大農業體系必須有一個強而有力的中央集權政府作為守護
者，每年農作物平均產出量有一定的預測性，只要天災不持續，人口
增長未達至爆炸性地步，那整個農業社會最大的問題就是產出的分
配。分配的公平與否影響整個系統長遠的運作及穩定。當權者有武力
及管治權，理論上當然可以為所欲為，但人民亦不是省油的燈，到了
忍無可忍時會拚死反抗，所以分配比例的訂立是農業社會管治最關鍵
的課題，中國歷史上最敏感及最影響人民福祉的就是政府徵稅及其稅
率。某程度來說，不論是中央徵收或分權到地區貴族或地方政府徵
收，古代政府本質上是一個「收稅機器」，而稅收不單包括產出也包
括勞力（例如唐初的租庸調）。

　　協調徵稅集團與交稅者之間利益的責任就落在古代的知識界，他們對分配的認知及倡議影響了統治階層及農民所達成的共識，姑勿論他們是否明確地意識到彼等角色的重要性，一般都會不遺餘力調解兩方面的立場，採取不同的說服方式。目標就是為了社會長治久安，而彼等所倡議方案亦決定他們思想體系的特色及是否處於主流位置。

　　需要指出的是，中國古代各朝代對農民對田地的使用權相當尊重，很少剝奪農民的使用權，同時承認農民對田地的繼承、買賣關係，所以古代農民對土地的使用權略近於所有權，雖然兩者之間還是有距離，這種情況可以歸功於儒家的努力與角色。

　　個人的看法是，儒家之所以成為歷代思想主流，就是因為在不同思想學派中他們的分配方案是最理性、最完整、最符合農業社會的經濟大環境。

　　縱觀人類歷史，分配問題不單困擾中國大農業社會，在不同人類社會及族群，不論是狩獵社會、奴隸社會、農奴社會、殖民地社會等，如何處理分配一直是當權者與被統治者最尖銳的矛盾，原因是這個問題不只觸及生存問題，更觸及人類最基本的公義意識，可以說是一個觸及人類靈魂深處的永恆課題（參閱湯瑪斯・皮凱提〔Thomas Piketty〕，2020）。

## 三、儒家的分配哲學

　　儒家的分配策略滲透在其整體的思想中。開宗名義，儒家認為「不患寡而患不均」（《論語・季氏》），不均而不是不足，才是社會管治最大的問題。

　　儒家主要的策略就是說服雙方階層接受一個理性的分配，一方面要說服統治者推行仁政，不可以過分削奪人民利益，因為「得民心者得天下」，要得民心，就要輕徭薄賦，使黎民百姓「不飢不寒」，統

治者要體恤民情，「解民倒懸」與百姓同呼吸。如果把百姓趕至絕路，當彼等備受壓榨欺凌，就會怒吼出「時日曷喪？予及女偕亡」（《書‧湯誓》）的呼聲。此外為政者亦不能過於奢侈，孔子說「奢則不遜，儉則固，與其不遜也，寧固，節用而愛人」。孟子亦指出「古之人與民偕樂，故能樂也」，因為「獨樂」的結果是統治者與人民之間出現大鴻溝及矛盾，所以必須警惕「恩足以及禽獸，而功不至於百姓」的情況。

孟子進一步主張是以恆產穩定生活，恆產是基本的物質保障，有了恆產，才有恆心，「苟無恆心，放辟邪侈，無不為已。及陷於罪，然後從而刑之，是罔民也。」那麼恆產何來？就是來自統治者對子民較寬鬆的分配餘額的累積，如果不是這樣，人民「仰不足以事父母，俯不足以畜妻子；樂歲終身苦，凶年不免於死亡」。所以輕徭薄賦，愛民若子是儒家的核心政治觀點。

另一方面，儒家強調教化，努力說服大眾培育個人道德的重要性。主調是「克己復禮」，「克己」就是節制及自律，減低個人對物質的要求，滿足於現狀，儘量不為外物所誘惑。在一個「產出定量」的年代，可以減低人與人之間對分配不均的情結及糾紛。再引申至人際關係便是「重義輕利」，不要「見利忘義」，故此「義利觀」滲透着儒家的學說。通過「克己」即自我克制的訓練，個體更可以走向道德上的「自主」。另外「復禮」就是接受社會現存階級的價值與秩序、行為規範以及傳統定下來的人際關係的安排，使個人接受社會的定位及角色，尤其是對產出分配的安排。

作為調解者，儒家確是苦口婆心。不過從理性角度看，在大農業社會有限產出情況下，要維持現狀和互相合作，使生產一代一代延續下去，推出「仁政」及「教化」無疑是一個較為合理的管治策略。儒家主張的個人道德修為，雖然歷代一直被歌頌及放在首位，但亦可能

只是農業生產體制下的理性副產物（by-product）。不論是有意識或下意識地推廣，儒家的全方位分配策略，可說是異常配合大農業社會的現實情況。

## 四、墨家、法家及道家的分配哲學

在大農業生產制約下，中國歷史上重要的學說及門派當然無法迴避分配問題，但與儒家不同，分配始終不是他們的核心思想，所以注定無法與儒家爭取主流地位！

墨家是當時有很大影響力的學說，按理有資格挑戰儒家的管治思想。針對大農業社會下有限的產出，墨子主張節用、節葬、節樂，不能說是不合理的策略，但其所提倡的刻苦樸素生活，近似一種極端的救世苦行，加上其反對貴族的禮樂制度等，這些對統治階層有「顛覆性」的主張，注定它不符合統治者的利益和口味，更不符合後來出現的大一統帝國的管治方針，非常可惜，既然墨家一面倒選擇站在大眾人民、弱勢階層及被欺凌小國的一方，墨學式微可說是意料中事。

法家則站在這天秤的另一個極端，他們基本上從統治者的角度出發，為統治者出謀獻策、鞏固權力、發展經濟，中心思想是以法治國。不論是管仲、子產、李悝、吳起、商鞅、慎到、申不害、韓非甚至呂不韋都為統治者提供「合法性」的理論依據及治國策略。法家的三大元素，即「法」、「術」、「勢」，即所謂「帝王之術」，更是統治階層的法寶。他們當然明白「衣食足而後知榮辱」（管仲），所以都非常重視生產。（必須注意，管仲是個重要的例外，他深深明白「與天下同利者，天下持之」及「取於民有度，用之有止，國雖小必安。取於民無度，用之不止，國雖大必危」的重要性。）無論如何，法家們明白足食可強兵，而「兵農合一」更是國家強大的不二法則，所以除了保衞本土的生產外，向外掠奪與征服他邦以取得更多的土地及控制更

多生產資源亦是重要的策略。當時的三晉，地理上無險可守，又與戎狄為鄰，常受西戎侵擾，所以採用法家學說改革政治，富國強兵，實在亦是求存之道。

法家「法」的目的是以刑的阻嚇力取代禮治，他們信賞必罰，目的是建立一個強而有力的統治機器，這種情況下，分配的比例自然向統治者傾斜，亦成為統治者的任意選擇，因此分配並不構成法家最關心的課題。誠然法家有其重要的歷史功能和任務，尤其是在建國或新朝代的開啟期間，「法家」的富國強兵策略的確有關鍵作用，但當天下統一後，利益一面倒向統治階層亦是不能持久的，反之儒家主張較柔性和諧的分配才符合長治久安之道。

原始道家，不少是自然主義者的隱士，後期加上大批個人主義的浪漫思想家及修煉者，本身流派眾多，包括黃老學派、縱橫家、玄學、楊朱學派、陰陽家、兵家等，《呂氏春秋》中所列的十家，道家居其五。其各派對中國文化、思想、宗教及兵法影響極其深遠，唯對管治之道不太重視。

老子《道德經》中的「治大國若烹小鮮」、「小國寡民」、「無為而無不為」等理念，主張統治者應按照天地自然循環規律作為管治基礎，對統治及用兵有戰略性的啟示，曾在漢初被漢文帝、漢景帝、竇太后等以黃老學之名作為指導思想，主張「省苛事，薄賦斂，毋奪民時」，使百性休養生息。但整體來說，道家畢竟沒有刻意發展一套較完整及積極的管治方案，唯一的例外是以管治為大目標出發的《淮南子》，但可惜無疾而終。因此道家始終不能成為主流，或挑戰儒家的各方兼顧的較全面性方案。事實上，道教後期之所以大受統治者及民間歡迎，原因是各取所需，金丹道教符合帝王對長生的冀望，而民間道教則滲入民間習俗，包括祭祀、法術、慶典、儀式、占卜、醫術等。由此可見，儒家始終佔據中國主流思想地位，良有以也。

第四節：
# 大農業社會對中國歷代管治模式的影響

　　中國歷史由兩組主線交織而成，一是上述的人口、土地、生產力所形成的怪圈。某種程度來說，這符合托馬斯‧馬爾隆斯（Thomas Malthus）的悲觀人口論。此外，不論「超穩定結構」也好（金觀濤），「天下久合必分論」（古代智慧，見於《三國演義》，但可能出自《史記》）、《六韜》或《荀子》）也好，都建基在農業生產力的極限上，這個情況到了二十世紀由中國開始引入西方科技與工業才改變。

　　另一條主線就是上文所述的儒家思想主導的分配模式，這個模式使農業生產在極限內的穩定水平上（除了天災或戰爭情況），其產出分配得到社會各階層的默許，因而可以「半推半就」地延續下去。這個模式維持了幾千年，它對中國文化有巨大及不可磨滅的影響，我們現在分析大農業社會所衍生的價值觀及管治思想的不同元素及其影響力、合理程度，以及討論其現代意義及在未來世界是否仍有一定的價值。

## 一、自然的宗教觀

　　這裏的宗教觀是「廣義」的宗教觀，並不一定指有「人格神」的宗教，而是一種近乎精神寄託或靈性修為的信仰。除非碰上天災等嚴峻局面，大農業社會的生產情況使人民對大自然的變化，特別是四季變化及前人劃分的節令有非常敏銳的觸覺。雖然對天地崇拜始終不變，但農民一般傾向依賴與農業生產有關的自然規律，其所崇拜的也

多屬於與山川日月星辰等自然神有關。

　　商朝殷人的宗教意識較強，「殷人尚鬼」，「殷人尊神，率民以事神」。受農業社會大環境支配下，這種宗教意識融入了「自然」元素，在殷代的「自然崇拜」裏，作為重點而被隆重祭祀的不是日月、山川、風雨之類作為自然物之神靈，而是具有某種人格化的自然神，最典型的是土（社）、河和嶽，即土地之神、河神及山嶽之神，在殷人心目中，這些神可以保佑年成、降雨止風、禳解災害、保護疆土。到了周朝，這種宗教意識淡化，轉而寄託在先人追思、祖先崇拜及認祖歸根的情結，不再是較為虛無的「人格神」。

　　主流的儒家思想受社會穩定及經濟分配目標所支配，將人生價值幾乎全部集中在人世間，孔子的「未知生，焉知死」、「未能事人，安能事鬼」，及「子不語怪力亂神」更「一捶定音」地肯定人生及社會價值的優先性。老子更進一步否定有意志的人格神，對他來說，宇宙（即「道」）是一種機械性的運作，「上天」對人不會有任何感覺或「感情」，「天地不仁，以萬物為芻狗」。荀子也提出同一的觀點，他認為「天」就是客觀存在的自然界，「列星隨旋，日月遞炤，四時代御，陰陽大化，風雨博施，萬物各得其和以生，各得其養以成，不見其事而見其功，夫是之謂神」，又說「皆知其所以成，莫知其無形」是謂「天」，又「天行有常，不為堯存，不為桀亡」，不只如此，荀子更提升一個境界，他提出征服大自然的思想，即「制天命而用之」。墨子也不甘後人，提出「非命」，即人生的命運不是由上天決定的。「天變不足畏」可以說是中國知識界不同門派的共識。

　　不過主流思想外，古人對精神及靈性的興趣一直不減，後期的儒家與道教滲入了不少早期的宗教元素，提出「天人感應」及「天人合一」等概念，希望通過道德修為或神功修煉達到「人與天地參」或「與天地同遊」（莊子）的境界。以期擴大我們心靈活動的領域。董仲舒

巧妙地一方面利用「天人感應」，作為道德及精神上的工具以制衡帝王的絕對權力，另一方面利用「天尊地卑」的概念倡議他的「三綱五常」說作為統治者權威性的來源。到了魏晉，玄學家重新解讀道家學說，結合儒家的《周易》，試圖演繹一套宇宙觀作為對抗當時迂腐及式微的儒家傳統。到了宋代，理學家們更企圖融匯佛家的本體論概念和《易經》、《中庸》等思想，以期建立一套儒家一直欠奉的本體論。

　　簡單而言，中國思想界的「天」包涵多種成分：自然界或大自然的規律；大自然中之不可測的力量；守護人類的道德及公義力量；與人有感應，能觀摩及判斷人類行為的神祕力量；人格神。

　　當然「天」豐富的涵義，可任由不同人或不同學派各取所需，將其中部分涵義整合以達至他們心中的用途。所以尊天、敬天、畏天、奉天都被視為理性及高尚行為。從傳統儒家角度，「天」作為一種神祕的道德及公義力量，一方面有教化作用，提倡尊天、敬天、畏天，使人民對自己個人行為有所克制，從社會角度，可視為穩定社會秩序的基本元素。另一方面亦使當權者警惕他們的所作所為以及明白有責任照顧被統治的人民，特別是維持公平的分配，使人民可以安居樂業。不消說，這種「天」的觀念，故勿論其「人格神」所佔的成分，與西方的一神獨尊、一神獨大、舉世歸宗完全不同。雖然兩者都避不了功利主義成分，但我們的「天所發揮的主要功能是穩定社會秩序，向統治者灌輸責任感，而不是一種征服性和排他性的信念。

## 二、大一統思想

　　順應地理環境，中國中原地區成為大農業社會基地及亞洲東部的中心生產區，由農業發展累積的剩餘產出支撐了一個較先進的文明，這對周邊地區的遊牧民族自然產生強大的吸力和向心力，古代「華夷

之別」正好說明雙方文明的落差。農業社會要維持生產穩定，統治者必須有充分能力保護其人民，以及採用理性的分配政策使人民貼貼服服支持政權，這自然催生對統一局面的嚮往。事實上管治規模越大，所帶來的經濟規模效應亦越大，所節省的交易成本會帶來較大的繁榮，換句話說，大一統思想及強而有力的中央政權都是大農業社會的自然產物。

　　「大一統」當然不盡等同「大統一」，「大統一」是下層建築，「大一統」可說是其上層理據及其意識形態，指的是政治權力的高度集中，王朝合法化和正統化以及經濟制度劃一化，亦包涵文化匯聚性的發展。「大一統」概念出於《公羊傳・隱公元年》「何言乎王正月？大一統也」，漢書引申其義「《春秋》所以大一統者，六合同風，九州共貫也」（《漢書・王尊傳》）。中原文化自夏朝立國後，它所控制的地域標誌國家主體不可分割。亦即是說，佔據中原地理位置給予新建王朝必須有的「認受性」，使其獲取一種強烈的自尊意識，可以向四周發號施令，或進行「征伐」，亦可以向其他地區宣示其對所有地域的主權，所謂「普天之下，莫非王土；率土之濱，莫非王臣。」春秋戰國以還，先秦諸子對大一統基本觀念作不同的表述，但大抵都同意「禮樂征伐自天子出」原則。這個理念最終由「海內為郡縣，法令由一統」的秦朝轉為政治現實，當然真正執行者是漢朝，先加強中央集權，再「罷黜百家，獨尊儒術」，除了領土統一外，更實行思想統一，從那時開始大一統思想變成中華文化不可分割的基本內容。

　　現代主權國家強調的「國家土地一寸也不能退讓」，是目前國際公認的概念，其實在中國大農業社會時代早就不自覺地沿用了。現代自由社會對思想統一當然不會接受，但對民族國家所堅持的領土完整幾乎沒有人反對。

## 三、大同主義

《禮運大同篇》設想的理想社會，是對「全民社會保障」的嚮往，對「和諧公義社會」的呼喚，以及對「社會資源用度極大化」的主張。在想象中的「天下為公，選賢與能，講信修睦」的環境下，「老有所終，壯有所用，幼有所長，鰥寡孤獨廢疾者皆有所養；男有分，女有歸。貨惡其棄於地也，不必藏於己；力惡其不出於身也，不必為己，」人民都積極投入生產以及取得合理的分配，在分配符合公義原則的和諧的社會裏，我們可以憧憬「謀閉而不興，盜竊亂賊而不作，故外戶而不閉」的「大同」。

《禮運大同篇》所描述的當然是烏托邦的境地，但其背後的信息，即由共同協作的生產加上公義的分配所帶來的和諧社會秩序卻呼之欲出。

儒家當然明白大同社會之不可即，堯舜時代被暗示為大同社會的典範當然也是他們的想象產物而已，「天下為家」的「小康社會」其實是無奈但現實的選擇，社會產出的分配必須依賴禮制這個次級機制作為調節工具，通過教化及刑罰，昭示人們必須遵循禮儀。就儒家的道統而言，有關的典範性政治人物包括禹、湯、文、武、周公，他們利用禮制明示人民應守的規則，以教化作為感染人民的工具，以期達至社會各階層無怨地接受既定的分配比例。

## 四、中庸之道

中庸之道是儒家的核心思想，是個人應持有的生命策略，是做人處世的標準，亦是調解君主與庶民矛盾的工具。

歷史上儒者對中庸概念有不同的詮釋，宋理學家程灝演繹為「不偏之謂中，不易之謂庸」。但亦有解釋「庸」字古代與「用」通，指平常之用，即是生活的道理。姑勿論其本來涵意，我們可以肯定說，

以儒家鮮明的道德感及對是非明辯的執着，中庸絕不是「折中主義」，不是隨波逐流、老於世故、左右逢源、明哲保身或八面玲瓏的手段，而是一種貫徹個人道德修為、人際關係及社會關係的大原則。提升至更高的哲學層面，它可被視為一種「大優化策略」，包涵多重意義。

在個人修為層面，使個人內心世界各種不同或互相矛盾的意識、情緒達至平衡、健康的發展。（「喜怒哀樂之未發，謂之中，發而中節，謂之和」）

在個人認知層面，採取多角度、多層面的多元思維，以達至較全盤的理解。

在人際關係層面，考慮、顧及對方或多方的感受、利益和看法，以達至較溫和、公平的取向，特別是掌握合理的比例及對稱的尺度，這種比例感與對稱感亦構成社會操作的公義原則。

在社會層面，使各方不致走向極端，達至互相體諒及讓步的和諧局面。

中庸之道既可能是儒家本身自有的獨特精神，亦可能是出於其調解統治者與人民之間產出分配的行為所衍生的「生命策略」，「中庸之道」可說是孕育了中國文化溫柔敦厚的特徵，對當今趨向極端自我化的世界是有高度價值的清涼劑。

## 五、倫理觀

儒家視「五倫」即君臣、父子、夫婦、兄弟、朋友，為天下之「達道」，先秦時期，「五倫」基本上是一種較為對稱甚至互惠的關係，即雙方各自遵守既定的行為準則，即孔子說的「君君，臣臣，父父，子子」（《論語‧顏淵》）、「君使臣以禮，臣事君以忠」（《論語‧八佾》）。這亦是孟子所說的「父子有親，君臣有義，夫婦有別，長幼有序，朋友有信」，否則就可能要承受「君之視臣如土芥，則臣視君

如寇仇」的惡果。儒家這般苦口婆心地推動雙方接受對等的關係，其潛意識動機，除了提升人格修養、建立道德外，重點是使社會的分配不致達到一面倒的局面。當所有人各如其分地克制，社會產出雖然有限，也不會達到掠奪性的田地，最後弄到「雙輸」。換言之，「五倫」除了本身的道德價值外，更可以通過自我的約束與關懷的情操，在社會有限產出下使各方達至某程度的共贏，希望可以做到孟子所說的「七十者可以食肉矣，黎民不飢不寒」。

可惜秦漢統一後「五倫」關係漸趨向不對稱。所謂「君為臣綱，父為子綱，夫為妻綱」在漢朝以後變為常態。「三綱五常」來自西漢董仲舒的《春秋繁露》，他從統治者角度出發，根據「天尊地卑」的概念演繹出來。春秋戰國期間，各國統治階層為了收買民心對抗外敵，不能不戰戰兢兢保持一個較克制的態度，但大統一後的漢朝，統治者與平民之間權力的不對稱逐漸分明，一個由上至下的高壓姿態難以避免，為了方便統治，「三綱」的專制主義逐變成控制臣民意識的工具了。

## 六、責任主義

儒者深深明白，要說服統治者及人民雙方各自克制，接受一個不公平的分配是極不容易的。要說服人民只能從長期的「教化」入手，五倫綱常便是這教育工程一部分。不過話說回來，要說服統治者更不容易，既要從功利角度入手（例如上天會明察及懲罰暴君，人民有向心國力才會強大），亦要從道德方面闡明統治者應承擔的責任。

儒者清楚明白，這個協調工作落在他們這個「精神群體」上，他們可能沒預料到，這種關懷與憂患孕育出歷史上一種無與倫比的責任感。孔子說的「仁以為己任」，委實「任重道遠」，所以必須「鞠躬盡

瘁」。「立己而後立人」，「達己而後達人」，是「死而後已」的職責，曾子說的「吾日三省吾身」亦是這種沉重責任感的體現。

責任感其中體現的一項，是儒者所強調的言行相符，孔子「主忠信」，要求「言而有信」。認為「君子恥其言而過其行」，對他來說「言不忠信，行不篤敬，雖州里行乎哉？」他最討厭的就是「巧言令色」，更認為「民信」是治國三大支柱之一，除了足食足兵便是民信，因為「自古皆有死，民無信不立」。相對於當今西方社會漠視真相、背信棄義，我們文明所站立的道德高點，與他們相差得太遠了。

在特殊的大農業社會下，為了長治久安，為了儘量公平地分配有限的經濟產出，中國的知識分子利用他們的政治權力及地位長期擔當起「教化工程」，使民眾可以在情緒、心理及行等方面變成克己的「道德人」。他們賦予自己傳承上一代先行者精神的責任，「為天地立心，為生民立命，為往聖繼絕學，為萬世開太平。」（張載）他們巨大的責任感，使他們擔起難度極高的權力制衡角色，他們扮演「帝王師」，力諫帝王以民為本、勤政愛民、奉天行道。顧炎武之「保天下者，匹夫之賤，與有責焉」（《日知錄》）更是膾炙人口。近代歷史學者錢穆認為直到元朝，中國王朝基本上是「君主與士大夫共治」，這個說法並沒有誇張。

《論語》一書中處處洋溢着責任心、責任感與責任精神。反之，我們找不到任何有關個人對權利的訴求。這與現代社會主張的權利至上形成鮮明的比照。當然單談責任，也客易陷入「道德主義」（moralism）的陷阱，使部分人以個人較嚴謹的道德標準責怪其他人，所以採用一種較為平和對稱的比例去處理責任與權利，似乎更符合「中庸之道」。

## 七、中國士人階級的歷史角色及其歷史意義

　　到此，我們大抵對中國知識分子或士人階級在歷史上所扮演的角色有一個輪廓了。我們的士人階級一直發揮君主與庶民之間一個重要的仲介及橋樑角色，使中國統治者與人民之間高度不對稱的權力取得較為合理的平衡（除了間歇性受人口、生產力、糧食這怪圈破壞的時段），使中國歷代政治走上了頗為穩定的局面，藉着大農業社會的管治規模，在穩定生產及分配的基礎上，使中國能夠在不同時代發展出高度的人類文明。

　　也許我們現在比較清楚了解為何西方學者，通過他們的道德標準及管治規範，即人權、民主、自由、法治及共和等有色眼鏡，視中國為封建、專制、落伍的社會。他們沒有考慮過在大農業社會，必須有中央集權作為保護傘才可以長久保護經濟產出，這種情況下，人治自然難以避免，但中國知識分子發揮了高度的智慧，在君主與庶民權力極不對稱的情況下找尋了自己的角色，擔起了調解雙方之間矛盾的重任，使中國大致上走上穩定發展之路（除了循環性王朝更換外）。這其實是一個了不起的成就，他們高度的責任感使我們沒有走向社會碎片化及其帶來的不對稱的人權訴求，他們以禮教取代、迴避了法治的需要和漏洞。西方學者採用幾個概括性的靜態理念，就以為可以分析和解決所有不同社會辯證式的動態發展，便可以透視及隨便判斷古代中國社會及歷史的真實情況，這委實太天真了！更何況，如我在上文指出，西方那些所謂「普世核心價值」根本不符合人類的大道德，特別是公義概念，而當代西方社會連基本真相都漠視，竟然仍以為站在道德高地！

## 八、中國大農業社會管治思維的現代意義

　　以古為鑒既然有一定的正面作用，那麼我們幾千年歷史發展的軌

跡及上述的管治方針，除了在古代發揮了上述優良的功能外，對現代生產力相對豐盛及幾乎看不到經濟發展盡頭的中國，到底有什麼借鏡和啟示？我認為有幾點值得參考。

第一，大一統的現代意義。這裏包涵兩個維度，一是大統一的維度，二是大一統的維度。大統一帶來的政治及經濟規模效應，是中國近四十年經濟奇跡主因的之一，幅員廣大、人口眾多支撐下的高密度聯繫網絡使經濟社會的交易成本大降，今天出現的「數碼經濟」（或「數字經濟」），所提供的大數據更是未來經濟發展的超級驅動力。大一統維度的意義在其主張建立一個源遠流長的文化體系，為中國民族源源不絕地注入凝聚力，強化國民對國家日久常新的認同感。這對中華民族的延續有極大的意義。

第二，大政府的現代意義 。我在前文已詳細討論，無論在生產或分配領域，要提升一個經濟體系的長遠競爭力，現代經濟社會必須給予政府一個主動及積極的領導角色，這裏不再重複了。

第三，和平主義。中國歷史上的戰爭可分為三類，一是在農業社會地區內擴大勢力以謀求統一（典型是戰國時代）；一是對抗或防範外面遊牧民族的侵略及掠奪；一是由於人口增加、土地糧食不足或天災等因素引起尖銳的分配矛盾，最終引致新王朝替代舊王朝的戰爭。二和三與侵略完全沾不上任何關係（蒙古是外地的遊牧民族，它不代表中原漢族）。自古以來，中國的農民只求溫飽，而統治者的主要職責是提供守護力量，使生產可以長久延續。所以除了農業地區內部爭取統一管治及受到外部勢力挑釁，中國歷史上的王朝罕有發動大規模戰事。換言之，和平主義差不多是寫進大農業社會的「基因」。

第四，中庸概念的現代意義。中庸的優化哲學及其對稱性概念，可說是與農業社會的和平主義同出一轍，從經濟角度看，合理與可接受的產出分配必然建基於妥協及協商的精神上。長久以來，中庸的對

稱概念深入世代人心，無論是處世態度、人際關係、社群與個體關係
或利益分配，中庸思想成為中國國人的行為和思維的指導性原則。在
人權膨脹及極端個人主義橫流的今天，中庸的對稱性的道德觀更有其
特殊的現代意義。

　　第五，責任主義與經世主義。現代社會由個體價值主導，全面
向權利主義傾斜，一切從個體利益出發，一切以個體優先，這其實不
符合人類大道德背後的公義概念。公義的原理是對稱和合理的比例，
這個原則實際上體現在社會政治及經濟每一領域，例如回報與風險、
收穫與付出、責任與權利、權力與問責等。離開公義的軌道是不可能
有長遠和理性的管治。大農業社會孕育最主要的情操是合作、合群及
其衍生的責任心及責任主義，而儒者歷代主張的「經世主義」亦是由
這責任感衍生及壯大的，這恐怕亦是中國文化與西方文化最大分歧
之一。

　　第六，大道德。什麼是人類終極價值？恐怕不是西方思想界所
鼓吹的普世核心價值（即自由、人權、民主、法治及共和）等。除了
共和概念外，其他都不符合人類終極價值的標準，即公義及寬容。公
義背後是比例及對稱原則，而相容是保障和平的基礎。中國大農業社
會，礙於經濟條件制約不得不接受其專制的一面，但亦有幸成就了很
大程度的公義及寬容。這兩者的價值觀，不會因為時代的變遷、生產
力的提升或國際關係改變而不合時宜。反之，可以說是應對西方偏激
的個人秩序及橫蠻強權的超級良藥！

第五節：
# 西風東漸下中國管治理念的變遷

## 一、中國知識分子近代角色的蛻變

　　1841 年鴉片戰爭後，中國經歷翻天覆地的變化。對中國知識界而言。衝擊來自三方面。一是西方武力入侵（及後期日本侵華）引起他們對國家民族存亡的憂慮，一是西學傳入使接受西方教育的知識分子重新思考傳統文化的價值及未來社會管治所應採用的模式，一是西方工業傳入，使他們重新思考經濟生產、社會組織、政治結構及生活模式各種課題。綜合而言，在大環境和大時代下，中國知識分子不得不重新認識自己，尋找新的角色，試圖賦予自己新的社會地位和意義，以及如何重新將自己與國家民族的命運綁在一起。

　　過往幾千年來，中國知識分子或士大夫階層一直發揮兩個異常關鍵的功能，一是管治，二是教化。目標在維繫及延續社會產出及提升個人精神的修為。鴉片戰爭後，中國大門被西方列強闖開，天朝大國的迷夢驀然驚醒，強烈的責任感驅使這一代知識界重新思考應該如何為國家民族甚至自身謀出路。先是晚清「中體西用」的「保清派」，典型代表是曾國藩、張之洞和李鴻章等，他們的「洋務運動」，目的是保存大清王朝，他們的邏輯是只要王朝在，國便在。隨之而來的是「保教派」，代表人物是康有為，目標是要保中國，但他們心中的中國是「儒教的中國」，儒教在，中國就不亡。到了民國，目標開始指向「保國」，什麼文化，什麼形式都不重要了，在弱肉強食優勝劣敗的國

際社會，文化制度都不外是工具，代表人物是陳獨秀、胡適等。他們繼承了晚清嚴復的「保種」觀念，認為西學較適合現代，傳統思想不利競爭，所以在實用主義的前提下，捨舊迎新是最理性的選擇。

　　1905 年，大清廢除了科舉制，知識分子突然失去直接晉升執政階層的台階，迷失的知識界變成了「遊士」一族，當時的同盟會可說是「遊士大聯盟」。部分人被社會新的體制吸納，責任感特別強烈的則走上「救亡」與「啟蒙」這兩條五四運動鋪排出來的道路，較政治化的人士部分變成革命家，推翻清朝，然後溶入新的政制，或參與抵抗北洋軍閥等政治活動，文化思想型的則大力引進西學，百花齊放地推動「啟蒙」（最終目標當然是救國）。幾乎一夜之間，傳統知識分子的角色由「管治及教化」變成「救國與啟蒙」。

　　歷代傳統士人的管治心態及策略是維持社會穩定及保持王朝統治者與百姓關係的平衡，保證社會產出的分配達成某程度的共識（當然這不等於公平），這種模式必須鼓勵統治者克制，以及在民間宣揚與培育節儉、忍讓、妥協及所有穩定社會秩序的美德（考、悌、忠、信、禮、義、廉、恥）。但五四的「啟蒙」卻沿着另外一條思路出發，西方的船堅炮利是因為西方科學發達，西方科學發達是因為西方重視智性開發，西方重視智性開發是因為西方重視個體及其自由（可以盡情發揮其潛力），西方之所以能夠保障個體價值及自由是因為西方的體制，特別是其民主制與共和制，所以假以時日，引進「賽先生」、「德先生」就可以富國強兵了。上述的邏輯在現代社會仍有相當的說服力，更何況是在五四「藥石亂投」的日子。主動、積極、進步及個體價值優先的西方文化，相比我們保守、退讓、「不思進取」和「壓抑個性」的傳統，中國文化看來太不合時宜了。

　　問題是，我們是否要打倒舊社會所有的觀念以達到有效的西化？抑或可以維持某程度的「中體西用」？就算「全盤西化」，西方思想

也不是統一的鐵板一塊，我們應該如何選擇？是否應引進那些比較適合本土文化的派別？抑純以保國富國為目標，而毋需理會什麼派別及是否考慮需要保留我們傳統優秀的一面？換言之，五四並沒有一個完整及有系統的啟蒙理念，有的只是模糊的想法。連具體方向都存着爭議，試問如何說得上是真正的啟蒙？不過雖然「進口」什麼貨色沒有共識，但「打倒孔家店」、先破壞後建設的共識就綽綽有餘了。

因為急於救亡，只爭朝夕，且被西方強大的力量所威懾，五四較前衛的前輩們的直覺自然是盡情仿效，所以對西方文化的深層結構沒有好好思考和了解。當然在那時代，西方思想界對本身真正的情況亦沒有足份的理解（若然就可能不會有兩次世界大戰及戰後的冷戰）。就算到了今天，我們也不好說西方人已經完全掌握他們文化的本質。那時的情況就像「盲人騎瞎馬，夜半臨深池」。五四時代的知識界基本上是「盲人」，而西方文化思想制度就是「瞎馬」，在國難關頭的「夜半」，他們只能不顧後果拚力向前「臨深池」了！

他們的救亡運動最終是成功了，但啟蒙運動呢？

## 二、百花齊放和百家爭鳴的近代思潮

憂患意識強烈的五四知識分子，無論在救亡、啟蒙方面都盡了職，無論對與錯，無論有多少私心和偏見，他們都在大洪流時代發揮了應有的本色。研究這段時期思想的學術著作，已浩如煙海，我在這裏只採用鳥瞰式的角度，將其特徵及特殊意義以蜻蜓點水方式作一個總結。

這段時間的思想覆蓋哲學、文化、政治、社會及經濟各方面，幾乎應有盡有，而且不單是普通的文章發表、交流或討論，更牽涉不少激烈的文化論戰或社會性質論戰。部分思想成果是為了向當權者或政治陣營提供理論基礎，但也有不少純以教育啟蒙為主，重重疊疊，百

花齊放下，濃得化不開了。

近代思想派別大抵可分「進口派」和「本土派」，進口派一般傾向偏激的全盤西化，而本土派則傾向守護傳統的基本價值，以對抗進口思想表面的新穎和輝煌。雙方之間當然各有混合派或緩衝派（例如如何「加工」或改良進口「貨」以適應在轉變中的社會），但亦有死硬派（絲毫不讓步的保守主義者），林林種種。早從洪秀全「進口」基督教開始，到自由主義、進化論、實証科學主義、無政府主義、社會主義、馬克思主義等，我們知識界各取所需，將其加工、改良、包裝，以適應本身需要或本土條件，例如三民主義、新民主主義等。

不過無論多麼堂皇動聽，這些口號或主義背後的思維普遍存在以下的特徵和缺陷：

(1) 由本身利益或政治背景出發，有意識或下意識地先鎖定了立場及目標，然後選擇性地加入內容及理論架構，這是一種逆向思維工程。

(2) 對西學一知半解（部分可能由於翻譯原因），甚至只有半口號式的粗疏理解，對西學思想理念背後的社會經濟及政治環境沒有作細緻研究，就隨便套用過來，這可說是一種「拿來主義」。

(3) 在引入西學時，只重視其短期功利或工具性，而忽略其可能與本土社會政治文化存在深層的矛盾和衝突。

(4) 引入西學，多限於概念層面並沒有深入研究執行細節及解決方案，更罕有對不同方案作全面及比較性的研究，特別是執行與理論方面可能出現的鴻溝和矛盾。

## 三、中國近代思想流派的深層矛盾及困局

上面指出方法上的粗疏可能已經致命，更嚴重的是相對我們今天

的認知，那段時期的西方思想仍處於相當不成熟的階段，不少當時認為「放諸四海而皆準」的概念，例如民主，到而今已經被不少西方學者質疑其真正效能了。

撇開這個情況，我們且看當時思想界的困局與矛盾：當時中國政治、經濟正處於轉型階段，知識分子從以前的管治、教化角色轉為革命或啟蒙角色，但必須明白，當時社會經濟變化與工業啟動正高速催生以個體為主導的社會秩序，儒家的道德教化作為協調社會產出分配的功能已逐漸被市場取代，再不合時宜了，工業及市場改變了生產力及生產模式，社會權力開始擴散（不管是政治或經濟），在這種新的社會情況下，一般個體會變得積極，主動追求更大利益與權利，這種形勢使儒家的禮義文化變得不切實際。儒家陣營的人物例如辜鴻銘、馮友蘭、梁漱溟等，雖然堅守陣地，盡量不作退讓，但他們明顯地被「邊緣化」了，當原來的產出分配協調歷史角色消失，他們亦沒有新的「分配」思維可以應對新時代經濟的變化，純以儒家的忍讓精神面對個體正在積極發揮潛質的新經濟社會，根本沒有出路。

採用西方文化以改造中國為使命的知識分子，除非擁有強而有力的政治理論（例如三民主義）或政治勢力（例如組織革命黨），否則在民眾中的影響力一定有限，原因是他們所引入的個人自由、人權等西方觀念，必然與傳統觀念衝突。五四運動鼓吹的反封建、反家庭及反傳統，其破壞力大於建設。尤其關鍵的是，他們所鼓吹的文化改造或重建，除了引進西方科學方面，與當時社會經濟產出及分配扯不上直接關係，就算當時得令的梁啟超與胡適等，雖然擁有政治地位與能量，亦有改造中國社會的熱誠與決心，也成功引進了西方新思潮，但因為沒有面對及處理社會最核心的問題，即經濟產出與分配，最終成就不了管治大業。

縱觀梁啟超生平，由崇仰西方文明到醒悟西方的弊端和罪惡，

從而回歸傳統文化，從擁袁世凱到後來反袁，從護國到擁段，從一個舊世界的批判者成為一個舊傳統的守護者，這不僅反映他對資本主義社會不滿，以及對新文化運動及馬克思主義的忌恨，亦說明在近代中國，改良主義者是沒有出路的。他一變再變，終於重回舊學思想研究，回歸孔孟傳統之道，他的經歷亦可代表當時不少中國知識分子那種焦慮與彷徨，反映他們既掌握不了當時社會現實的變化，亦未能跨越舊社會與新社會的大鴻溝。

同樣地，儘管胡適在民國時期政治地位多高，學術地位多強，他的「啟蒙」教育力量多麼遼闊，他倡議的新文學運動多麼有吸引力，但因為他的思想沒有觸及重要的民生管治及經濟分配，單舉起自由主義及實用主義這些旗幟，沒有實質的改革方案及政治影響力，最終只能附屬於現存的政治體系及蔣氏的權力，對這個大時代的政治改革起不了大作用，也許這也是他早年宣稱的二十年不談政治的原因吧！

## 四、經濟分配論與革命力量

在任何一個社會，政治領域與經濟領域兩者接軌或關係最密切的部分是產出的分配。如何達到社會各階層可接受（不必是最公平或合理）的分配比例，是政治經濟學最大的挑戰。處理不善，經濟問題會轉化為政治問題，累積的民怨成為政客的資產，給予彼等最佳的煽動藉口，原因是分配牽動社會的公義意識或「神經線」。即使在一些動物社會中例如猩猩群亦存在這種意識與情況，在人類社會，每當統治者嚴重踐踏公義或越過了人民可接受的「公義底線」，民憤就會爆發，長期經濟政策的失誤特別是分配政策，轉化為民眾政治運動是可以預期的。儒家說的「不患寡而患不均」，真是至理名言，「寡」，人民猶可以接受，但長期欺壓性的「不均」，卻是忍無可忍。縱觀歷史上的革命運動，其領導者能否提出一個使人民嚮往的分配願景，是異常重

要的成功因素之一。

　　中國近代史充分闡明，能夠提出令人耳目一新的分配思想和策略是建立政權的重要支柱。過去百多年來出現的四個不同的分配論，除了康有為那荒謬絕倫的《大同書》之外，其他都成功建立了政權，當然能否維持下去還依賴其他因素。

　　無獨有偶，在當時社會環境下，這四個分配論都算是較為極端的，不過在非常時期，提出有新鮮感的方案，哪怕再極端也是有市場的。這四個分配思想分別是洪秀全思想與太平天國、康有為的《大同書》與百日維新、孫中山的三民主義與民國成立、馬克思主義與新中國。

　　如上所述，分配論只是成功的基本條件之一，除了受其他因素影響外，亦要看其分配論是否有高效的執行機制及實踐機會，能否解決執行過程中的阻力，以及其抵觸傳統深層文化的程度等。

## （一）太平天國

　　洪秀全以宗教名義發動民變，奪得半壁江山十餘年，他的核心分配思想包含在 1853 年頒佈的《天朝田畝制度》，所提出的改變土地制度和其他改革社會的措施符合了當時農民對解決土地問題強烈的願望，他提出的具體的平分土地方案，「有田同耕，有飯同食」，加上其他的措施，確實顯示強力的改革意志，起碼符合他個人演繹的基督教規條所創建的「新型社會」的理想。

　　可惜他的理想走得太遠，他企圖利用西方平等思想取代傳統的孔孟思想，忘記了傳統士人這個「精神群體」是由源遠流長的儒家思想孕育出來。他完全低估對手對他「異端邪說」的強力反彈（例如曾國藩、左宗棠等）。在建立政權後，他個人及其統治集團的行為又完全離不開封建王朝的爭權、奢靡和腐敗，而他後期久居「天京」（南

京），亦顯示他已經再沒有遠見、胸懷和意志完成他最初的宏願。空有理想化的分配想法但沒有確實的執行機制和意志，最終難免失敗告終。

### （二）康有為的《大同書》

康有為領導的百日維新運動（不少歷史學者並不認同康所自稱其角色特別是其所謂「公車上書」的重要性），是上面四個主張經濟資源重新分配思想中唯一在政壇上完全沒有實質表現的。這也難怪。康有為只是一個沽名釣譽、欺世盜名、言行不一的投機分子，他主張的分配思想，儘管混合了儒家色彩（即詮釋今文經學的公羊三世說）、西方的進化論、民主主義等，可說是荒謬絕倫、誇誇其談的空想。他所描述的大同世界與《禮運》的說法實質上也不相同，特別是摒棄家庭制度或推動什麼「全球種族一體化」等這些完全違背人性及社會現實的主張，根本不值一哂。

### （三）孫中山的民生主義與辛亥革命

辛亥革命以及其推翻清朝這歷史一頁，當然不是孫中山一個人的力量，亦不單是他所提出的「三民主義」的功勞。但他的三民主義的確是面對新時代及新社會的重要觀念，他的經濟改革理念包涵在其「民生主義」。「民生主義」的核心分配理念是「平均地權」，通過「核定地價」等辦法，防止土地的集中和壟斷，以促進工商業的發展。手段之一是累進稅，另外的辦法是地主如果少報地價，則政府可照價收買土地。這些折衷性的理念其實並不成熟，因為其出發點仍是站在資本家及資產制度的立場，並沒有針對及平衡各方利益，所以並不是一個較為徹底的土地改革方案，因此無法動員廣大農民及群眾組織強大的革命聯盟。同盟會宣傳者雖然指出地主壟斷及土地壓迫農民是「人

權失平」，有力地駁斥當時立憲派提出的「土地國有危及國本」的攻擊，但孫中山始終迴避了土地的核心問題，不敢發動農民進行反地主的革命。

到了晚年，孫中山「聯俄容共」後，扶助和依靠農工的思想才變得凸顯。他重新及最後一次詮釋「平均地權」為「耕者有其田」，主張農民若缺乏土地而淪為佃戶者，國家當給予土地以資助其耕作，同樣工人失業者，國家當制定勞工法給予救濟，以改善工人生活。1924年他更直截指出「民生主義就是社會主義，又名共產主義，即是大同主義」。

孫中山死後，國民黨最終掌權的蔣介石基於政治考慮，獨攬三民主義的解釋權，基本上是「儒化」了三民主義，將儒家倫理道德混入三民主義，掀起思想文化的尊孔復古之路，但在復古之餘卻沒有嚴肅吸收儒家學說的「寡與均」的理念，所以改革分配思維自然也不在其考慮的管治方針內。

### （四）馬克思主義、土改及新中國

全球思想史中，幾乎沒有像馬克思思想那麼富爭議性的，毀之也多但譽者亦同樣多。有趣的是，一些在前期被批評為錯誤的觀點，每隔一些世代後，後人又重新發現其真知灼見。儘管馬克思的政治經濟學被後期的經濟學家包括主流的新古典經濟家所唾棄，特別是其剩餘價值論及資本主義滅亡論等。但一直以來，廣義的馬克思思想仍是有一定的參考價值，例如其唯物史觀、唯物辯證主義等。

話雖如此，廣義的馬克思主義仍存在不少問題。特別是他的「下層建築」決定「上層建築」論點，即人類社會建構在其賴以生存的經濟組織的架構，以及生產模式被視為人與人之間的社會、政治、法律和道德關係的根本來源或至少發揮了主要的影響，這個觀點遠遠低估

了人類演化中兩者的互動關係，特別是上層建築中的認知模式、制度設計與知識累積機制完全有能力支配及改變下層建築的結構。正如前文說過，我們可以考慮引進「中層建築」概念，作為聯繫兩者的橋樑，而管治概念及模式正正就是這重要的橋樑。

　　諷刺地說，他的狹義政治經濟學雖然被批評得體無完膚，但仍值得我們重視。按我個人的詮釋，它的剩餘價值論仍有其現代意義，原因是在市場資本主義制度下，勞工及資本這兩個生產要素取回其應得價值後，剩下的價值卻不知不覺間被企業與資本家偷佔了。馬克思另一個灼見是機器未來將取代勞工使資本主義走上末路這個可能性，展望未來，這場景會出現在數碼及數字經濟年代，那時人工智能及資本將變為新的生產要素，使大部分不論是勞工或知識工人都陷於失業的困境，不過在機器當道時，工人亦再沒有什麼剩餘價值了。

　　馬克思理論最大的缺陷是，它沒有最終提供具體的分配方案和機制，他的「各盡所能，各取所需」止於烏托邦的境地。不過他繼承大衛・李嘉圖（David Ricardo）的經濟學，透視到資本主義的困局源於分配，因而平衡了古典經濟學派（classical economics）以經濟增長為軸心的討論，仍是值得我們欣賞的。

　　中國共產主義思想，迎合那個時代農民的處境，將分配視為首要任務，集中精力在土地改革，是一個非常恰當及切正時弊的戰略，亦是中國共產黨最終取得政權的關鍵因素。1927 年冬土地改革由共產黨領導的農村革命根據地開始，先後頒佈土地法令，廢除封建半封建的土地制度，把地主的土地、公共土地及高農多餘土地，分配給無地少地的貧農，到了 1931 年基本上形成一套土地革命政策，但執行方面有偏差，抗日期間，為了聯合地主階級共同抗日，也作出不少讓步。1946 年 5 月 4 日，中共中央決定重新執行嚴厲的土地政策，由減租減息改為「以有償方式」沒收地主土地重新分配給農民，1947 年再制定

《中國土地法大綱》，實行「耕者有其田」的土地制度。

　　毛澤東成功建立新中國，當然不單因為其分配策略的吸引力，更有天時地利人和各種因素配合，但針對土地分配贏得廣大農民的大力支持，與蔣介石的經濟政策盡失城市及中產階級的人心形成強烈對比。「得民心者得天下」，信焉！另外，姑勿論毛澤東所宣傳的共產主義的內容或方式，中國共產黨員在那段時間，完全不計較個人得失榮辱及無私地犧牲，秉承了中國傳統知識分子的責任與承擔精神，殺出一條血路，都是頂天立地的好漢子。中國士大夫作為一個精神群體，在一個從西方進口的主義指導下，竟然重新發揚光大，創造了近代的「中國政治奇跡」！

第六節：

# 重新檢視大農業社會的分配模式

因為分配牽動人類社會公義的神經線，所以管治的首要任務是解決分配問題，我在上文分析了中國幾千年來大農業社會的分配模式，這裏再將它與現代西方的模式及當代中國模式作比較，分別指出它們的優點與弱點，然後重溫我建議的 NPV 方案。

## 一、重溫中國大農業社會的分配模式

大農業的生產特徵是生產力及產出量有上限。不論是夏商時期的氏族公社土地公有制、西周的井田制、秦朝的按畝納稅的土地私有制、北魏隋唐的均田制、北宋王安石變法的方田均稅法，或明代張居正的一條鞭法、清朝的攤丁入畝，在氣候正常情況下，這些體系的產出量大概可以預測，假設人口仍未達至產出不能支持生存的水平，較合理的分配制度便是維護社會及保持生產穩定的主要因素。

農業是集體活動，大家庭及宗親制度一直扮演重要的集體生產及社會保障角色，特別是在荒年，人民除了倚靠政府的接濟，更要依賴家族成員之間的互助。

中國傳統知識分子，特別是儒家在這方面的功能是雙面的，他們一方面要遊說統治者保持克制，不可以殺雞取卵，「愛民若子」才可以長治久安，從孟子苦口婆心對梁惠王說的一番話，可見一斑。

另一方面，儒家的功能是教化萬民，使他們勤儉克己、滿足現狀。

　　儒者既負起調停功能，自身也不期然產生一種「以天下為己任」
的責任感，在教化萬民過程中，亦自然融入所傳授的道德觀，「溫柔
敦厚」、「中庸之道」很自然成為儒家的基因。

　　概括而言，在大農業社會，儒家的策略便是將分配問題淡化，使
問題不要尖銳化，使統治者與庶民不要各走極端。

## 二、近代西方的分配模式

　　近代西方工業革命後，生產力飛進，社會產出不再向農業傾斜，
資本變成重要的生產要素與勞動力並駕齊驅。與此同時，貿易、工業
與資本催生了現代市場機制，市場機制的出現基本上解決了分配的
「武斷性」。

　　市場分配的理論由新古典經濟學發揚光大，以邊際生產力理論
為基礎，用數學証明各生產要素的邊際產出等同其邊際收益，簡單來
說，在其他條件不變前提下，每增加一個單位的要素投入所增加的產
量等於該單位的報酬，這樣自由市場除了資源配置效率高及有自動調
節能力外，更因為生產要素各取其應得而解決了公義問題。換言之，
市場機制的「論功行賞」模式，同一時間解決了生產效率、資源配置
及分配公義問題，資本主義逐漸有了實質的道德基礎。

　　對於沒有資源參與市場的交易者，政府則負起「重分配」責任，
通過稅收及財政政策給予社會弱勢社群福利補貼。

　　不過市場往往不是經濟學家希望見到的「完全競爭」狀態，當機
制運行一段時間後，一些經濟部門便可能出現半壟斷情況或明顯的壟
斷元素。這個情況下勞動者的所得或購買力會相對下降，彼等自然向
政府要求干預或多增福利，後果是催生彼等對「權力平等化」的民主
政治的訴求，間接加速近代西方國家民主化的發展。又因為西方社會
的碎片化，缺乏家庭保障制度，大眾自然依賴政府福利，利用民主制

度向政府施壓，西方經濟體系中的「重分配」功能被迫大幅擴張，形成今天的混合型的「福利社會」。

　　換言之，西方的分配體系逐漸演化成雙軌制。即市場分配與政府重分配。兩者既互相配合但亦互相角力，以大企業為骨幹的市場主義者自然抗拒政府通過增加稅率以支撐其重分配行為，而民粹派卻利用民主機制爭取更多社會福利。兩種敵對勢力互相傾軋下，社會長時間處於半穩定半脆弱的均衡。

　　不過，各方爭取分配的強烈度很大程度視乎當時經濟增長速度，當經濟高速增長，其下滴效應會使所有階層都「雨露均沾」，分配落差便較易被容忍和接受。一旦經濟增長減速，矛盾便凸顯出來，而當社會貧富差距擴大至更多人被迫依賴政府接濟時，不少人會感到前途茫茫而自暴自棄，這個情況會進一步使經濟增長更趨緩慢甚至下行。換言之，兩者可構成一個惡性循環，後果是加劇非理性及更短視的民粹主義的影響力，西方目前整體情況明顯正朝着這個方向發展。

　　如上文所述，資本主義制度中的一些機制可以使經濟增長提速，但同時亦無可避免使社會貧富差距擴大。若要安撫社會大眾，最佳策略是使經濟增長提速，但諷刺的是經濟高速增長會加劇貧富差距。簡單來說，這就是當下西方資本主義社會的基本困局。

　　目前西方經濟增長正普遍減速，特別是 2020 年的疫情出現，更使情況雪上加霜，分配問題這個「計時炸彈」開始倒數了。

## 三、新中國分配模式的利弊

　　中國經濟奇跡出現前，經濟體系基本上採用「平均主義」（egalitarianism）式的分配制度，歷史証明這個實驗並沒有成功，主因當然是其體系先天性的內部矛盾，即「分配壓倒了生產」。且不說對生產有極大的負面影響，平均主義分配只取得「形式化」的公義，而

沒有取得實質性的公義（「做三十六，不做也三十六」）。考慮其所引發的道德風險，其分配的公義程度遠遠比不上市場機制。分配制度既然壓倒生產的積極性，產出不可能有正常的增長，社會上瀰漫着消極的情緒，根本無力與世界其他國家一爭長短，所以鄧小平的改革開放是迎時順勢的理性政策。

從經濟奇跡時代開始，中國採取截然不同的策略，社會分配模式進入「多元化」時代，大致上市場與政府並行，體現在以下維度：

(1)　加入世界貿易組織使中國變為世界工廠，從國際貿易取得市場決定的回報；

(2)　在國內的非戰略性部門，採用市場機制決定產出分配；

(3)　國有及國營企業體系則保持「混合性」的分配制度；

(4)　政府利用再分配政策以保障弱勢群體；

(5)　家庭或宗親內部的「社會保障式分配」傳統仍然延續。

這種多元模式有其高度實用價值，也適合中國國情。不過發展到今天，中國已由平均主義社會逐步轉化到嚴重貧富分化。在改革開放初期，鄧小平主張的「讓少數人先富起來」是完全合適的，但行之既久，其動態力量逐漸累積愈來愈大的差距。2010 年世界銀行公告的調查數據指出，美國 5% 人口擁有其 60% 財富，但中國 1% 的家庭已掌控了全國 41.4% 的財富，成為全球貧富兩極化最嚴重的國家之一。

催生嚴重貧富差距的因素是多方面的，這包括市場發育不全、農村支持城市（即由窮人支持較富的人）、隱性世襲制（即不少高幹子弟享有重要職位）。在稅制方面，中國的稅收來源長期以工薪階層為主體，而高收入者往往可以通過各種手段轉移或逃避交稅，另外制度性歧視（如同工不同酬），再加上中國企業容易享有極有利的規模效應，以及利用中國相對廉價勞工在海外市場獲取巨大收益，以上種種因素，構成了日趨嚴重的貧富差距。

　　但問題是，為什麼這麼大的差距在國內仍沒有導致嚴重的負面影響？原因有三：中國家庭保障仍然存在；中國人受傳統美德影響，除非迫不得已，否則不會極力爭取福利；而最重要的是，中國經濟仍保持相當高的增長率，失業率亦不高。

　　換言之，高度貧富差距目前沒有出問題，不是因為政府的再分配政策成功，而是中國高速經濟增長擔起保護傘作用。但問題是，高速經濟增長會使貧富差距逐漸變得更嚴峻。和西方一樣，我們亦是坐在火山口，只不過目前仍是「睡火山」而已！

## 四、居安思危，思考 NPV 模式

　　要處理上述情況，我們必須採用新思維，以及盡早付諸實行我建議的 NPV 模式，按本書第一章分析，人工智能主宰經濟生產的時間距離我們應該不遠了，屆時失業大軍會源源而至，目前的「睡火山」將會被啟動成「活火山」了。

　　有關 NPV 模式，我已經在本書不同的章節詳盡介紹，這裏不再詳細重複，我只扼要地將這模式的重要性重溫，因為 NPV 本身雖然源於經濟領域，但它的社會意義卻極為深遠。

　　在經濟領域，NPV 模式能夠妥善處理貧富差距，將原來的社會福利啟動為積極性的生產活動；抵銷人工智能帶來的大衝擊；穩定經濟體系；保留市場原有的動力。

　　NPV 模式可視為政府財政政策刺激內需的一種手段，但可以迴避一般常用的內需刺激手段的弊端，特別是容易偏袒一些部門及催生政治化的公共資源掠奪。在當今貨幣政策走向黔驢技窮之際，不少經濟學者正重溫財政政策的優點及主張考慮回歸至財政政策，NPV 模式應該是最理想的選擇。

　　在政治領域，貧富懸殊是社會政治化重要根源，亦是西方政客熱

銷的焦點，NPV 模式釜底抽薪處理這個問題，能將社會政治化風險降
至最低；NPV 模式能夠維繫自由主義及共和主義的理想，特別是個體
生產的積極性及自我問責；能夠促進社會和諧，特別是社區的團結與
合作。

　　在教育領域，NPV 模式能夠使學子們不必再面對激烈的競爭壓
力，可以按個人興趣及取向發展所長，全面回歸教育的基本意義。

　　在文化領域，NPV 是保護社會文化根基的最佳模式，因而可以長
久保存社會的凝聚力，能夠傳承歷史文化。

　　在思想領域，NPV 能化解下列人類歷史上不同形式及類型的思
想的紛爭，即資本主義與社會主義之間的對立與矛盾、自由主義與平
等主義的矛盾、市場角色與政府角色的矛盾、精英主義與群眾取向的
矛盾、自由與民主之間的矛盾、科技或物質與人類精神文明之間的矛
盾、傳統文化與現化經濟科技文化之間的矛盾。

　　在其他領域，因為此模式以服務業為主，社會生產會向社區及服
務業傾斜，減少社會整體對物質的需求，可以減低對環境及氣候的破
壞與衝擊。

第七節：

# 「大管治哲學」

## 一、重溫西方個體秩序的得失

從演化角度看，當神經系統結合外在的符號系統而達到認知能力起飛，人類出現個體化秩序是可以預期的，人類智能大躍進及隨之而來的智愚差距亦是無可阻擋的大潮流，雖然智愚之別造成社會矛盾，但從長遠及宏觀角度看，人類智能因為個體潛力發揮而提升整體的演化優勢，最終亦使絕大部分人成為得益者。

隨着智性及物體化發展，生產技術逐漸提高，個體對產出要求擁有產權，亦是社會遲早要面對的現實。為了保護產權，個體必然要求擁有充分的權利（包括政治權利）。換言之，西方的核心價值離不開個體秩序的建立與開展，而這些價值及其成就便構成現代文明的自由主義及其進步觀。

驟眼看來，自由主義似乎幾乎無懈可擊，無論物質或制度方面，西方文明都是其他大部分地區人民所嚮往及模仿的對象。不過不少保守主義者會同意，自由主義不但不完美，而且隱藏着不少弊端，以我個人的分析，自由主義最基本的問題是它不符合人類的基本公義意識及「大道德」。綜合不同觀點，其「罪狀」有四。

其一，自由主義傾向以權利為中心，因而忽略責任與權利之間應有的正比，當自由主義發展至極端，便會產生高度自我中心甚至自戀狂的個體。

其二，由於智愚有別、社會背景不同，個體之間所擁有的資源有大差距，在自由體制下，財富及收入差距是無可避免的趨勢。嚴重的貧富差距已逐漸成為社會政治化及破壞穩定的主要因素。

其三，個體心理膨脹導致忽視其背後群體的重要性，罔顧現代社會正走向更高度的合作及「半集體化」的生產模式，特別是知識生產集體化，不尊重甚至破壞社會的道德規範及凝聚力。

其四，西方國家的人民在國內受法律及尊重他人自由的規範所制衡，但一旦與外國交往時，彼等便顯出優越感、排他性及侵略傾向，西方殖民主義及帝國主義很大程度上反映了自由主義的黑暗面。

如前文分析，這「四宗罪」隨着時間不斷在惡化，現已在侵蝕西方個體化秩序及其衍生的文明，只不過多數人仍然先入為主，埋首在沙堆不肯面對現實而已。

## 二、重溫中國大農業社會管治思想的得失

受制於大農業社會的先天條件和生產力制約，統治者與平民之間的權力難以達至對稱局面，這不對稱的權力進而障礙了中國制度的發展，特別是難以發展權力制衡的共和制度。礙於這無可避免的惡性循環，我們祖先只能訴諸道德制約（如忍讓克己），加上生產力難以大改進、物質文明進步有限，所以形成我們表面上靜態、封建、保守及懦弱的文化。

但如前文分析，這表面保守情況的背後卻孕育出一個符合人類「大道德」（Big Morality）的文化體系，這就是以孔子學說為骨幹的儒家學說體系（後期儒家學說異化是另一個課題）。在 1995 年《獨共南山守中國》一書中，我所倡議的「大孔子學說」就是要重新發掘及發揚這個優秀的東方及人類文化遺產，在那裏我列出了孔子學說幾個基本原則：責任主義、關係主義、經世主義、人本主義、單生主義（即

今生而不是來生才是人生價值的泉源）、中庸主義。

在本書中，我亦已經交待上述的要點，這裏扼要地重複幾個重點。

(1)　責任主義、中庸主義及關係主義完全符合人類公義大原則，亦即是道德的「黃金比例」原則；

(2)　中庸主義及關係主義所包含的容忍和妥協的道德觀，是建立和諧世界的基本條件；

(3)　人本主義及經世主義完全符合四海一家、萬世太平的大理想。

在這種「對稱主導」的文化下，我們犧牲了某程度物質文明的進步，但卻換回一個主張溫柔敦厚、講信重義、克己復禮的和諧社會。（當然受人口和生產力這怪圈支配所引致的王朝興替是另一個故事）。失乎？得乎？

## 三、融匯西方個體秩序與大農業社會道德的 NPV 模式

時移世易，我們當然回不到大農業社會道德觀的時代，鴉片戰爭火炮聲後，我們的國家被迫走上了中西混合型的發展之路，不過我們在汲取西方富強之道以謀生存之餘，絕不應放棄幾千年來有高度價值的道德文化。必須明白，目前輝煌的西方自我化的個體秩序只是曇花一現，已經逐步走向衰敗，盲目跟隨西方管治模式，只是死路一條。不過話說回來，儘管我們傳統美德千般好，在現代以個體為主的工業及後工業世界，堅持群體主義的農業社會管治模式，也不可能了。

NPV 模式就是聯繫這兩個截然不同世界的「橋樑」。有了這個模式，我們可以不用改變西方目前個體秩序的操作體系（市場主義、資本主義、自由主義或某程度的民主制度），我們只需要調節第一經濟體內市場的壟斷程度，或改善資本主義一些較不公平的機制，以及

通過較高稅率將其部分產出合理化地轉移至採用 NPV 模式的第二經濟體。

　　NPV 模式的經濟功能之一，是提供一個「經濟大後方」處理分配公義、提升全民積極性、穩定整體經濟體系、減少經濟周期循環的衝擊，以及舒緩全球化及數碼化帶來的負面影響，除了提供一個安全的緩衝區，保障現行的經濟體系無後顧之憂，NPV 模式更可以提升全民參與及全民積極性，使人類社會可以動員前所未見的人力資源量，以滿足了西方資本主義經濟增長的冀望。

　　另一方面，NPV 模式有龐大的社會功能，通過大力投放資源於文化教育，有效地傳承我們優良的傳統，減少民族之間及宗教群組間的磨擦，啟動社區價值，強化人與人之間關係，凝聚社會認同感，化解個體化秩序帶來的人與人之間的疏離，擴闊我們社會價值的包容度，使我們可以騰出多些空間重建精神文明，擺脫物質主義的羈絆，邁向一個多元多維的社會，使我們以歷史文化為榮，保存我們中華民族內部的凝聚力，為中國「長治久安萬萬年」奠下制度基礎。

　　如果說我 1995 年提出的「大孔子學說」是概念上企圖融匯中西方文化的優點，那麼我現在提出的 NPV 模式可說是提供實際及有效的操作機制了。

# 後記

「恰似在驢背上追逐驢子，
你日夜追逐着自己底影子
直到眉上的虹采於一瞬間，
寸寸斷落成灰，你才驚見，
有一顆頂珠藏在你髮裏。」

——周夢蝶


「百年五四百年情，回首風雷尚有驚。
四海龍蛇齊啟蟄，五洲狼虎露猙獰。
啟蒙大業成何事？救國功勳照汗青。
薪火長傳靈永在，丹心片片耀昇平。」

——《五四百年有感》


「焚香落筆驅魑魅，劍出龍騰慟鬼神，
冉冉祥雲宣上界，繽繽霞彩亮凡塵。
河圖未必安邦國，洛典仍需賴志人，
他日桃源栽大地，家山華表頌歸魂。」

——《桃源中國》書成誌

一百多年前，中國的知識分子、仁人志士，為了救國，為了使國家回到富強之路，除了用實際行動衝擊懦弱的北洋政府，更努力研究和思考西學，試圖為中國尋找出路。他們發現西方之強，不只表現在軍事上的船堅炮利，更隱藏其他深層因素，包括科學、技術、政治體制甚至革命理想等。相對當時普遍被視為保守、封建、破落的中國，西方代表進步和希望。要重拾輝煌，他們認為必須以西方為師，不論是歐美之西方，或是俄國，或是先我們學習西方的日本，他們主張打倒孔家店，打倒封建大家庭，打倒吃人的禮教，打倒「扭曲人性」的傳統道德，他們投身滔滔的西化大潮，演化成全國性的啟蒙運動。他們的苦心，我們是完全感受到，也是極其感激的。

不過正如西諺說，「通往地獄之路往往是鋪滿善意的」（亨利‧喬治‧玻恩〔Henry George Bohn〕）。無論是尖銳辛辣的魯迅還是溫文平和的胡適，還是激進的陳獨秀和李大釗等，都不可能想象到西方社會後續的發展，例如會啟動第二次世界大戰，或隨之而來的資本主義與共產主義陣營的冷戰，或是今天引領民主制走向困境的民粹政治，更不可能想象數碼科技的出現及其對人類未來的衝擊。歷史委實充滿太多吊詭和變數了！

毫無疑問西方的價值觀非常具有誘惑力，它的核心價值如自由、人權、法治、民主、憲政、共和，加上科技、物質文明和經濟發展這些光環，為人類帶來無限的憧憬，為我們描繪了一個魅力無法抵擋的理想國度。

　　可以想象的是，面對西方這魅力無法抗拒的「桃花源」，我們的知識界賦予自己一個新的使命，就是向國人宣揚新文明以及急不可待地拋棄我們「破落」的傳統。簡單地說，這就是五四啟蒙的基本使命，可惜的是，儘管這百多年來我們受盡西方列強的迫害，我們在文化領域都已「心悅誠服」地向西方投降了。

　　這百多年來，無論西方國家特別是美國多麼驕橫跋扈，無論他們做盡多少傷天害理或見不得光的壞事，無論他們多麼偽善，但由於他們掌控了「文化話語權」及「道德高地」，我們不只無力還擊，還會反過來懷疑自身文化傳統的合理性，部分人士甚至為西方違反公義的行為解釋和護航。這也難怪，西方的專業管治、學術研究、商業模式、金融工具等已變成國際標準，他們的道德規範及立場不知不覺間已變成我們社會指導性的金科玉律了，甚至全球化本質上亦是西化。我們或可以說，絕大部分國人仍然愛國，只不過愛國之餘也同時認同西方的價值及道德觀，我們反對的恐怕只是他們不合理的政治行為而已。

　　這是一個極其嚴峻的局面，「溫水煮蛙」，在文化領域，我們早已柔弱乏力，屈膝投降了。我們表面硬朗是因為我們的民族凝聚力尚強，新中國的政治能量充足，我們的愛國主義觀仍然普遍，而對手往往目中無人，貪勝不知輸地惹人反感而已。無論是「六四事件」中內地的學生或目下妄作非為的香港青年，他們都打着「自由民主」的旗號鬧事，在台灣支持民進黨的不少是嚮往西方的年青人，在大陸，不少人仍然盼望移民美國。美國政府及其盟友除了採取軍事策略圍堵我們外，在外交上更振振有詞拋出「中國威脅論」或「中國危險論」等駭人聽聞的言論，以雙重標準干預中國的事務。過去七十年來，中國

外交上規行矩步，卻仍然被標籤為專制政權、踐踏人權和漠視法治，野心勃勃的新殖民主義者，無恥的知識產權偷竊者，無論中國如何守法，如何清白，總被認為是陰謀稱霸的疑犯！

當然不是當時所有的知識分子都主張全盤西化，我們仍有有風骨的儒者，如梁漱溟、辜鴻銘等。不過一些表面上仍奉孔孟之道的新儒家等早已被邊緣化了，他們已變成現代大學系統內的哲學系或漢學系的一些無關痛癢的專業研究員而已。

事實上，西方文化已經走上了衰敗之路，這是其核心的自由主義與市場資本主義長期操作的後果，西方的自由主義，無論口號多麼動聽，其實隱藏着「五宗罪」。

第一宗罪 —— 西方的個體愈來愈趨向「自我化」，他們不會滿足「消極性自由」，他們不斷要求更多的自由空間，更多的權利及利益，亦因此而漸漸喪失應有的責任感，趨向更自我中心，甚至發展到目中無人，全無克制而且高度情緒化的自戀狀態。

第二宗罪 —— 自由主義概念引申的涵義是「自我優先」，即一切事物都環繞個體自我價值運行，這必然導致個人喜愛及選擇優先於社會道德規範。沒有理性的道德規範，及失去大眾認同的道德操守，碎片化了的社會只能靠法治維持，長此以往縱使法治仍然勉強有效，但社會上的交易成本會因此增加，經濟效率下滑。況且法治本身需要成本，窮人往往無法負擔法律程序所需的高昂費用，導致社會公義最終被踐踏。

第三宗罪 —— 個體優先及個體中心的社會必然忽略群體的重要性與功能。最諷刺的是，人類社會之所以進步，全賴群體提供有效的

平台造就個體之間緊密的合作，但先決條件是彼此遵守群體的遊戲規則，進行精細的分工，以及互相累積及交流知識和經驗。現代的個體竟然漠視這基本事實，以為社會繁榮，全歸功於個人潛力的發揮而已。

第四宗罪 —— 由於先天及後天因素，不同個體有智愚及貧富之別，在一個個體自由發揮潛質的社會，必然出現高度的不均，除了本來資源分配不均外，貧富差距亦因為產權繼承的合法性及市場機制向資本傾斜等因素而不斷擴大。

第五宗罪 —— 在西方世界，個體的自由受到其國家法律所約束及其他公民所制衡。但一旦出了國門，這種擴張心態便無所顧忌，再加上彼等的文化優越感，逐漸異化為肆無忌憚的帝國侵略主義及殖民主義，「理所當然」地掠奪其他國家的資源。由早期的軍事征服到後來的政治顛覆到現代的經濟干預，例子罄竹難書。更可怕的是，這一切都是打着「自由民主」的旗號，利用其所佔據的道德高地為所欲為。

另一方面，西方高度讚揚的市場資本主義，雖然有高效率的資源配置能力且符合表面公義的分配的原則，但其實隱含着反公義的元素：

其一，市場只向邊際的直接生產要素給予回報，卻忽略其他間接生產要素，包括政府政策、過往社會所累積的知識、所沿用的制度，以及社會文化及歷史等各類無形要素的貢獻；

其二，企業因為操作上是產出最終的收集者，所以「合法地」拿取了那些其實不應屬於它的收益；

其三，一般政府沒有妥善方案處理地租問題，忽略土地生產要素與其他生產要素有大的差異，低估在經濟發展中地租會導致的貧者愈

貧、富者愈富的現象。

此外從政治角度看，無論被渲染得多麼美妙，西方民主制度其實隱藏社會撕裂的大危機，原因有：

第一，不同政黨爭取政治權力，必然宣揚其意識形態及符合「民意」的政策建議，人的行為特別是愈來愈自我化的個體容易受本能及情緒所煽動，所以政黨的長期操作會使社會趨向撕裂及走向極端，這是造成西方社會逐漸走上政治部落化的原因；

第二，經過長時間經濟發展，大財團所擁有的資源與財富與時俱增，逐漸佔有社會較大比例的資源，為了保障既得利益，他們利用經濟能量干預政治，結果是政黨被騎劫、政府被操控。

一旦貧富差距明顯，愈來愈多人感到生活壓力以及意識到公義受到嚴重扭曲，經濟因素便轉化為醜惡及非理性的政治紛爭。這體現在當今西方不少國家出現的民粹政治，民粹主義本身既沒有管治藍圖、政治理想，亦沒有深層的政治信念，只是一種為反對而反對以及為抗爭而抗爭的政治行為，2007 — 2008 年全球金融風暴後，由於貧富差距日益擴大，西方國家逐步陷入民粹主義主導的時代。

民粹主義肆虐，除了帶來非理性的政治及社會撕裂外，對經濟也造成很大的損害，政府為了討好民眾，只能盡量滿足他們的福利訴求，事實上不少政府早已靠借貸度日，如今債台高築，債務利息迫使政府盡量維持低息率，但會影響金融資源配置的合理性，資金成本低使利益向資本家傾斜而進一步加劇貧富差距。此外借債愈來愈多的政府自然難以有充分資源投資未來，美國破落的基礎建設正好說明，在民粹力量支配下的政府不會有較遠大的目光。當愈來愈多民眾將精力

聚焦於政治紛爭，自然無暇兼顧計劃未來以及改善經濟。後果是經濟增長放緩，而經濟增長放緩會造成更大的貧富差距，貧富差距自然加強下一輪民粹主義的力量，一個惡性循環由此展開了。

　　上面的發展自然是沒完沒了，西方社會目前正在步入難以自拔的境地，罪魁禍首當然是我上面指出的一些因素。且不說西方暗淡的政治和經濟前景，單純以人類道德規範及個人福祉而言，西方的價值觀也比不上我們表面保守落後的傳統價值。我們的文化「溫柔敦厚」，似弱實強，兩千多年前我們的孔老夫子所提出的道德哲學其實更符合人類社會長遠的延續。孔子的核心思想包括（1）人本主義：不宣揚神的力量及強調個人死後的救贖，（2）責任主義：指我們應努力盡一己的責任，而不是先爭取什麼人權，（3）中庸主義：明白到任何事物及關係不可走向極端，要從多角度及多維度取得平衡及對稱，（4）關係主義：指人生價值很大程度來自與其他人關係之間的和諧，（5）經世主義：我們應該為社會作出貢獻，而不是為了一己的利益斤斤計較。

　　為什麼說孔子這些主張較符合人類的大道德（Big Morality）標準？大道德包含兩個基本元素，一是公義，二是包容。公義是指所有社會及人際關係必須符合某程度的正比例或對稱（例如辛勞與收獲、責任與權利、風險與回報、權力與承擔等），不能單方面或長期一面倒的佔盡便宜或控制權。

　　此外，如果人與人之間沒有包容，一切以利己為先，社會的長期穩定便無從說起。孔子的關係主義、責任主義都以公義為出發點，而中庸主義的包容更是穩定社會及維護世界和平秩序的力量。

　　符合人類大道德標準的中國傳統不是從天而降，而是源於中國大

農業社會的背景，大農業社會需要長期穩定，生產需要時間及群體合作，產出需要有統治者保護免受外界遊牧民族的掠奪，產出分配因為受生產力的限制需要有高度責任感的中介協調，使生產者和統治者之間的零和遊戲可以達至一個雖然不大公平但雙方還可接受的比例。這種經濟環境孕育中國世世代代知識分子的承擔精神，促使他們扮演社會公義的主持者、民眾教化者及帝王師這些角色，他們不單使我們中華民族世代薪火相傳，他們的精神更為我們燃亮了正確的方向，凝聚我們的向心力，建構我們高度的文化韌力，使我們從百年苦難中火鳳凰般冉冉升起，再一次成為人類中流砥柱的力量。

我們是一個偉大的民族。除了愛好和平、兼容忍讓、勤儉克己外，我們儉樸的農民不辭勞苦，承先啟後地守護家園，我們擁有壯麗的河山、全世界最優美和想象力最豐富的文字、極高藝術價值的有韻文學，此外，我們有獨樹一幟的藝術作品（不論是建築、陶瓷、繪畫、書法、音樂、戲曲），我們有一套在西方醫學外可操作的中醫系統、我們有獨特品味的茶藝及廚藝等，這一切都值得我們炎黃子孫引以為傲及竭力傳承。

人類追求的終極價值有三，一是真理，特別是科學性及規律性的真理，二是真相，三是高尚的道德情操，在真理追求方面，西方人（只是很少數人）因為知識體系的發達，也許比我們優勝，但其餘二者，恐怕比不上我們中華文化。道德情操不用說，有關真相的追求，我們這個以誠信為本的文化更是出類拔萃，這特別體現在我們處理歷史真相，從司馬遷的《史記》及司馬光的《資治通鑒》，我們可以看到我們民族對真相的尊重，我們的訓詁學、甲骨文研究等，都說明我們對真

相的重視及嚴肅態度舉世無雙，這一點是崇拜西方文化者完全忽略的。

　　到此，我們大概可以作出總結：

　　在欣幸我們擁有源遠流長的文化及高度民族凝聚力之餘，我們切不可固步自封。無疑西方的價值觀正引領彼等國家逐步走上衰敗之路，但在慶幸之餘，我們應該虛心、客觀地認清及學習西方文化和政治的真正價值，特別是西方文化的開放性及其對真理探索的精神和嚴肅的態度。

　　我在 1995 年發表的《獨共南山守中國：戳破西方文化優越的神話》一書中倡議「大孔子學說」，所謂「大孔子學說」，是以孔子思想為基礎，適度地加入西方思想的精華及優點（包括智性和制度等）以及佛學的靈修。四分之一世紀後的今天，我仍然覺得這個倡議有其可取之處。

　　不過，我們必須警惕，當我們踏入物質豐盛年代，我們的下一代可能變得愈來愈接近西方的個體，特別是上世紀的單胎政策可能使我們變得鬆懈，忘記了傳統德育及自我克制的重要性，造成不少管教無方和任性專蠻的「小霸王」。再過一些時日，當我們再下一代愈來愈自我化及進一步接受西方價值觀後，我們會發覺可能已經太遲了，如果我們不及時全面灌輸我們上述的傳統道德規範（包括責任主義、關係主義等），我們文化根基會被西方文化價值這些「癌細胞」蠶食殆盡，漸漸變成與西方無異的「碎片式社會」了。

　　事不宜遲，我們必須珍惜及好好保護我們文化中最珍貴的遺產，儘量多發掘更多有價值的元素以及做大量的教育、文宣和傳承工作。

　　我們國家有三個其他國家不會同時擁有的優勢。一是我們沒有「多政黨政治」，這保障社會不易被撕裂，至於我們社會文化的根基

是否會被侵蝕，則視乎我們採取什麼措施化解個體化秩序帶來的負面影響。二是我們沒有單神教，這保障我們社會不會走向極端宗教狂熱之路。三是我們以漢族為主體，其他少數民族絕大部分亦接受中華文化。舉世滔滔，只有我們國家才享有這種「福氣」，所以我們必須掌握機遇，將中國建得更強大及更有凝聚力。

為了達至這個目標，以及防止西方那些不符合人類大道德的糖衣毒藥荼毒我們的下一代，我們必須發動一場新的「認知戰爭」、「文明戰爭」、「文化戰爭」，一場義不容辭的「道德戰爭」，目的是回歸我們本來的「道德高地」，回復人類應有的道德典範，重掌「文化話語權」，亦只有這樣，我們才可以永保下一代不受西方價值的污染，使我們在國際間恢復我們「王道」宏業。

在未來人工智能及數碼科技衝擊下，全球將會進入一個前所未見的管治大危機，這亦是中國發揮守護全球的責任，重新肩負「定海神針」角色的契機。這可說是上天賦予中國的使命，使我們經歷百年苦難的磨煉後，重拾全球領航者的角色。

作為一個現代儒者，我希望我和其他同心同德的知識分子，一起攜手秉承歷代儒者「精神群體」那種承擔的意志，那種「先天下之憂而憂」的心態，那種「雖千萬人吾往矣」的精神，為國家民族及世界大同作出貢獻，完成張橫渠的宏圖偉願：

為天地立心，為生民立命，為往聖繼絕學，為萬世開太平。

2021 年於香港

責任編輯：陳思思
封面設計：高　林
排　版：陳美連
印　務：劉漢舉

# 桃源中國
## 新時代治國方略建議

□
作者
胡國亨

□
出版
**中華書局（香港）有限公司**
香港北角英皇道499號北角工業大廈1樓B
電話：(852)2137 2338傳真：(852)2713 8202
電子郵件：Info@chunghwabook.com.hk
網址：http://www.chunghwabook.com.hk

□
發行
**香港聯合書刊物流有限公司**
香港新界荃灣德士古道220-248號荃灣工業中心16樓
電話：(852)2150 2100　傳真：(852)2407 3062
電子郵件：info@suplogistics.com.hk

□
印刷
**美雅印刷製本有限公司**
香港觀塘榮業街6號海濱工業大廈4樓A室

□
版次
2022年10月初版
© 2022中華書局（香港）有限公司

□
規格
16開（230mm x 170mm）

□
ISBN：978-988-8808-06-9